VERLORENES LAND

Herzlichst

Gerda Tessmer

Butzbach, 22.11.1997

Gerda Tessmer

VERLORENES LAND

Eine Lebensgeschichte aus Hinterpommern

Wartberg Verlag

1. Auflage 1996

Druck: Werbedruck Schreckhase, Spangenberg
Buchbinderische Verarbeitung: Hollmann, Darmstadt

c/o Wartberg Verlag GmbH
34281 Gudensberg-Gleichen, Im Wiesental 1,
Tel. 05603 / 4451 u. 2030
ISBN 3-86134-356-8

Vorwort

Kaum ein Tag ist vergangen, an dem meine Mutter nicht von ihrem Leben in Hinterpommern erzählte.

Nahezu ein halbes Jahrhundert lang bildete das freie, selbständige Dasein auf einem Bauernhof zwischen Pferdekoppeln, Feldern und Meeresrauschen ihr Lebenselement. Beinahe ebenso viele Jahre mußte sie nach Krieg und Vertreibung fern von der vertrauten Umgebung an fremden Orten unter fremden Menschen verbringen. Trotz dieser langen Zeit, nie versiegendem Lebensmut, neuer Freundschaften und wiederauflebender Familieverbundenheit wollte sich ein neues Heimatgefühl nie wieder bei ihr einstellen. Ihre Wurzeln lagen in dem stillen Land am Meer, und so konnte sie den Verlust ihres wahren Zuhauses nie verwinden.

Vollends unerträglich war ihr jedoch der Gedanke, die Erinnerung an das vergangene Leben und die pommerschen Traditionen könnte eines Tages vollständig verlorengehen. Im Gedenken an meine Mutter habe ich daher wenige Monate nach ihrem Tod mit der Aufzeichnung ihrer Lebensgeschichte begonnen, eines Schicksals, in dem sich von der Kaiserzeit bis zur deutschen Wiedervereinigung alle Umbrüche unseres Jahrhunderts spiegeln. Ich habe dieses Leben so erzählt, wie es mir aus Schilderungen meiner Mutter im Gedächtnis geblieben ist - nämlich durchgängig aus ihrer Perspektive. Ihre ganz persönlichen Erlebnisse und Erfahrungen kommen dabei ebenso zur Sprache wie die Eigentümlichkeiten des Landes und der pommerschen Menschen.

Möge dieses Buch dazu beitragen, die Erinnerung an pommersche Geschichte und Kultur wachzuhalten und den Nachkommen eine Brücke ebnen zum Land ihrer Ahnen.

Gerda Tessmer

Ostseewellen am Kolberger Strand

Stilles Land am Meer

Vor einigen Tagen bin ich wieder einmal mit der Straßenbahn in die Obere Königsstraße gefahren, Kassels Hauptgeschäftsstraße. Im Frühjahr hatte ich mir einen dunkelblauen Mantel gekauft, nun brauchte ich noch Schuhe und einen passenden Hut dazu.

Den Hut habe ich ohne Schwierigkeiten gefunden, doch bei den Schuhen haperte es. Weil aber die Verkäuferin so nett und freundlich war und sich große Mühe mit mir gemacht hatte, sagte ich zu ihr: „Wissen Sie, wenn ich schon keine Schuhe bei Ihnen finde, ein Paar Schlurren werden Sie doch sicher für mich haben." „Schlurren", wiederholte die Verkäuferin ratlos, „was ist denn das?" „Das sind Hauspantoffeln" gab ich ihr Auskunft, „Schlurren sagt man bei uns in Hinterpommern." Die junge Frau schaute mich mit großen Augen fragend an: „Hinterpommern, davon habe ich ja noch nie etwas gehört, wo liegt denn das?" „Na," sagte ich, „Sie sind doch sicherlich gerade erst vier bis fünf Jahre aus der Schule, haben Sie denn in Erdkunde und Geschichte nicht gut aufgepaßt?" „Doch, doch, aber ja!" entgegnete sie entrüstet, „das waren sogar meine Lieblingsfächer, aber Hinterpommern, nein, darüber haben wir nichts gelernt".

Ich vergaß die Schlurren, traurig verließ ich das Geschäft. Von den Landkarten sind die vertrauten Namen verschwunden, unser ganzes Leben, was wir waren und was wir liebten, wird aus den Köpfen getilgt, von den Lehrplänen gestrichen. Meine Vergangenheit scheint kurzerhand ausgewischt zu werden. Die Grenzen stehen fest, daran ist nichts mehr zu rütteln. Aber kann man die Erinnerung daran, daß jenseits der Grenzen einmal, vor gar nicht langer Zeit, deutsches Land war, wo wir seit eh und je lebten, einfach aus der deutschen Geschichte ausklammern?

Vielleicht muß noch mehr Zeit verstreichen, ehe man sich dieses Kapitels unserer Geschichte wieder entsinnt. Oder kann es sein, daß es nicht mehr lohnt, daran zu erinnern? Ist das Neue so vorrangig, daß es wie ein reißender Strom immer nur vorwärts drängt und alles Zurückliegende unkenntlich und unvorstellbar macht? Dann wird sich wohl auch meine Erinnerung eines Tages in einen Traum verlieren müssen.

Hinterpommern, dieses stille, langgestreckte Land am Meer mit seinem hohen, weiten Himmel! Bis zum Horizont dehnen sich Wälder, Wiesenland und große Felder, kein Berg verstellt den Blick, nur wenige sanfte Hügel erheben sich aus der endlosen Ebene. Zwischen den Feldern leuchten Bauernhäuser aus Backstein mit tiefroten Dachziegeln und Schilfrohrdächer, kleine Städte und Dörfer liegen eingebettet in weite Wiesenlandschaften, umgeben von Heide, Sand und Moor, Seen und Wald. Gesäumt von grünen Matten und kleinen Waldhügeln, fließt die Persante nach Kolberg, um dort in die Ostsee zu münden. Kleine Bäche und Flüßchen, die sich auf ihrem Weg zur Persante oder zur Ostsee zwischen Erlen, Weiden und niedrigem Buschwerk durch unübersehbar große Wiesen schlängeln, schmeicheln der Weite der Natur.

Auf den saftigen, grünen Rasenflächen hört man im Frühling und Herbst die Wildgänse und Kiebitze schreien, die hier für kurze Zeit ihre Rast- und Futterplätze finden, bevor sie ihren Flug nach Norden oder Süden fortsetzen. Im Sommer dienen die Wiesen einer vielfältigen Vogelwelt als Nist- und Brutplatz. Wie gern bin ich durch die Wiesen gegangen, wenn hoch in der Luft die Lerchen trillerten, während im Gras Bläßhuhn, Holztaube, Haubentaucher, Wildente und Rebhuhn brüteten. Auch der Storch, der sein Nest auf den Scheunendächern der Dörfer hatte, schwang gern seine Flügel zu den Wiesen hinüber und holte sich dort seine vielgeliebten Froschschenkel.

Im Spätherbst, bevor der langanhaltende Schneefall kommt, überschwemmen die kleinen Bäche mit ihrem Hochwasser die Wiesen und verwandeln sie mit dem ersten Frost in eine riesige Eisbahn. Dann zog es Groß und Klein hinaus, um auf der endlosen Fläche nach Herzenslust zu schliddern und Pirouetten zu drehen.

Und zu allen Jahreszeiten, wenn der Wind über das Land, die Wälder, Moore und Wiesen hinwegfegt, spannt sich über allem der hohe, weite Himmel mit seinen großen weißen, nach Norden ziehenden Wolken.

Die Menschen in den Dörfern und auf ihren vereinzelten Höfen lebten teilweise mehrere Kilometer voneinander entfernt, und doch fühlten sie sich keineswegs verloren oder einsam. Aus der Arbeit auf dem Ackerboden ihrer eigenen Scholle, erschaffen von den Vorfahren mit unermüdlichem Fleiß, und aus der Treue zur Heimat erwuchsen ihnen täglich aufs neue Kraft, Zufriedenheit, Selbständigkeit und Freiheit. Und darum lieben wir Pommern unser Land mehr als alles andere.

Nach der Legende wollte vor langer Zeit eine riesige Schlange die Ostsee leerschlürfen. Sie hatte ihren Rachen schon weit aufgesperrt, doch im letzten Momente konnte ihr der Heilige Petrus zwei Erdklumpen in den aufgerissenen Schlund werfen, und die Ostsee blieb erhalten. Die Schlange wurde zum Fluß mit dem Namen Oder und trennt Vorpommern von Hinterpommern; die beiden Erklumpen sind die heutigen Inseln Usedom und Wollin vor dem Stettiner Haff.

Von hier aus erstreckt sich zweihundertfünfzig Kilometer weit bis nach Riasnitz hinauf die mannigfaltige Küstenlandschaft Hinterpommerns mit weißen Stränden, bewaldeten Dünen und lebhaften Badeorten.

Entlang der Küste duckten sich Fischerkaten, teils vereinzelt, teils zu einer kleinen Ortschaft zusammengewachsen. Doch der idyllische Anblick trog: während die größeren Städte schon von Wohlstand glänzten, bestimmte hier noch die Armut das Leben. Die Fischerfamilien führten ein mühseliges Dasein, der tägliche Fischfang und das anschließende Räuchern erforderten harte Arbeit. Die Ostsee zeigte sich nicht immer nur blau, still und ruhig, sie konnte im Gegenteil sehr aufbrausend werden. Wenn die Herbst- und Winterstürme mit Windstärken von zehn bis zwölf übers Land fegten, bedrohten Sturmfluten den Küstenstreifen. Da ist so mancher Fischer mit seinem Boot nicht heimgekehrt.

In den größeren Dörfern auf dem Land ging es den Menschen hingegen schon sehr gut. Es heißt ja auch, Pommern ist das Land, wo Milch und Honig fließt – und Honig floß reichlich bei den großen Gutsbesitzern! In jedem vierten bis fünften Dorf gab es einen Großgrundbesitzer mit Gütern von vier- bis neuntausend Morgen Land. Viele unter ihnen führten den Titel Rittergut, weil ihre Besitzer – Barone, Grafen oder Freiherren – alten Adelsgeschlechtern entstammten. Sie verfügten über gewaltige Viehherden, erstklassige Reitpferde, riesige Stallungen und Scheunen, und ihre prachtvollen Herrenhäuser mit den dazugehörigen Parkanlagen glichen Schlössern.

Wenn man im Sommer mit dem Pferdewagen über die Dörfer oder mit der Eisenbahn durchs Land fuhr, sah man endlose, wogende Roggenfelder, die sich silbrig-grün im Wind bewegten. Felder, so weit das Auge blickte, und sattgrüne Wiesen, auf denen die schwarzweiß gefleckten Kühe weideten. Von Erlen gesäumt suchen sich Bäche schlängelnd ihren Weg, und am Horizont bilden die Kiefernwälder einen dunklen Streifen.

Bis zum zwanzigsten Jahrhundert war Pommern ein ruhiges Land, abgeschieden von den großen Umwälzungen der Zeit. Die Landwirtschaft bestimmte Leben und Landschaft. Auf diesem Gebiet war Pommern stets führend, doch von der Industrialisierung wurde es kaum berührt, und immer lag es weit ab vom politischen Geschehen.

Ist Pommern nicht immer ein vergessenes Land gewesen? O nein! Schon seit dem zwölften Jahrhundert war es mit seinem fruchtbaren Boden auf einer Fläche von 31.432 Quadratkilometern sehr begehrt. Schweden, Polen, Brandenburg und andere haben um dieses Land an der Ostsee gestritten und gekämpft. Der Dreißigjährige Krieg hatte Pommern besonders hart getroffen; fast zwei Jahrhunderte dauerte es, bis es sich davon wieder erholte. Doch das neunzehnte Jahrhundert wurde zu einem Zeitalter pommerscher Renaissance.

Pommern wurde eine Provinz Preußens. Es zählte zirka 2,5 Millionen Einwohner, doch mit seinen landwirtschaftlichen Produkten konnte es mehr als doppelt so viele Menschen ernähren. Durch seinen Reichtum an Getreide, Kartoffeln, Zuckerrüben, Milch und Fleisch wurde es als Agrarland bekannt und zur Kornkammer Deutschlands erklärt.

Die Hauptstadt Pommerns war Stettin, die stolze Hafenstadt an der Odermündung. 1939 zählte sie 381.000 Einwohner und verfügte neben Danzig über den größten deutschen Ostseehafen. Dank ihrer günstigen Lage und Salz- und Heringsexporten galt sie schon früh als eine der wichtigsten Handelsstädte. Von der berühmten Hakenterrasse konnte man das bewegte Leben auf der Oder beobachten. Hier hatte auch die neue Zeit ihren Einzug eingehalten: am linken Oderufer nördlich von Stettin erstreckte sich ein weitläufiges Industriegebiet mit Werften, Maschinenfabriken und Hochöfen.

Die Pracht des mittelalterlichen Stettin ging im Dreißigjährigen Krieg leider verloren, doch die vielen alten Parkanlagen und Brücken, das alte Rathaus und das Renaissanceschloß strahlten den für eine solche Stadt selbstverständlichen Wohlstand aus. Einen Ehrenplatz im Schloßhof erhielt Friedrich Wilhelm I., der sogenannte Große Kurfürst, dem die Stettiner viel zu verdanken hatten. Er liebte die Stadt sehr und stiftete ihr das Königstor und das Berliner Tor, in dessen Bogen eine lateinische Inschrift daran erinnert, daß Friedrich Wilhelm das Land in gerechten Verträgen und zu einem gerechten Preis von den Schweden erworben hatte.

Der Mariendom in Kolberg

Auch die Natur zeigte sich hier von ihrer großzügigen Seite. Das nahegelegene Haff, die Wälder und die nicht weit entfernten Ostseebäder auf Usedom und Wollin gehörten mit zu den Schönheiten dieser Stadt und ihrer Umgebung.

Weiter östlich findet man eine Landschaft, wie sie einsamer und romantischer nicht sein kann: die Pommersche Schweiz mit ihren unzähligen Seen. In diesem Seengebiet um Neustettin entspringt die Persante, die in Kolberg in die Ostsee mündet. Hier liegt auch Polzin, das Karlsbad des pommerschen Adels. 1688 entdeckte ein Bewohner des Städtchens die heilsame Kraft der Eisenquellen, als das Wasser zufällig über seine Arme und Beine rieselte. Bald darauf wurden die Quellen in Verbindung mit Moorerde angewendet, um Gicht- und Rheumabeschwerden zu lindern. Unter den prominenten Badegästen war auch Preußens Königin Luise zu verzeichnen. Den Status eines anerkannten Badeortes erhielt Polzin jedoch erst 1926.

Die größte pommersche Stadt an der Ostsee und zugleich das berühmteste Ostseebad war Kolberg. Es zählte ungefähr 35.000 Einwohner, doch während der Badesaison waren in manchen Jahren mehr Gäste anwesend als Kolberger. Die Natur hat diese Stadt mit einem Übermaß an Schönheit und erholsamer Ruhe umgeben. Nach vorn geht der Blick über die horizontweite Fläche des Meeres, vor dessen Sturmfluten mächtige, grasbewachsene Dünen schützten, und hinter der Stadt breiten sich stille, dunkle Wälder aus.

Die Geschichte Kolbergs ist sehr wechselvoll. Als wichtiger Handelsplatz an der Ostsee und Mitglied der Hanse gelangte die Stadt schnell zu wirtschaftlicher Blüte. Die alten Patrizierhäuser am Markt, das Merkurhaus mit seiner prächtigen Renaissancefassade und das Rathaus, im neunzehnten Jahrhundert von Zwirner erbaut, zeugen von diesem althergebrachten Wohlstand.

Auch in kultureller Hinsicht überflügelte Kolberg als Bischofssitz manche andere pommersche Stadt. Während der Jahre 1280 bis 1320 wurde der fünfschiffige gotische Mariendom erbaut, dessen gewaltiges Mauerwerk über alle Dächer Kolbergs hinausragt. Seine Mauern bergen Kunstschätze, wie man sie nirgends sonst in Pommern findet: Wandmalereien aus dem fünfzehnten Jahrhundert, spätgotische Schnitzaltäre, ein siebenarmiger Leuchter von Johann Apengeter aus dem Jahre 1327, ein Lettner mit Kreuzigungsgruppe – um nur einiges zu nennen.

Aber die Chroniken berichten auch von Kampf und Krieg, von Not und Belagerungen. Schon im Jahre 1119 hatte sich Kolberg mit großem Erfolg gegen die Polen verteidigt, die bei Nacht von der Ostsee aus die Stadt zu überwältigen versuchten. Während des Siebenjährigen Krieges 1756–1763 mußten die Bewohner dreimal Belagerungen über sich ergehen lassen.

1807, während der Freiheitskriege, war Kolberg wie manche andere deutsche Stadt gezwungen, sich gegen die französischen Belagerer zur Wehr zu setzen. Jedes Jahr am zweiten Juli gedachten die Kolberger des Heerführers Graf August von Gneisenau und des Patrioten Joachim Nettelbeck, unter deren Führung es 1807 mit Unterstützung der gesamten Bürgerschaft gelungen war, die Stadt erfolgreich zu verteidigen. Als Dank wurde den beiden Helden ein imposantes Denkmal an der Nordseite des Domes errichtet.

Ihr Vorbild von 1807 gab den Kolbergern auch 1945 die Kraft zur Verteidigung und zum Ausharren. Sie verteidigten ihre Stadt bis zum allerletzten Atemzug, und konnten dadurch für mindestens 80.000 Menschen den rettenden Weg über die Ostsee freihalten.

Aus der Gegend zwischen Kolberg und Rügenwalde sind vor allem die pommerschen geräucherten Gänsebrüste bekannt, die viel gepriesenen Spieckbrüste. Es ist eine Umgebung wie geschaffen für Gänse- und Pferdezucht: nichts als weite, saftige Wiesen und Koppeln. Aber ihre besondere Berühmtheit verdankt sie der Rügenwalder Teewurst.

Die Stadt Rügenwalde wurde um 1270 von Fürst Wizlaw II. von Rügen gegründet. Ihr Schloß diente drei Jahrhunderte hindurch vielen Herzögen und Fürsten als Residenz. Der Theologe Bugenhagen war hier mit der pommerschen Kirchenordnung beschäftigt. Zu den Kunstschätzen der Schloßkirche zählte ein wertvoller Silberaltar. Er wurde später in die Marienkirche überführt, die auch zwei Bilder von Lucas Cranach beherbergte. Die Schloßhofdomäne wurde abgerissen, und aus dem Material erstand 1814 Preußens ältestes Ostseebad, das Rügenwalder Friedrich Wilhelm Bad.

Das kleine Ostseebad Horst verdankt seine Bekanntheit vor allem seinem Leuchtturm; vom Steilufer aus ließ er des Nachts alle zwanzig Sekunden sein Lichtsignal einundzwanzig Seemeilen weit übers Meer leuchten.

Köslin, eine Stadt von 40.000 Einwohnern und Sitz des Regierungspräsidenten, wurde im Jahre 1266 gegründet. Eine Zeitlang diente sie als Bischofsresidenz. Nach einem verheerenden Brand im achtzehnten Jahrhundert wurde Köslin durch den großen Einsatz Friedrich Wilhelms I. wieder aufgebaut. Zum Dank errichteten ihm die Bewohner ein Denkmal auf dem Marktplatz.

Rummelsburg ist eine alte Tuchmacherstadt, eingerahmt von Wald und Seen. Hier heiratete Bismarck seine Johanna von Puttkammer. Ganz in der Nähe liegt auch sein Gut Varzin, das er 1866 bezog.

Stolp, eine kulturell wie wirtschaftlich bedeutende Stadt in Ostpommern, zählte etwa 55.000 Einwohner. Bereits 1381 wurde sie Hansestadt. Zu ihrem Industriekern gehören Molkereien, Papierfabriken, Dampfziegeleien und Kalksteinwerke. Ungefähr zweihundert bis dreihundert Bernsteindreher zauberten aus dem Stein der Ostsee wunderschönen Schmuck.

Die pommerschen Menschen sind geprägt von ihrer Sprache, vom Meer und von der Weite des Landes. Man sagte ihnen nach, sie seien sehr konservativ. Diese konservative Haltung war für sie Vorzug und Nachteil zugleich. Sie standen im Ruf der Abgeschiedenheit und Rückständigkeit, aber zugleich schätzte man diese Menschen und ihre Arbeit hoch ein. Vor allem aber waren die Pommern bekannt für ihr beständiges Wesen und eine entwaffnende Offenheit.

Während eines Feldzuges in Frankreich traf ein pommerscher Leutnant mit dem Herzog von Sachsen-Weimar zusammen, wobei er Gelegenheit hatte, auch den großen Dichter Johann Wolfgang von Goethe persönlich kennenzulernen. Bis dahin hatte er sich die Herren Poeten als äußerlich und sittlich verkommene Menschen vorgestellt. So war er angenehm überrascht, als ihm ein elegant gekleideter Herr von stattlichem Aussehen vorgestellt wurde, der wohlerzogene Manieren an den Tag legte und sich mit Charme zu unterhalten verstand. Der Leutnant war geneigt, Goethe eher für einen Adligen als für einen Poeten zu halten.

Des Dichters Auftreten war selbstbewußt und gewandt, und die Worte flossen so leicht und poetisch von seinen Lippen, daß er alle Zuhörer in seinen Bann zog. Nur sein Vortrag über Artilleriewesen, den er gerade dem Herzog von Sachsen-Weimar darbrachte, war einfach vollkommen falsch. Der pommersche Leutnant fiel ihm ins Wort: „Entschuldigen Sie bitte, verehrter Herr Geheimer Rat, wenn ich mir die Freiheit nehme, Ihnen mit pommerscher Offenheit zu sagen, hiervon verstehen Sie nun wirklich nichts. Wenn Sie aber über Ihre Werke und die Dichtkunst reden wollen, so hören wir Ihnen mit dem größten Vergnügen zu."

Er hatte dies völlig freimütig und ohne Scheu herausgesagt. Jetzt herrschte betretenes Schweigen, und unter den Anwesenden warf manch einer dem Leutnant entsetzte und vorwurfsvolle Blicke zu, weil er es gewagt hatte, einen so berühmten Manne wie Goethe zurechtzuweisen. Auf Goethes Gesicht wechselten Röte und Blässe – ob nun aus Verlegenheit oder Zorn, bleibt dahingestellt. Doch bald schon hatte der Dichter sich wieder gefaßt, und seine schönen, funkelnden Augen blickten den Leutnant lachend an, als er sagte: „Ja, ihr Herren aus Pommern seid doch recht freimütige und grobe Männer, aber darum keine Feindschaft, Herr Leutnant. Sie haben mir soeben eine derbe Lektion erteilt. Ich werde mich hüten, je wieder in Ihrer Gegenwart über das Artilleriewesen zu sprechen und den Herren Offizieren ins Handwerk zu pfuschen." Dabei drückte er dem Leutnant ganz herzlich die Hand, und sie gingen als Freunde auseinander.

Friedrich der Große sagte einmal: „Die Pommern sind von natürlicher Offenheit, Verschmitztheit und Gerissenheit liegen ihnen nicht. Der kleine Mann ist mißtrauisch und dickköpfig, aber weder grausam noch heftig. Die Pommern sind ausgezeichnete Soldaten, manchmal auch gute Finanzbeamte, aber Diplomaten lassen sich nie aus ihnen machen." Manches hat der Alte Fritz sehr richtig gesehen.

Dank ihrer Treue und Geradlinigkeit sind die Pommern stets gute Soldaten gewesen. Vielleicht haben darum auch preußische Könige und Fürsten ihre Diener gerne aus diesem Land geholt. Das achtzehnte Jahrhundert, in dem Preußens Weg steil nach oben führte, hat die Pommern zu den treuesten Preußen gemacht.

Friedrich der Große förderte und kultivierte auch Pommern mit erheblichen Mitteln. Nach dem Siebenjährigen Krieg 1756 bis 1763 ließ er 159 neue Dörfer anlegen – ein Zeichen, daß ihm dieses Maikäferland sehr am Herzen lag. Aber auch die Pommern sollen zu ihrem Alten Fritz ein herzliches und vertrauensvolles Verhältnis wie zu keinem andern Herrscher gehabt haben. Sie revanchierten sich bei ihrem König, indem sie im ganzen Land Denkmäler und Reiterstatuen errichteten, Straßen, Plätze sowie Schulen nach ihn benannten und ihm die treuesten Soldaten wurden.

Auf seinen vielen Reisen durchs Land hatte der König genügend Gelegenheit, das pommerscher Volk kennenzulernen. Als er auf der Heimkehr aus einem seiner Kriege wieder einmal im Triumph eine pommersche Stadt durchritt, bemerkte er auf dem Gemüsemarkt eine Händlerin, die sich nicht im geringsten um den Siegestrubel kümmerte. Er ritt zu der Marktfrau heran und fragte, ob sie ihm denn nicht zu seinem Siege gratulieren wolle. „Ach wat," sagte die Frau, „dat ist doch immer tau dat gliche, Hackpack schlägt sich, Hackpack verträgt sich." Lachend ritt der Alte Fritz davon.

In des Königs Regiment gab es einen Leutnant Horn, der sich in seiner Freizeit mit Poesie beschäftigte und eigene Gedichte verfaßte. Als dies dem Alten Fritz zu Ohren kam, beschloß er, bei der nächsten Musterung das Talent des Leutnants zu prüfen. Beim nächsten Besichtigungs-Appell rief er den Leutnant hervor und forderte ihn auf: „Dichte Er einmal etwas aus dem Stegreif!" Ohne lange nachzudenken deklamierte der Leutnant:

„Gott sprach in seinem Zorn
zu unserm Leutnant Horn:
Du sollst auf dieser Erden
nicht mehr als Leutnant werden."

Das gefiel dem Alten Fritz, und er rief gutgelaunt: „Ich ernenne Ihn zum Hauptmann. Dichte Er noch einmal!“ Und wieder sprach der Leutnant:

„Doch nein, das Blatt hat sich gewandt:
Hauptmann werd ich genannt.
Hätt ich auch Equipage,
Hätt ich noch mehr Courage.“

Da rief der König lachend: „Die soll Er auch noch haben, aber dann halte Er das Maul, sonst macht Er sich zum König und mich zum Leutnant.“

Ja, ja, der Alte Fritz, das war einmal ein König! Der konnte aus Häckeling und Elfenbüschen Soldaten zaubern und verstand die Kunst, sich frei zu machen, so daß ihn keine Kugel traf. Dies soll daher gekommen sein, daß er das sechste und siebente Buch Mose besaß. Die Richtigkeit dieser Legende konnte man aus dem Bilde des Alten Fritz ersehen, welches im Stettiner Provinzialmuseum stand. In carrarischen Marmor gemeißelt trägt er dort nichts anderes bei sich, als eben diese beiden Bücher.

Einer der ersten Pommern, der in Deutschland bekannt wurde, war der Theologe Johannes Bugenhagen. 1485 in eine adlige pommersche Familie geboren, leitete er in Treptow an der Rega die Lateinschule. Als er von den Predigten Luthers und dessen reformatorischen Bestrebungen erfuhr, reiste er nach Wittenberg, wo er bis zu seinem Tode 1558 bleiben sollte. Er wurde zu einem der wichtigsten Weggefährten Luthers und unterstützte das gewaltige Unternehmen, dem deutschen Volk die Bibel in der eigenen Sprache zugänglich zu machen. Im Jahre 1533 übertrug er die Heilige Schrift auch in das Plattdeutsche, die Sprache des gesamten Nordens. Der dänische König wollte Bugenhagen zum Bischof von Schleswig machen, und auch die pommerschen Herzöge boten ihm den Bischofsstuhl an. Er aber lehnte alles ab und blieb ein einfacher Theologe am Ort der Reformation.

Drei große Ärzte von Weltruf hat Pommern vorzuweisen: Billroth, Virchow und Schleich. Wer kennt nicht ihre Namen!

Auch Bismarck, preußischer Ministerpräsident seit 1862, fühlte sich als Pommer. Bis zum Tode seiner Frau Johanna lebte er auf seinem Gut Varzin nahe bei Schlawe. Hier wußten die Bewohner noch lange Zeit von Erlebnissen mit dem Reichskanzler zu erzählen. Bei einem

Erntefest in Varzin auf der Tenne wurde er von einem Bauernmädchen zum Tanz aufgefordert. Sie schwenkte und wirbelte ihn so stürmisch herum, daß ihm völlig die Luft wegblieb. Bismarcks Wortlaut auf Plattdeutsch: „Mägge," sächt hei, un de Schweit, de rann em aewer de Backen raewer, „man nennt mi nen groten Fortschrittsmann, du äber bist mi aewer!"

Ein Pommer war auch der berühmte Kriegsminister jener Zeit, Albrecht von Roon, ebenso wie Franz Mehring, der die erste Geschichte der Sozialdemokratie verfaßte.

Aus Stolp stammte Heinrich von Stephan, ein kleiner Schneiderssohn, der seine Laufbahn als Postschreiber begann. Als er bis zum Postminister aufgestiegen war, entstanden aus der alten Landespost und den Thurn-und-Taxis'schen Postkutschen zunächst eine Norddeutsche, dann eine Deutsche Post, der europäische Postverein und schließlich der Weltpostverein.

Katharina II., die große Herrscherin von Rußland, kam in Stettin zur Welt. Dort wurde auch der berühmte Schauspieler Heinrich George geboren. Alfred Döblin, als Arzt ebenso bekannt wie als Schriftsteller, hat hier seine Heimat.

Aus Pommern stammen die Komponisten Leon Jessel, der vor allem durch seine Operette Schwarzwaldmädel Berühmtheit erlangte, Karl Loewe, bekannt durch seine Balladen, und Friedrich Freiherr von Flotow, der auf einem Rittergut bei Dramburg die berühmte Oper Martha geschrieben hat.

Der bedeutende Bildhauer und Graphiker Johann Gottfried Schadow hinterließ uns in vielen Städten Pommerns Denkmäler und Reiterstatuen der deutschen Kaiser und Könige. Caspar David Friedrich, ein gebürtiger Greifswalder, machte mit seinen Gemälden die geheimnisvolle Landschaft seiner Heimat weit über die Grenzen Deutschlands hinaus bekannt.

Pommern, ein Land voller Bilder! Wiesen und Felder, Wälder und Seen, Dünen und Sand und Himmel, Wolken und Meer. „...kannst ja doch von allen, die ich noch gesehn, mir allein gefallen, Pommerland so schön!" – so besang Adolf Pompe, ein gebürtiger Stettiner, sein Heimatland. Als er während seiner Studienzeit die Studienkollegen ständig Lieder ihrer Heimat singen hörte, selbst aber mit keinem einzigen bekannten Lied aus Pommern aufwarten konnte, ärgerte ihn das so sehr, daß er kurzentschlossen zur Feder griff und mit Heimweh im Herzen in wenigen Stunden die Verse des Pommernliedes niederschrieb. Inzwischen ist das Lied zur Landeshymne geworden, jeder Pommer kennt es, und wann immer die Melodie erklingt, tauchen die alten Bilder aus der Vergangenheit wieder auf.

Backobst mit Klüten und Speck

Upstoen, upstoen, de Nacht is to end, dat Vieh mut fudert waren" – mit diesen Worten begannen allmorgendlich unsere arbeitsreichen Tage. Und dennoch waren diese Jahre die glücklichsten meines Lebens. Der Bauernhof in Jaasde, ganz in der Nähe von Kolberg gelegen, mit den Pferden und Kühen, den Schweinen, Schafen und Hunden, umgeben von Wiesen, Koppeln und Ackerland, war unsere kleine Welt. Und fast täglich hörten wir die Ostsee rauschen.

Heute kann sich wahrscheinlich niemand mehr so recht vorstellen, wie es damals zuging. Man hatte war zwar schon die Schulpflicht eingeführt, aber auf den Dörfern gab es kaum jemanden, der sich strikt daran gehalten hätte. Auch Vater hatte offenbar keine große Lust verspürt, die Schulbank zu drücken und als Junge das Schreiben und Lesen kaum erlernt. Wie er uns erzählte, holte er dies jedoch in späteren Jahren nach. In der Mathematik allerdings war er unschlagbar – und darauf hielt er sich einiges zugute. Da konnte ihm niemand etwas vormachen, geschweige denn ihn betrügen; im Gegenteil – er war ein hervorragender Handelsmann. Seine Devise lautete: „Lieber zehn Zentimeter gehandelt als zehn Meter gearbeitet." Er selbst hielt vom Arbeiten also nicht allzu viel, dafür hatte er ja sieben Kinder, die reichlich schuften mußten...

Die Älteste von uns Geschwistern war Emma, sie wurde am 3. Mai 1887 geboren. Als nächste kam Frieda am 8. August 1890 zur Welt, gefolgt von Reinhardt am 16. Februar 1893. Hedwig war unsere Vierte und erblickte am 6. Mai 1895 das Licht der Welt. Am 27. November 1897 folgte Fritz, und ich, Anna, kam als viertes Mädchen gerade noch so vor der Jahrhundertwende am 10. Dezember 1899 zur Welt. Unser Nesthäkchen war Franz, der am 15. Oktober 1901 geboren wurde.

Bevor wir im Jahre 1902 nach Jaasde zogen, bewohnten wir einen

Bauernhof in Redlin im Kreise Belgard. Für eine mittlerweile neunköpfige Familie war es auf dem Hof jedoch bald zu eng geworden. Weder die Räumlichkeiten des Hauses noch die Ländereien reichten aus, um ein normales Leben zu gewährleisten. So hatte sich mein Vater nach einem größeren Anwesen umgesehen und in Jaasde einen Hof gefunden, der wie geschaffen für uns schien. Mit den zweihundert Morgen Land kam zwar erheblich mehr Arbeit auf uns zu, aber sie erlaubten auch ein gutes und standesgemäßes Dasein. Und so begann 1902 mit dem Umzug nach Jaasde für uns alle ein völlig neues Leben.

In der neuen Heimat fühlten sich bald alle sehr wohl. Nur mir fiel der Abschied von Redlin zunächst furchtbar schwer. Obwohl noch nicht einmal drei Jahre alt, litt ich unsäglich unter Heimweh. Noch monatelang weinte und jammerte ich: „Dies ist nicht unser Haus, ich will wieder nach Hause." Aber ganz allmählich tröstete ich mich und begann, mich wohlzufühlen. Es gab so viel Neues zu entdecken, und auf dem großen Hof ging es viel zu turbulent zu, um lange in Trübsinn zu verharren.

Wir bewirtschafteten einen Hof direkt im Dorfkern von Jaasde. Das Dorf war in Form eines Ovals von etwa achthundert bis tausend Metern Länge angelegt. Rundherum führte die Dorfstraße, an deren Außenseite die etwa fünfundzwanzig Bauernhöfe erbaut waren, während an der Innenseite die Arbeitshäuser, der Kaufmannsladen, die Schmiede und der Dorfkrug lagen. Mitten im Dorf, zu beiden Enden des Ovals, befanden sich zwei Teiche, die nicht nur für das Federvieh, sondern besonders für uns Kinder zum beliebtesten Aufenthaltsort wurden. In unterschiedlichen Entfernungen rund um den Ortskern waren weitere Bauernhöfe angesiedelt, die wir Ausbau nannten. Am nördlichen Ende des Dorfes, gleich in der Nähe des Friedhofs, befand sich der Bahnhof. Jaasde war an die Hauptbahnstrecke Kolberg, Belgard, Stettin angebunden, und mit dem Zug hatte man die sechzehn Kilometer bis Kolberg schnell zurückgelegt.

Unser Hof war mit seinen etwa vierzig Metern Länge und fünfundzwanzig Metern Breite für damalige Zeiten schon recht stattlich. Zur Linken und zur Rechten standen Scheune und Stallungen, und zur rückwärtigen Seite schloß das Wohnhaus mit dem angrenzenden Garten das Karree ab. Das neue Haus war um einiges geräumiger als unser altes in Redlin. Zwei breite Hausflure gliederten das Erdgeschoß. Hier im Parterre lagen die große, gute Wohnstube, die nur sonntags benutzt wurde, eine geräumige Küche mit einem gewaltigen Tisch in der Mitte und vier Zimmer, die als Schlafraum dienten. Im Obergeschoß standen zwei weitere Zimmer zur Verfügung; der übrige Raum war nicht ausgebaut, sondern wurde als Boden genutzt, auf dem im Winter das Korn gelagert wurde. Für uns Kinder waren drei Schlafzimmer vorgesehen. Wir hatten damals nicht etwa jedes sein eigenes Bett, sondern mußten zu zweit in einem schlafen. Ich teilte von Anfang an die Schlafstätte mit Schwester Frieda – bis zu ihrer Verheiratung.

Badezimmer und Toilette waren zu dieser Zeit noch weitgehend unbekannt. In jeder Schlafstube standen Waschständer mit einer großen Porzellanschüssel und passender Kanne bereit, und das sogenannte Herzhäuschen befand sich draußen hinter dem Stall. Im Winter konnte der Gang dorthin sehr unangenehm werden, denn die Winter in Hinterpommern sind sehr kalt und Temperaturen von minus fünfundzwanzig bis minus dreißig Grad keine Seltenheit. Da zogen wir den warmen Kuhstall dem Herzhäuschen vor. Über eine Wasserleitung verfügten wir auch noch nicht, aber zum Glück stand auf dem Hof unser eigener Brunnen. In der Küche wurde direkt neben dem Spülstein eine Handpumpe mit einer Leitungsverbindung zum Brunnen aufgestellt, und so blieb uns wenigstens die Mühe erspart, das Trink- und Waschwasser über den ganzen Hof ins Haus zu tragen.

Direkt vor unserem Hoftor lag einer der beiden Dorfteiche – was sich für uns Kinder in jeder Beziehung äußerst günstig auswirkte. Im Sommer brauchte ich, schon vierjährig, die Gänse und Enten nur vor das Tor auf den Teich zu treiben, wo sie tagsüber blieben und sich an den Grasrändern sattfraßen. Im Winter, wenn bei starkem Frost der Teich zugefroren war, schlidderten und tobten wir stundenlang darauf herum, falls Vater einmal keine Arbeit für uns hatte.

Und rings ums Dorf dehnte sich das Wiesen- und Ackerland. Unsere angebauten Felder mit Roggen, Weizen, Hafer, Gerste, Kartoffeln, Rüben und Wrucken sowie die Heuwiesen maßen jeweils acht bis zehn Morgen (ein pommerscher Morgen entspricht 2.553,2 Quadratmetern). Die Erde war gut dank des Sandgemischs, denn nur sechs Kilometer entfernt von uns, bei Henkenhagen, brandete die Ostsee, deren Rauschen wir bei Wind und Sturm auch von unseren Feldern aus hören konnten. Dies alles, so sagten uns die Eltern und so glaubte ich als Dreijährige, sollte nun für immer unser Zuhause sein.

Vater hatte überhaupt keine Schwierigkeiten, sich in Jaasde einzuleben. Er fühlte sich sofort heimisch und war im Dorf schnell bei allen sehr beliebt und gern gesehen.

Jeden Abend besuchte er einen anderen Bauern im Dorf. Kam es einmal vor, daß er zu Hause blieb, fragten am nächsten Tag die Nachbarn schon: „Hardt, wo weerst du giesten Owend, worüm büst du nich komer?“

Uns Kinder machten seine abendlichen Besuche im Dorf besonders froh. Wir konnten den Augenblick kaum erwarten, bis er fortging. Denn so ganz einfach war das Zusammenleben mit ihm nicht... Er war sehr streng, manchmal auch ungerecht, verteilte oft und gerne was hinten drauf und überhäufte uns schon als Kleinkinder mit sehr viel Arbeit. Unsere Mutter hingegen liebte uns abgöttisch, immer um uns besorgt und uns umhegend, wie es nur ging.

Kaum war Vater abends aus dem Haus gegangen, seine Schritte waren noch nicht ganz verhallt, packten wir schon unsere Mutter und tanzten mit ihr quer durch die Stube. Da blieb denn auch kein Stuhl gerade stehen, keine Tischdecke unverrückt, und kein Läufer lag mehr ordentlich auf dem Fußboden. Ein, zwei Stunden lang konnten wir uns so richtig austoben, bis wir dann kaputt und müde in die Betten fielen.

Vater war ein Frühaufsteher, um fünf Uhr trieb es ihn jeden Morgen aus dem Bett, und auch für uns war dann die Nacht vorbei. Er ließ es sich nicht nehmen, uns Kinder alle persönlich zu wecken. Natürlich wären wir liebend gern länger in den Federn geblieben, aber Vater kannte da kein Erbarmen. „Upstoen, upstoen!“ rief er in unsere Zimmer, „de Nacht is to end, dat Vieh mut fudert waren.“ Und wenn wir nicht sogleich aus den Betten sprangen, sondern uns noch ein bißchen streckten und räkelten, zog er uns kurzerhand die Decke fort. Wenn auch das noch nichts nutzte, holte er uns eigenhändig aus den Betten, und wir bekamen rechts und links eins mit der Pudelmütze um die Ohren, bis wir dann endlich hellwach waren. Jeder von uns hatte allmorgendlich seine vorgeschriebenen Arbeiten zu verrichten. Anders wäre auf dem großen Hof mit dem vielen Vieh die Arbeit nicht zu schaffen gewesen.

Wir verfügten zu dieser Zeit schon über einen beachtlichen Viehbestand. Vater versorgte die vier Pferde, die Brüder die dreißig bis fünfunddreißig Kühe und Rinder, die Kleinkälber sowie die achtzig bis hundert Schafe. Das Melken der Kühe und das Füttern der Schweine, fünfzig an der Zahl, war die Arbeit von Mutter und meinen drei älteren Schwestern. Bei der täglichen Arbeit unterstützte uns außerdem eine Deputantenfamilie. Der Mann hatte zwar alle paar Monate seine Sauftouren, aber wenn die vorüber waren, war er ein guter Arbeiter. Auch wir zwei Jüngsten wurden nicht von der Arbeit verschont. Uns oblag es, das Federvieh – Gänse, Enten und Hühner – zu versorgen und jeden Abend in der Küche den Kohlen- und Holzkasten wieder aufzufüllen. Und wehe, wir hatten es einmal vergessen!

Franz war zwar fast zwei Jahre jünger als ich, aber ein Draufgänger und kaum zu bändigen. Wir mußten vieles gemeinsam machen und waren fast ständig beisammen, wir spielten miteinander, aber zankten und schlugen uns auch. Ich packte ihn dann in seine schwarzen, krausen Locken, er mich an meinen langen Zöpfen. Keiner wollte zuerst loslassen, bis unser Vater zur Stelle war und mit ein paar Ohrfeigen den Streit beendete. Doch beigelegt war der noch lange nicht. Franz drohte mir mit dem Finger und sagte: „Dat is noch nich to en, dat geht noch wierer!"

Ein Streitfall dieser Art sollte ganz besondere Ausmaße annehmen... Bei unseren Nachbarn wurde Hochzeit gehalten, die Tochter Erna heiratete. Unsere ganze Familie war zu der Feier eingeladen, und es war beschlossen, daß alle teilnehmen sollten – bis auf uns zwei Jüngste; wir mußten den Hof hüten. Als Franz und ich am Nachmittag sahen, wie die gesamte Hochzeitsgesellschaft sich im Garten einfand, der Fotograf kam und Bilder machte, packte uns beide die Wut der Enttäuschung. Franz öffnete aus Trotz das Scheunentor, so weit es nur ging. Ich herrschte ihn an, er solle es sofort wieder schließen. Vater hatte uns eine Arbeit in der Scheune aufgetragen, und ich wollte auf keinen Fall, daß die Hochzeitsgäste uns so sähen, denn ich schämte mich schon ein bißchen. Aber Franz, unser kleiner Draufgänger, scherte sich einen Pfifferling darum, und schon war es soweit, wir stritten und schlugen uns, packten uns wieder bei den Haaren. Keiner wollte zuerst nachgeben. Unser Gezeter erregte im Nachbargarten einiges Aufsehen, man schien sich allgemein über uns zu amüsieren, und manche der Gäste klatschten sogar in die Hände. In unserer Rage störte uns das überhaupt nicht. Es mußte erst wieder Vater kommen, um uns mit ein paar Ohrfeigen auseinanderzubringen. Der Streit hatte diesmal jedenfalls ein gutes Resultat: wir durften am Abend auf die Hochzeit.

Mit meinen beiden älteren Brüdern Reinhardt und Fritz gab es kaum Zank und Streitigkeiten. Sie hatten im Dorf ihre gleichaltrigen Kumpanen, mit denen sie sich austoben und ihre Kräfte messen konnten. Frieda, mit der ich das Bett teilte, war nie streitsüchtig, wir beide waren ein Herz und eine Seele. Hedwig dagegen konnte ziemlich herrisch werden und mukste gerne auf. Na, und unsere Älteste, die Emma, wollte am liebsten immer das Sagen haben, was ihr meist auch gut gelang. Im allgemeinen aber war unser Geschwisterverhältnis sehr gut, und unsere Eltern konnten mit uns recht zufrieden sein.

Vielleicht lag es daran, daß ich seine jüngste Tochter war, jedenfalls hatte ich das Glück, von Vater mehr als die anderen verwöhnt zu werden. Seine Anna war ihm immer seine Beste. So habe ich auch sehr selten Prügel von ihm bezogen, während die anderen dafür umso mehr abbekamen. Hedwig mußte sich oft auf dem Boden oder im Keller vor ihm verstecken. Sie war aber auch selbst daran schuld. Nie konnte sie ihren Mund halten, immer mußte sie das letzte Wort haben, und wenn der Vater seine Anweisungen gab, schnabbelte sie grundsätzliche dagegen. So manches Mal lagen die beiden miteinander im erbittertsten Streit und konnten sich absolut nicht einigen. Wenn der Vater dann mit uns aufs Feld fuhr, um irgendeine Arbeit zu verrichten, suchte sich Hedwig vorsichtshalber einen Platz am hintersten Ende des Wagens. Aber seine Peitsche war so lang, daß er sie doch erreichte.

Den zentralen Versammlungsort unseres Hauses bildete die Küche, denn hier nahmen wir unsere Mahlzeiten ein. Es waren nicht weniger als fünf Mahlzeiten täglich, die immer pünktlich eingehalten werden mußten. Vater achtete genau darauf, daß jeder zum entsprechenden Zeitpunkt in der Küche erschien. „Eine gute und regelmäßige Ernährung dient zur Krafterhaltung für die Arbeit“, so sagte er immer. „Außerdem – und das ist besonders wichtig!“ betonte er mit Nachdruck, „ist gutes Essen die Grundlage für Gesundheit und die damit verbundene Fortpflanzung.“

Um sechs Uhr wurde das erste Frühstück eingenommen; das zweite folgte um neun. Ganz pünktlich um zwölf wurde zu Mittag gegessen.

Danach gab es erstmal eine anderthalbstündige Mittagspause, die auch von allen mit einem Stündchen wohlverdienten Schlafs genutzt wurde. Am Nachmittag um sechzehn Uhr wurde gevespert, und gegen neunzehn Uhr kam das Abendessen auf den Tisch. Daran hatte sich jeder zu halten, ansonsten gab es vom Vater ein Donnerwetter.

Morgens gab es da freilich keine knusprigen Brötchen oder gar Croissants und Bohnenkaffee – der wurde nur zu Festlichkeiten zubereitet –, sondern Milchsuppe mit Bratkartoffeln, Brot und Gerstenkaffee. Für unsere große Familie, zu der während der Ernten auch noch einige Helfer kamen, mußte stets viel Brot vorrätig sein. Alle drei Wochen wurden daher fünfzehn bis zwanzig Brote von jeweils vier bis sechs Pfund gebacken. Mutter und die drei großen Schwestern bereiteten den Teig zu, der schon am Vorabend eingesäuert wurde, und Vater war dann für das Abbacken zuständig. Der rundgewölbte Backofen aus Schamottsteinen stand hinter unserem Haus.

Den Hauptbestandteil unseres Mittagessens bildete an den Wochentagen ein Eintopf. Mal gab es Weißkohl mit Schweinebauch und Kartoffeln, mal einen Steckrübeneintopf mit Hammelfleisch oder eine gute Gemüsesuppe. Stand einmal kein Eintopf auf dem Speiseplan, dann waren es Pellkartoffeln mit Hering, die berühmten pommerschen Buttermilchskartoffeln und Buttermilchssalat oder Stampfkartoffeln mit Speckstippe und – nach ganz alter pommerscher Tradition – Backobst mit Klüten und Speck.

Mindestens zweimal pro Woche gab es Fisch. Da war die Auswahl sehr groß, was kaum verwundert, wenn man die Ostsee vor der Türe hat. Die Fischhändler kamen mit ihren Dreirädern in die Dörfer und lieferten uns die Fische direkt ins Haus. Im Mai gab es die wunderbaren Maischollen. Sie wurden goldgelb gebraten und mit kleingewürfeltem, ausgebratenem Speck bestreut, was den Geschmack noch verfeinerte; dazu gab es Petersilienkartoffeln und Kopfsalat mit süßer Sahnesauce – auch nach ganz pommerscher Art.

Steinbutt, Heilbutt, Zander und Aal sind herrlich schmackhafte Fische und selbst für den verwöhnten Gaumen eine Delikatesse. Dorsch, gebraten oder auch gekocht in Dillrahmsauce, ist hervorragend. Nicht zu vergessen ist schließlich der 'Diamant der Ostsee', der Hering! Den gibt es in unzähligen Varianten, angefangen vom grünen Hering, in Butter gebraten oder süßsauer eingelegt, über den

Bismarckhering und den Rollmops bis zum berühmten Matjes, den man nach unterschiedlichsten Rezepten zubereiten kann.

Ein gutes Stück vom Schwein, Rind, Hammel oder Geflügel bildete dann immer unseren Sonntagsbraten.

Zur wahren Gaumenfreude gestalteten sich stets das zweite Frühstück und die Vesper mit der berühmten pommersche Mettwurst, Leber- und Blutwurst, Preßkopf, Sülze, Schinken, Speck und dem niemals fehlenden Tilsiter Käse, den wir uns aus Ostpreußen in Form großer Wagenräder schicken ließen.

Das Abendessen fiel wieder magerer aus; man mußte sich mit Milchsuppe, Brot oder Pellkartoffeln begnügen, wenn man nicht die Reste des Mittagessens auf dem Tisch fand. „Am Abend soll man den Magen nicht mit schweren Sachen belasten“ pflegte Vater zu sagen. „Erstens schläft man schlecht und zweitens hat es zur Folge, daß man am nächsten Tag nicht gut arbeiten kann.“

Trotz der vielen Arbeit, die nie bei uns enden wollte, ließen wir es uns nicht nehmen, zumal während der Sommermonate ein- bis zweimal im Monat unser schönes Städtchen Kolberg zu besuchen, um ein wenig das Badeleben und die Atmosphäre eines mondänen Kurortes zu genießen. Kolberg war damals das bekannteste Ostsee- und Solbad Hinterpommerns. Mehrere tausend Morgen groß erstreckten sich die Parkanlagen und Wälder der Stadt, weit über die Hügel der Dünen hinaus. Der breite, sich endlos dahinziehende Strand mit seinem feinen, weißen Sand, die schreienden Möwen, die sich im Fluge hoch über der Ostsee wiegten, der hohe Himmel mit seinen großen, weißen Wolken, die Weite des Meeres, das in der Sonne glänzte, die sanften Dünen und der umgebende Wald, alles dies zauberte in seiner innigen Verschmelzung eine eigentümlich schwerelose Atmosphäre hervor. Es ging davon eine Magie aus, wie man sie nur in Küstenlandschaften findet.

Das Strandleben beschränkte sich für uns freilich vor allem auf Spaziergänge. Barfuß im Wasser konnte man ohne Anstrengung stundenlang den Strand entlanglaufen, während der laue Wind um die Wangen schmeichelte. In der Ostsee wirklich zu baden, hätten wir uns damals überhaupt nicht getraut; es wäre ohnehin nicht möglich gewesen, denn wir besaßen keine Badeanzüge.

Vater hatte einmal nur seine Füße in den Wellen gebadet. Weil er kein Handtuch zum Abtrocknen bei sich trug, begab er sich mit Schuhen und Strümpfen in der Hand barfuß auf die Promenade. Noch bevor seine Füße so trocknen waren, daß der Sand abrieseln konnte, war auch schon ein Schutzmann zur Stelle. Man befand sich schließlich auf der Kurpromenade eines vornehmen Badeortes! Wer mit bloßen Füßen die Promenade betrat, wurde bestraft, und so mußte Vater drei Mark bezahlen – Goldmark wohlgemerkt!

Es war aber auch wahrhaftig eine wunderschöne Kurpromenade, auf der sich Jung und Alt ein Stelldichein gab. Im Zentrum thronte das stattliche Strandschloß, das als Treffpunkt der Prominenz galt. Wer über einen größeren Geldbeutel verfügte, konnte hier seinen Gaumen verwöhnen lassen und zum Fünf-Uhr-Tee oder am späteren Abend das Tanzbein schwingen. Nur wenige Meter von der Promenade entfernt lud der Rosengarten zum Verweilen ein: dort blühten die Rosen in kaum beschreibbarer Fülle, Exemplare aus ausgefallensten Züchtungen, ein Fest von Farben und Düften.

In unmittelbarer Nähe war auch der Hafen angelegt. Hier herrschte reges, buntes Treiben. Stundenlang konnte man auf der hohen Steinmole verweilen, die Angler beobachten und den kleineren und größeren Seedampfern nachwinken, die bis nach Bornholm und Schweden fuhren. Wieviel farbiges Leben gab es dort zu sehen! Nach neuester Mode gekleidete Passagiere. Frauen mit riesigen blumengeschmückten Hüten. Alte Fischer, die ihre Kutter zum täglichen Fischfang vorbereiteten. Dazwischen Soldaten in ihren schmucken Marineuniformen und bärtige Kapitäne auf ihren Schiffen. Hoch über allem kreisen schreiende Möwen. Ostseewellen, die rhythmisch rauschend zum Strand hinziehen, dazu der Geruch von Meer, Salz und Teer, das alles zusammen spricht so seine eigene Seemannssprache und verkörpert eine echte, alte pommersche Lebendigkeit.

Mit dem Jahr 1906 begann für mich die Schulzeit, und an diesem Zeitabschnitt setzt auch meine Erinnerung ein. Die Wirtschaft lief gut, dank des hervorragenden Bodens fielen die Ernten üppig aus, und Vater konnte gute Erträge erwirtschaften. Meine älteren Brüder und Schwestern mußten natürlich tüchtig mitarbeiten.

Wenn der Frühling ins Land zog, begann so ganz allmählich die Arbeit auf dem Feld. Die Schneeschmelze setzte meist Anfang März ein. Oftmals konnten wir unserer Mutter zu ihrem Geburtstag am 9. März schon einen großen Strauß Märzenbecher aus dem Garten pflücken. Sobald der Schnee geschmolzen war, wurde das Land gedüngt. Der Dung von der Miste mußte auf den Feldern verstreut und die Jauche in ein riesiges Faß gepumpt, aufs Land gefahren und verspritzt werden. Wenn das Land hergerichtet war, wurden Sommerweizen, Hafer, Gerste, Seradella – eine Art Klee, der als Viehfutter für Kühe diente – und Flachs eingesät. War diese Arbeit getan, folgte das Pflanzen der Kartoffeln. Zunächst wurden sie aus den Wintermieten ausgelesen und die zur Pflanzung geeigneten aussortiert. Wenn die Knollen zu groß waren, schnitten wir sie auch noch ein- bis zweimal durch. Dann wurden sie aufs Feld gefahren, wo der Vater und die Brüder mit Pferden und Pflügen tiefe Furchen zogen. Die Frauen und Mädchen, mit einem Korb oder einer Schürze vor dem Bauch verschlungen, legten die Kartoffeln im Abstand von etwa vierzig bis fünfzig Zentimetern in die Reihen. Abermals wurde mit Pferd und Pflug das Feld bearbeitet, nun um die Furchen wieder zu schließen, und die Kartoffeln konnten ihr Wachstum beginnen.

Ohne Rast und Ruhe ging es dauernd weiter, nur kurz unterbrochen von den Ostertagen. Das war freilich ein Fest, auf das sich Kinder wie Erwachsene gleichermaßen freuten! An diesen Tagen ging es von morgens bis abends fröhlich zu. Allerdings hieß es auch jetzt, früh aufstehen, denn nach pommerschem Brauch mußte am ersten Ostersonntag noch vor Sonnenaufgang aus einem nahegelegenen Bach oder Fluß das Osterwasser geholt werden. Meist wurden schon in den Tagen vorher zwei Personen für diese Aufgabe ausgewählt. Das Wichtigste und Schwierigste daran war, daß man dabei nicht sprechen durfte – denn sonst war es Schladderwasser und völlig nutzlos! Das Osterwasser wurde gewärmt, und jeder wusch darin sein Gesicht, was das ganze Jahr über Glück bringen sollte. Aber ich bin nicht sicher, wie oft wir uns mit Schladderwasser gewaschen haben.

Wer am ersten Ostertag nicht früh genug aus den Federn kam, dem konnte es auch aus anderen Gründen schlecht ergehen. Denn er wurde Opfer eines weiteren pommerschen Brauchs, des Stiepruten-Stiepens. Eigens hierzu pflückten wir schon drei Wochen vor Ostern Birkenzweige und stellten sie in eine Vase, damit sie schön große Blätter treiben konnten. Diese Zweige nahm man nun, schlich heimlich in die

Schlafstube eines Langschläfers, hob die Bettdecke hoch und sagte, indem man seinem Opfer auf den Hintern klopfte: Stiep, stiep Osterei, gibst du mir kein Osterei, stiep ich dir das Hemd entzwei. Bei dem Stiepen entstand natürlich einiges Gerangel, und die Birkenblätter verteilten sich im ganzen Bett, so daß oftmals ein neues Laken aufgelegt werden mußte. Aber das gehörte ebenso zu diesem Fest, wie die vielen Besuche und ein gutes Ostermahl.

Viel zu kurz war diese Feierzeit, denn nun mußten schon wieder die Futterrüben, Zuckerrüben und die vielen Wrucken gepflanzt werden. Wrucken sind eine runde, etwa dreißig bis vierzig Zentimeter große Rübenart, die im Herbst nach der Ernte eingemietet wird und im Winter den Kühen als Futter dient. Das Pflanzen bedeutete harte Knochenarbeit. Schon allein das Krummstehen den ganzen Tag lang war mühselig, und hinzu kam noch das scheußliche naßkalte Wetter, das aber notwendig war, damit die Pflanzen gut anwachsen konnten.

Wenn wir nun dachten, nach diesen schweren Anstrengungen wäre uns ein bißchen Ruhe vergönnt, schickte uns der Vater auch schon wieder auf die Felder, um die Steine abzulesen. Wo die alle herkamen, weiß ich bis heute noch nicht. Zwischendurch mußten wir Mädchen mit unserer Mutter zudem unseren Blumen- und Gemüsegarten bearbeiten. Blumen und das gesamte Gemüse für unseren eigenen Bedarf wurden gesetzt oder gesät. Und das war nicht wenig: Zwiebeln, Mohrrüben, Erbsen, Bohnen, Rotkohl, Weißkohl, Wirsing, Salat, Rote Bete, Gelbe Steckrüben, Gurken, Sellerie, Petersilie, Dill und weitere Kräuter.

Von da an ging es bis zur großen Heuernte im Juni etwas ruhiger zu, und so wurde der Mai für uns in mehrfacher Hinsicht zum Wonnemonat: Wir genossen den mit voller Kraft ausbrechenden Frühling. Der Garten hinter dem Haus und das gesamte Dorf verwandelten sich in ein blühendes Paradies. Flieder und Schneeball, Goldregen, Pfingstrosen und Narzissen, Jasmin, Ginster und die Heckenrosen, die Kastanien- und Lindenbäume, der Rotdorn und der Weißdorn tauchten die Umgebung in ein Blütenmeer. Die frische, wunderbar würzige Luft, die bei vorgerückter Abendstunde von der Ostsee zu uns herüberzog – ein Gemisch aus Salz, Meer, Tannen, Kiefern und Buchen –, ist mir heute noch ebenso gegenwärtig wie der Duft all der blühenden Blumen und Bäume.

Und dann stand auch schon Pfingsten bevor. Wir schmückten das ganze Haus mit jungen Birkenzweigen; selbst vor den Haustüren, Stall- und Hoftoren stellten wir große Maienzweige auf. Aus den umliegenden Dörfern kamen die Verwandten zu Besuch, oder wir machten uns mit der Kutsche auf den Weg zu ihnen. Es wurde gut gespeist und getrunken, wir Kinder tollten im Freien herum, man freute sich, fröhliche Stunden gemeinsam zu verleben.

An den Pfingstfeiertagen fand auf den meisten Dörfern auch das traditionelle Schützenfest statt. Höhepunkt war natürlich die Kür des Schützenkönigs. Angetan mit grüner Jägersuniform, einen Hut mit langer Feder auf dem Kopf und die Brust mit vielen Orden behangen, thronte er auf einem blumengeschmückten Kutschwagen, der im Triumph durch das gesamte Dorf gefahren wurde. Die edelsten Pferde des Dorfes zogen den Wagen. Nebenher marschierte eine Musikkapelle, die den Aufzug mit lustigem Trara begleitete. Natürlich mußte der Schützenkönig bei der anschließenden Feier auch etwas springen lassen, umsonst gab es den Titel nicht. Wir Kinder erhielten vom Vater dreißig Pfennige, und mit ein bißchen Glück, wenn zufällig die Großeltern oder der Patenonkel da waren, bekamen wir von jedem

Die Persante

nochmals einen Groschen zugesteckt, und ab ging's aufs Schützenfest.

Alljährlich nach Pfingsten erfolgte das große Schafescheren. Am frühen Morgen trieben wir die achtzig bis hundert Tiere zu der nahegelegenen Persante. Hier wurden die Schafe zunächst einmal gewaschen, denn die Wolle mußte ja sauber sein. Sobald sie wieder trocken waren, so nach zwei bis drei Stunden, konnte das große Scheren beginnen. Das wollte natürlich auch verstanden sein, denn diese Scheren, eigens dafür hergestellt, waren äußerst tückisch. Paßte man einmal nicht richtig auf, hatte das arme Tier ganz schnell einen Schnitt abbekommen, was natürlich sehr schmerzhaft war und mit fürchterlichem Blöken endete. Die geschorene Wolle – das Vlies – wurde zum größten Teil, bis auf unseren eigenen Bedarf, verkauft.

Dieses Schafescheren geriet immer zu einer kleinen Volksbelustigung, denn wir waren ja nicht die einzigen, die sich mit ihren Schafen dort unten an der Persante eingefunden hatten. Ich weiß nicht, ob sich jemand vorstellen kann, wie es dort unten an dem idyllischen Flußbett inmitten Hunderter Schafe zuging. Das Waschen wäre natürlich relativ schnell vonstatten gegangen, doch wir zögerten es über den ganzen Tag hinaus. Es war an diesem Tag nur Jungvolk am Werken, und über all dem Schabernack, den wir trieben, wurde die Arbeit beinahe zur Nebensache. Man hockte beisammen und labte sich am mitgebrachten Proviant, erzählte einander Witze und zog das Neueste vom Schützenfest durch den Kakao, Streiche wurden ausgeheckt, es wurde herumgetobt und bei den Älteren auch schon mal ein verschämt-zärtlicher Blick gewechselt. So mancher Bursche und manches Mädchen plumpsten ganz zufällig Hals über Kopf in die Persante. Obwohl wir Mai hatten, war das Wasser noch recht kalt, und ohne einen Schnupfen ging es dann nicht ab.

Ab Mitte Juni begann die große Heuernte, die mindestens zwei bis drei Wochen andauerte. Hierzu benötigten wir Hilfe, und es kamen mehrere Frauen aus dem Dorf. Bis die Wiesen alle gemäht waren, brauchte es schon einige Zeit. Oftmals kamen Gewitter und Regen dazwischen und zögerten das Trocknen hinaus. Während dieser Zeit mußte das Gras wieder und wieder gewendet werden. Wenn das Heu dann endlich trocken war, harkten wir es zu großen runden Haufen zusammen. Sodann wurde es auf große Wagen geladen und auf den Heuboden gefahren. Wir Kinder mußten das Heu festtreten, damit recht viel auf dem Heuboden Platz hatte. Das Heu festzutreten war auf dem heißen und stickigen Heuboden schon recht anstrengend, und der Schweiß lief aus allen Poren. „Wer nicht schwitzt", so sagte mein Vater, „der hat nichts getan." Und wer wirklich nicht schwitzte, war ganz allein ich. Also befeuchtete ich mir, bevor ich vom Heuboden herunterkletterte, Stirn und Nase mit Spucke.

Der Heuboden war von allen Ställen immer unser liebster Spielplatz. Auf ihm konnten wir so richtig nach Herzenslust herumtoben oder Versteck spielen. Mit besonderer Vorliebe sprangen oder rutschen wir vom höchsten Balken ins weiche Heu hinunter. Einmal sagte Franz zu mir: „Kumm, wir goen in de Scheun." – „Wat wis du denn dor?", fragte ich ihn. „Na, boven vom översten Balken runner springen." – „Bist du verrückt?" – „Ne," erwiderte er, „dat is ock nich vel schlimmer als ub dem Heuborner."

Also begaben wir uns in die Scheune und kletterten auf den höchsten Balken. Da wir erst Ende Juni hatten, waren die Scheunenfächer bis auf einige Strohballen, die noch darin lagen, fast leer. Als ich dort oben stand und in die Tiefe schaute, verließ mich auf einen Schlag aller Mut, und mein Herz begann fürchterlich zu klopfen. Der Heuboden war gegen diese Höhe gar nichts. Am liebsten hätte ich den Rückweg angetreten und wäre wieder hinuntergeklettert. Doch Franz machte sich zum Sprung bereit, und schon sauste er mit Karacho nach unten. Offenbar war er auch heil angekommen, denn während ich wie versteinert da oben stand und mich nicht vom Fleck rührte, redete Franz von unten unermüdlich auf mich ein und versicherte mir, es sei überhaupt nicht schlimm und ein ganz prima Gefühl. Solange beredete er mich, daß ich nach langem Zögern dann doch endlich hinabsprang. Es war ein halsbrecherischer Sprung, ich fand ihn einfach entsetzlich. Kaum, daß ich wieder auf meinen Beinen stand, bekam das Brüderchen links und rechts zwei deftige Ohrfeigen verpaßt. Franz war so verblüfft, daß er sich zum erstenmal nicht wehrte und wir uns nicht einmal mehr an den Haaren zogen.

Im Sommer begann die Schule schon um sechs Uhr am Morgen. Da hieß es, früh aufstehen, denn noch vor der Schule mußten Franz und ich die Kühe auf die Weide bringen. Noch halb schlaftrunken, ungewaschen und ungekämmt, barfuß mit Kuhdreck zwischen den Zehen, kamen wir abgehetzt und viel zu spät in den Unterricht. Unser Lehrer

Petsch war außer sich und wußte sich vor Empörung kaum zu fassen. Er schickte uns sofort wieder nach Hause zurück, mit dem Auftrag, uns erst einmal ordentlich herzurichten. Die Zeit, die wir auf diese Weise am Morgen versäumten, mußten wir nach Schulschluß nachsitzen. Nachdem dieses Spielchen sich so zwei- bis dreimal wiederholte, erschien eines Tages unser Vater voller Wut in der Schule. Mit der Peitsche schlug er auf den Tisch, packte den Lehrer am Schlawittchen und tobte wie verrückt. Franz und ich ergriffen die Flucht und sausten wie vom Blitz getroffen nach Hause. Unsere Mutter war völlig entsetzt und schimpfte mit dem Vater, aber der ließ sich da überhaupt nicht dreinreden.

Gleich nach dem Mittagessen mußten wir mit den Schafen lostreiben. Begleitet von zwei Hütehunden, trieben wir sie auf die Weide zu den Kühen. Die lag weit hinterm Berg und grenzte schon an Tessmers Wiesen in Poldemin. Ganz in der Nähe gab es ein Wasserloch, in dem wir herrlich baden konnten. Vor lauter Spielen und Herumtoben achteten wir bald überhaupt nicht mehr auf Kühe und Schafe. Die waren längst über den kleinen Grenzgraben gelaufen und fraßen sich in Tessmers Wiesen satt. Schon bald darauf erschienen die beiden Tessmerjungen. Mit Hunden und Stöcken trieben sie das Vieh wieder über den Grenzgraben zurück. Sobald sie in Hörweite waren, überhäuften sie uns mit Schimpftiraden und drohten Schläge an. Erich, der Ältere, konnte recht rabiat werden, Emil dagegen war ein ruhiger, verträglicher Junge, der nie sehr viel sagte. Wir ließen uns das natürlich nicht gefallen, sondern setzten uns zur Wehr und hatten unseren Spaß daran, die beiden zu ärgern. Indem wir wegrannten, schrien wir ihnen zu: „Tessklöter, Tessklöter, ihr könnt uns mal am Arsch lecken!" – ohne zu ahnen, welche Rolle Emil in meinem Leben einmal einnehmen würde. Dieses Spielchen am Wasserloch wiederholte sich oft und nahm bisweilen solche Formen an, daß unser Vater eingreifen mußte und uns eine Wucht verpaßte.

Mitte Juli bis Mitte August war die wärmste Jahreszeit und zugleich die schwerste und anstrengendste im ganzen Jahr. In diese Wochen fiel nämlich die Erntezeit. Das Korn war gereift und mußte gemäht werden. Das Wetter war gut und die Hitze mit dreißig bis fünfunddreißig Grad so groß, daß sich in der Erde häufig breite Risse auftaten.

Zu dieser Zeit mähte man noch mit der Handsense. Hinter jedem

Mäher ging eine Frau. Zuerst mußte sie sich in Windeseile von den gemähten Halmen ein Seil winden, in dem sie dann vier bis sechs Sensenschläge zusammenraffte und diese zu einer Garbe band. Nachdem das gesamte Kornfeld gemäht und gebunden war, stellten alle gemeinsam die Garben in Stiegen – das waren meist sechzehn bis zwanzig Garben – zum Trocknen auf. So wurde jedes Stück Land, ob es nun mit Roggen, Weizen, Hafer oder Gerste bestellt war, bearbeitet. Es war eine mühselige Plackerei.

Sobald das Korn trocken war, was bei dem heißen Wetter sehr schnell ging, wurde es mit drei Wagen wechselweise eingeholt. Während ein Wagen im Feld noch beladen wurde, fuhr ein zweiter nach Hause, und der dritte konnte bereits in der Scheune entladen und das Korn in die hierfür bereitstehenden Fächer gepackt werden. Wir Kinder mußten hier wieder genau wie beim Heu die Garben festtreten. Die einzelnen Scheunenfächer waren riesig, sie reichten vom Fußboden bis unter das Dach.

Unser Scheunendach war zu dieser Zeit noch mit Schilfrohr gedeckt. Auf einem Ende des Daches war ein großes Wagenrad befestigt, in dem der Storch sein Nest hatte. Gelenkig, wendig und auch neugierig, wie ich war, grub ich mir ein kleines Loch in das Schilfrohr und kletterte ins Storchennest. In diesem Moment kam gerade der Vater mit der neuen Fuhre Korn angefahren. Ich, stolz wie ein Spanier, stand aufrecht im Nest, rief und winkte ihm zu. Er fuchtelte drohend mit der Peitsche zu mir hinauf, rief ganz erregt:“Geh sofort da ‘raus!“ und drohte mir für den Abend gar eine Tracht Prügel an. Aber da ich nun einmal seine Beste war, blieb das Angedrohte aus. Allerdings sagte er dann am Abendbrottisch, bei dem Anblick wäre ihm doch beinahe das Herz stehen geblieben.

Vor Beginn der Ernte wurden immer ein großes fettes Schwein, ein Kalb und ein Schaf geschlachtet, reichlich Tilsiter Käse eingekauft und jede Menge Kuchen gebacken. Wir benötigten für die Arbeit viel fremde Hilfe, und weil es sich um Schwerstarbeit handelte, mußte auch dementsprechend gut gegessen werden. Zum zweiten Frühstück wie auch zur Vesper wurden die Speisen in Leintücher gewickelt, in selbstgeflochtene Weidenkörbe verpackt und zusammen mit großen Kannen Kaffee aufs Feld getragen. Dort setzten sich alle zu einem Kreis zusammen und verzehrten gemeinsam die köstlichen Brote und

Kuchen, die in der Mitte auf einem weißen Leintuch ausgebreitet waren.

Wenn wir dann erschöpft und mit schmerzenden Gliedern auf einem der Felder saßen, die an der Bahnlinie nach Kolberg lagen, und wiedermal ein vollbesetzter Sonderzug mit Urlaubern aus Berlin, Potsdam, Leipzig, Dresden oder dem Ruhrgebiet vorüberfuhr, kam bei uns allen schon ein bißchen Wut auf. Wir schimpften dann wie die Rohrspatzen: „Diese feinen Städter fahren wieder ins Ostseebad, baden und faulenzen am Strand, lassen dem lieben Gott einen guten Tag sein, und wir müssen hier in der Hitze schuften, damit die etwas zu essen bekommen." Bisweilen steigerten wir unsere Ausdrücke in primitive Höchstformen, die ich hier lieber nicht wiederholen möchte.

Das Mittag- sowie das Abendessen nahmen wir zu Hause ein. Da gab es dann auch immer das Beste vom Besten. Schweine-, Rinder- und Lammbraten, dazu Gemüse und Salat. Vorweg noch eine kräftige Hühnersuppe mit viel Fleisch, Grießklößchen oder Eierstich. Als Nachtisch waren Pudding, Zitronencremespeise oder Grießpudding mit Kirsch- oder Johannisbeersaft auf dem Tisch zu finden. Bier für die Männer, Saft für die Frauen und ein klarer Korn oder ein Likörchen krönten allabendlich das Mahl.

Nachdem die Ernte unter Dach und Fach war, ließen wir es langsamer angehen. Nun fuhren wir auch einigemale in unser geliebtes Kolberg, kauften ein, besuchten Verwandte und Freunde oder flanierten auf der schönen Strandpromenade. Zu ganz besonderen Spaziergängen lockte uns immer die vielgeliebte, schattige Maikuhle auf der linken Uferseite der Persante. Weil die Persante durch den Hafen fließt, wo sie in die Ostsee mündet, ließen wir uns von dort immer mit einem Boot hinübersetzen. Hier gab es Gaststätten, Cafés, Schießstände sowie verschiedenste Arten von Belustigung, so daß jeder auf seine Kosten kam.

Indes, die Arbeit ging uns nie aus. Manchmal hatten wir sogar das Gefühl, wir wären nur zum Arbeiten auf die Welt gekommen. Für Mutter und uns Mädchen begann nun die Einmachzeit. Die Winter waren lang, und die Weckgläser mußten gefüllt werden. Es verging bei uns kaum ein Tag, an dem es zum Nachtisch kein Kompott gab. So wurde alles eingeweckt und eingekocht, was der Garten hergab. Von Sauerkirschen bis hin zu den Birnen, Pflaumen, Eierpflaumen,

Stachelbeeren, Himbeeren und Renekloden. Selbstverständlich kochten wir auch Marmelade. Von dem Saft der Johannisbeeren, Himbeeren und Brombeeren wurde Gelee gemacht. In unseren schönen großen Pommerschen Wäldern wuchsen sehr viele Blaubeeren und Preiselbeeren, die von den Marktfrauen gepflückt und bei uns auf den Dörfer literweise verkauft wurden. Einen Liter Beeren erhielt man damals schon für ein paar Pfennige.

Der September zog ins Land, und ab Mitte des Monats begann die Kartoffelernte. Hierzu kamen viele Frauen aus Kolberg angereist und halfen, natürlich für ein Deputat in Form von Kartoffeln. Die Kartoffelfelder waren sehr groß, mindestens fünfzehn bis zwanzig Morgen wurden angepflanzt, und so dauerte das Lesen auch jedes Jahr zwei volle Wochen lang. Für mich hätte es sich ruhig zweimal so lang hinziehen können. Mit den vielen Frauen aus der Stadt kam Abwechslung in unser Landleben, und so machte auch die Arbeit Spaß. Eine der Städterinnen, Müller mit Namen, war eine besonders einprägsame Gestalt. Sie trug grundsätzlich Schlitzunterhosen, und weil sie beim Kartoffellesen stets gebückt stand, konnte man immer ihre nackten Backen sehen, die schon ganz schön schrumpelig waren... Die Frauen wußten viele Neuigkeiten zu berichten und erzählten mit Vorliebe Witze, anständige wie unanständige, bei denen wir Kinder unsere Ohren immer besonders weit aufsperrten. Meistens verstanden wir den Sinn oder Hintergedanken noch gar nicht und konnten uns nur allerlei krauses Zeug zusammenreimen. Wenn wir dann kicherten und wissen wollten, was denn dies oder das zu bedeuten habe, fragte mich Frau Müller: „Wo olt büst du denn?“ „Ick bün tejen (zehn)“ entgegnete ich. „Wat, eis tejen, na, mit tejen brückt man so wat ock noch nich tau weiten!“

Jede Kartoffelreihe wurde vom Vater und den Brüdern in der Mitte aufgepflügt, wo uns dann zu beiden Seiten die Knollen nur so entgegenpurzelten. Wir Kinder und der Großteil der Frauen, mindestens fünfzehn an er Zahl, krochen jeder in einer Reihe auf den Knien und sammelten die Kartoffeln in Körbe. Hinter uns war unser Arbeiter postiert, der die vollen Körbe sogleich in Säcke umfüllte. Dabei mußte er sich noch beeilen, so viele gab es in diesem Jahr. Unser Keller reichte für die Kartoffeln bei weitem nicht aus. Es mußten daher Mieten angelegt werden, in denen sie zum Überwintern eingelagert werden konnten.

Ohne Unterbrechung ging es weiter, denn gleich darauf waren die Rüben, Zuckerrüben und Wrucken an der Reihe. Hier wurde nach dem gleichen System wie bei den Kartoffeln verfahren. Die Zuckerrüben – es waren nicht allzu viele – verwendeten wir für uns selbst. Nachdem sie gewaschen, geputzt und geschrubbt waren, wurden sie erst weichgekocht und dann zu Saft ausgepreßt. Der süße Saft mußte nun mindestens sechs bis acht Stunden einkochen, bis er sich zum Sirup – im hinterpommerschen Volksmund Kreude genannt – eingedickt hatte, den wir im Winter, wenn es besonders knackig kalt war, als Brotaufstrich auf Butter und sogar auf Schweineschmalz strichen.

All diese Arbeiten fielen in die zweite Oktoberhälfte und mußten bis zum Monatsende abgeschlossen sein. Denn der letzte Freitag im Oktober, das war der sogenannte Groß e Freitag. Diesem Tag fieberten wir schon Wochen vorher entgegen. Jung und Alt, alles was Beine hatte, fuhr dann nach Kolberg zum größten jährlichen Markttag. Was sich nur denken ließ, wurde da verkauft und gekauft. Man traf aus der gesamten Umgebung Verwandte, Freunde und Bekannte, die man sonst fast das ganze Jahr über nicht sah. Männer und Frauen versammelten sich beim Kaufmann, der zu dieser Zeit noch über eine eigene Gaststube und einen Unterstellplatz für Pferd und Wagen verfügte. Die Frauen pflegten ihren Schwatz, tauschten Erlebnisse und Neuigkeiten bei Kaffee und Kuchen aus, während die Männer bei Bier und einem deftigen Korn Karten klopften. So mancher fuhr dann am Abend, den Wagen an jeder Seite von einer Petroleumlampe beleuchtet, ganz schön angetüdelt nach Hause.

Die Felder waren zu diesem Zeitpunkt schon wieder gedüngt, gepflügt, geeggt und mit Winterkorn eingesät. Um Pferd und Pflug sammelten sich die Krähen, die aus den Wäldern herübergeflogen kamen, um noch einen Leckerbissen zu erhaschen. Und wer kennt die Sprache der Krähen? Im Herbst, wenn das Futter knapp wird, ertönt ihr Ruf: Is Hong, Is Hong, Is Hong! Im Frühjahr, wenn wieder reichlich Futter vorhanden ist, ertönt ihr Ruf: Is Ak, Is Ak, Is Ak!

Manchmal fiel schon Anfang November der erste Schnee, der aber meist noch nicht liegen blieb. Wenn es dann gegen Ende November erneut schneite, blieb er uns den ganzen Winter über bis Anfang März erhalten. Inzwischen hatten die Gänse und Enten, die über Herbst gemästet worden waren, genügend an Fett und Gewicht angesetzt. Das große Schlachten konnte beginnen. Viele wurden verkauft, aber ein großer Teil blieb für unseren eigenen Bedarf. Die Gänsebrüste wurden geräuchert. Diese Spickbrust – so nennt man sie bei uns in Pommern – ist eine ganz besondere Delikatesse, die nur zu den Feiertagen und außergewöhnlichen Anlässen serviert wurde.

Nach dem Schlachten ging es sogleich ans Federnreißen. Die gröberen wurden für Unterbetten verwendet, die feineren für Oberbetten und Kopfkissen und die hauchfeinen, die sogenannten Daunen, für die herrlich leichten und anspruchsvollen Daunendecken. Unsere Mutter achtete genau darauf, daß wir beim Federnreißen ordnungsgemäß vorgingen, denn in Bezug auf Betten und Wäsche war sie überaus pedantisch. In regelmäßigen Abständen mußten die Betten auch wieder neu hergerichtet werden: mal mußten neue Inlette genäht, ein andermal die Federn gereinigt, ergänzt oder sogar vollständig erneuert werden. So ganz allmählich wurde auch schon damit begonnen, für die älteren Schwestern eine Aussteuer anzulegen.

Für Mutter war es oberstes Gebot, nicht nur Feld-, Garten- und Stallarbeit zu beherrschen, sondern auch in allen Hausarbeiten zu einer gewissen Meisterschaft zu gelangen. „Eine richtige Hausfrau" bleute sie uns Mädchen immer wieder ein, „muß fähig sein, einen ordentlichen Hausstand zu führen und auch gut kochen können. Denn eine Frau und Mutter ist die Seele des Hauses." Wie sehr ihre Auffassung der Wahrheit entsprach, bewies sie uns täglich aufs neue. Das Vertrauen, das Mutter uns stets entgegenbrachte und das wir vier Mädchen auch bedingungslos erwiderten, war einzigartig. Sie tat alles, was in ihrer Macht stand, um uns ihre ganze Liebe und die beste Erziehung zukommen zu lassen. Und ich glaube ohne Übertreibung sagen zu könne, daß ihr das bei allen vier Töchtern bestens geglückt ist.

Das Kochen brachte sie uns schon von frühester Jugend an bei. Mit vierzehn Jahren, gleich nach der Konfirmation, mußte jede von uns vier Mädchen an einem Tag der Woche für die Mahlzeiten sorgen. Die Auswahl für das Essen durften wir selbst treffen. Natürlich kochte jede zu Anfang nur ihr Lieblingsgericht. In den ersten Wochen war es mit den Kochkünsten noch nicht weit her. Mir war der Reisbrei einmal gründlich mißlungen und obendrein kräftig angebrannt. Bei Tisch sagte zwar keiner ein Wort, aber an ihren Blicken und den verzogenen Mundwinkeln konnte ich ablesen, was sie davon hielten. Anstandshalber aßen alle davon; zwar nur ein paar Löffel, aber sie wollten mir wohl nicht die Lust am Kochen nehmen. Die Salzkartoffeln hatte ich anfangs auch zu lange kochen lassen, doch da nahm ich schnell den Kartoffelstampfer, fügte heiße Milch und ein großes Stück Butter hinzu und stampfte solange, bis ich einen herrlichen Kartoffelbrei servieren konnte.

Endlich stand Weihnachten vor der Tür. Jeder hatte dann so seine Heimlichkeiten, es gab zwar keine großen Geschenke, aber jeder wurde mit mehreren Kleinigkeiten bedacht. Schon drei Wochen vor dem Fest begann in der Küche das Plätzchen- und Pfefferkuchenbacken. Mutter gab die Anweisungen, die drei großen Schwestern kneteten den Teig und formten ihn zu Herzen, Sternen, Glocken, Tannenbäume und Kreiseln. Ich als jüngste mußte sie auf die Bleche legen und zum Backofen hinten im Garten tragen. Franz half mir beim Tragen, und Vater war für das Abbacken zuständig. Uns beiden Kleinen kam diese Gelegenheit sehr zupaß, da wurde schon so manches Plätzchen roh vertilgt. Nach dem Backen mußten die Plätzchen noch hübsch verziert, mit Puderzucker bepinselt und buntem Zucker bestreut werden. Doch nun hatte unsere Mutter die allergrößte Sorge, die Plätzchen vor uns Leckermäulern in Sicherheit zu bringen – was ihr erstaunlicherweise aber immer gut gelang. Keinem von uns ist es je geglückt, ihr Versteck ausfindig zu machen. Am 23. Dezember wurde nochmals gebacken: Brot, Weißbrot, Streuselkuchen und ein schöner runder Guglhupf, den ich am allerliebsten mochte.

Am Morgen des Heiligen Abends holte der Vater einen zweieinhalb Meter hohen Tannenbaum aus dem Wald, der in der guten Wohnstube aufgestellt wurde. Mutter und die großen Schwestern schmückten ihn. Vor uns Kleinen blieb die Stube an diesem Tag verschlossen. Am Abend gegen achtzehn Uhr spannte Vater die Pferde vor den Schlitten, die zu diesem Anlaß einen Aufsatz mit Glöckchen auf dem Kopf trugen. Verpackt in dicke Decken und mollig warme Fußsäcke aus Schaffell und Leder fuhren wir unter dem hellen Geläut der Glöckchen zu der vier Kilometer entfernten Kirche nach Fritzow.

Das Ende des Gottesdienstes und die Rückfahrt konnten wir Kinder kaum erwarten. Wenn wir aus der Kirche traten, war es schon ganz dunkel, doch der leuchtende Schnee und der klare Himmel, nur von ein paar Wolken durchzogen, durch die die Sterne blitzten und der Mond hervorlugte, ließen uns den Weg gut erkennen. In Jaasde angekommen, befreiten wir uns in Windeseile aus den Decken und Fußsäcken. Wir liefen zum Wohnzimmer, aber es war noch immer verschlossen. Erst nach dem Abendessen zündeten Emma, Hedwig und Frieda die Kerzen am Tannenbaum an. Vater, Mutter, Reinhardt, Fritz, Franz und ich standen ganz still und andächtig dabei und betrachteten unseren wunderschön geschmückten Baum, der über und über mit Kugeln, Strohsternen, Rauschgoldengeln, Engelshaar, Gebäck und Schokoladenfiguren beladen war. Im Glanz der brennenden Kerzen stimmte Emma mit ihrer glockenhellen Stimme *Am Weihnachtsbaum die Lichter brennen* an. Schließlich fielen wir anderen ein, gemeinsam sangen wir *O Tannenbaum*, *Es ist ein Ros entsprungen*, *Süßer die Glocken nie klingen*, *O du Fröhliche* und immer zum Abschluß *Stille Nacht, Heilige Nacht*. Erst dann begann unsere Bescherung, und wir durften unsere Geschenke suchen. Für jeden gab es einen bunten Teller, gefüllt mit Äpfeln, Mandeln, Nüssen, Plätzchen und Pfefferkuchen. Die Geschenke bestanden aus warmen Sachen, wie Handschuhe, Mützen, Schals, Socken, Pullover und Strickjacken. Wir beiden Kleinen, Franz und ich, bekamen einen Teddy und eine Puppe.

Die drei Weihnachtstage verliefen wunderschön, jeden Abend wurden die Kerzen am Baum angezündet, und Weihnachtslieder gesungen. Verwandte kamen, oder wir fuhren zu ihnen. An diesen kurzen Tagen mit den langen, eiskalten Winternächten zwischen Weihnachten und Ende Januar, wenn der Schneesturm tobte, meterhohe Verwehungen auftrieb und wir die Ostsee in Henkenhagen heulen hörten, ließen wir unsere Kachelöfen überhaupt nicht mehr ausgehen. Die Wärme und das Knistern des Feuers, der Duft der Bratäpfel und der heiße Grog in den Gläsern allabendlich strömten eine wohlige Atmosphäre aus. Um neun Uhr löschte der Vater das Licht, denn um diese Zeit war es am schönsten in unseren warmen, kuscheligen Federbetten.

Und dann war Sylvester da, ein Tag fast so schön wie Weihnachten. Am Vormittag wurden Pfannkuchen gebacken, gefüllt mit Marmelade und Gelee, bezuckert oder mit Puderzucker bepinselt. Einige wurden auch zum Scherz mit Senf gefüllt. Für den späten Abend und die Nacht bereiteten wir Heringssalat, Glühwein und Punsch vor. Auch Würstchen mit Weißbrot und Senf durften nicht fehlen. Das Abendessen selbst wurde an diesem Abend zeitig eingenommen. Viele gute und schwere Sachen wurden da verzehrt, sozusagen als Grundlage für die lange, feuchtfröhliche Nacht. Verwandte und Freunde waren eingeladen, es wurde gelacht, gescherzt und getanzt, gegessen und getrunken. Die Zeit verging wie im Fluge, schon läuteten die Glocken das neue Jahr ein, und ein jeder rief dem anderen Prosit Neujahr zu. Die ausgelassene Stimmung dieser schönen Sylvesternacht löste sich erst in den frühen Morgenstunden auf. Mit Pferdeschlitten und Glockengeläut fuhren dann alle wieder nach Hause. Franz und ich wurden natürlich schon früher ins Bett geschickt, doch bis um Mitternacht durften auch wir aufbleiben, um das neue Jahr zu begrüßen.

Am Neujahrstag fuhr Vater mit uns Kindern bei eisigem Frost und knirschendem Schnee mit dem Schlitten zur Kirche. Wir mußten, so war es Sitte, nach Geschlecht getrennt sitzen, die Männer auf der rechten und die Frauen auf der linken Seite des Kirchenschiffes. Wieder zu Hause angekommen, duftete es schon im Hausflur nach Bratäpfeln und Rotkohl, und Mutter empfing uns mit einer knusprig gebratenen Neujahrsgans.

Zwei Tage nach Heilige-Dreikönige ordnete Mutter an, den Tannenbaum abzuräumen. Frieda und Hedwig waren dazu auserkoren. Hedwig war für das Abräumen, Frieda dagegen. Der Tannenbaum würde noch nicht nadeln, und weil er in diesem Jahr so besonders schön war, wollte sie, daß er noch ein paar Tage stehen bliebe. Sie stritten, zankten und beschimpften sich, und gerade in diesem Moment kam der Vater zur Türe herein. Temperamentvoll und jähzornig zugleich, wie er manchmal war, packte er den Tannenbaum, trug ihn aus dem Haus und warf ihn geradezu auf den Misthaufen. Wütend zertrampelte er mit den Füßen den Baum mit all dem schönen Weihnachtsschmuck. Ja, so ging es oft bei uns zu. Er machte keine langen Visematenten, und die beiden konnten noch von Glück sagen, daß sie keine Wucht abbekamen.

Der Januar war bei uns in Hinterpommern sehr kalt und sehr lang. Es begannen, so müßte man meinen, nun die gemütlichen Winterabende. Aber weit gefehlt! Wir mußten jeden Abend das Spinnrad drehen, den ganzen Winter lang wurde nun die Wolle gesponnen, die wir im Sommer an der Persante geschoren hatten. Wir besaßen unsere eigenen Spinnräder. Heute sind sie sehr begehrt, und in manchen

Häusern findet man sie in Fluren oder gar im Wohnzimmer als Schmuckstück aufgestellt. Nichts hätte uns ferner gelegen, als ein Spinnrad als Schmuck aufzustellen. Ich haßte das Spinnen. Ganz so einfach, wie es aussah, war diese Arbeit nicht. Um einen recht feinen Faden zu erzielen, brauchte man viel Gefühl und Gespür in den Fingern, und das Spinnrad mußte immerzu ganz gleichmäßig mit dem Fuß getreten werden. So schlug die Uhr an manchen Abenden schon zehnmal, bevor wir ins Bett kamen. Da flossen auch sehr oft die Tränen, und weil ich ja Vaters Beste war, durfte ich meist früher zu Bett gehen – was natürlich bei Emma, Frieda und Hedwig Empörung heraufbeschwor.

Alles Strickbare, was wir am Leibe trugen, ob Strümpfe, Socken, Handschuhe, Mützen, Schals, Pulswärmer, Pullover oder Strickjacken, stammte aus der Wolle unserer Schafe und wurde von uns selbst gestrickt. Wenn wir beim Schlittenfahren oder beim Schliddern auf dem Dorfteich einen Handschuh verloren hatten, lag der neu gestrickte schon am nächsten Morgen zum Anziehen parat. Von Mutter bekamen wir mit dem neuen zwar links und rechts eins um die Ohren, aber das nahmen wir gerne in Kauf. Das Herumtoben auf dem Eis war doch zu schön!

Mit den Wintermonaten begann nun auch das tägliche Dreschen, denn die Scheune war ja voll von Korn. Der Dreschkasten stand in der Scheune auf der Diele. Da es zu dieser Zeit noch keinen Strom gab, mußte der Dreschkasten durch das sogenannte Roßwerk mit einem Pferd angetrieben werden. Das Roßwerk bestand aus einem Kreuzbalken von je vier bis fünf Metern Länge und einem Zahnrad, das unter diesem Kreuz befestigt war. Das Zahnrad wiederum war mit einer Welle versehen und mit dem Dreschkasten verbunden, wodurch der Dreschkasten angetrieben werden konnte. Nur drehte sich diese Welle nicht von allein. Es mußte ein Pferd vor einen der Balken gespannt und von uns Kindern in gleichmäßigem Takt im Kreis geführt werden. Das ging so jeden Nachmittag bis hin zum Dunkelwerden. Wenn unsere Hände vom Leine- und Peitschehalten schon ganz steifgefroren waren, begannen wir aufzumuksen, bis wir schließlich laut und jämmerlich weinten. Aber unserem Vater war es noch immer nicht genug. Er holte dann eine Petroleumlampe, und wir mußten noch eine Stunde weiterdrehen.

Nach einigen Wochen war das Korn zwar endlich gedroschen, aber nun mußte es noch gesäubert werden. Dafür gab es eine eigene Reinigungsmaschine, den Stöwer, die von Hand aus gedreht wurde. Das Korn wurde hineingeschüttet, und durch das ständige Drehen trennte sich das Korn von der Spreu. Sobald es gesäubert war, wurde das Korn in große Säcke geschaufelt und zu Doppelzentnern abgewogen. Unseren eigenen Bedarf lagerten wir auf dem Hausboden; Reinhardt und Fritz mußten die Säcke auf ihren Rücken dort hinauftragen. Alles übrige, der größte Teil also, wurde sofort an die Getreidehändler verkauft.

Und nun begann unseres Vaters liebste Arbeit, das allsonntägliche Zählen seiner Golddukaten. Das Korn hatte viel eingebracht. Manchmal wußte er gar nicht, wieviel er hatte und zählte seine Dukaten immer und immer wieder. Die Geldkassette reichte bald nicht mehr aus, er mußte schon leere Zigarrenkisten benutzen, um die vielen Münzen unterzubringen.

Wir Kinder saßen und standen dann gebannt um ihn herum, für uns war das jedesmal eine kleine Sensation. Vaters blaue Augen leuchteten vor Freude und Glück, man sah ihm an, wie stolz er war, da er fortwährend seinen langen Vollbart zurechtzupfte. In so gehobener Stimmung schenkte er jedem von uns aus lauter guter Laune einen Dukaten. Wir hätten zu gerne auch beim Zählen geholfen, aber das ließ er nicht zu; nur Anfassen und Ansehen war uns erlaubt. Doch so viele Augen wie wir Finger hatte er nicht, wir stibitzten ihm bei dieser Gelegenheit so manches Goldstück. Unsere Beute lieferten wir sofort unserer Mutter ab, die uns davon Kleidungsstücke kaufte. Vater hielt sie mit dem Wirtschaftsgeld sehr knapp. Wäsche, Kleidung und Schuhe, die wir brauchten, mußte sie immer heimlich für uns besorgen. Das Geld dafür nahm sie hauptsächlich durch den Verkauf von Butter und Geflügel ein. Vater war zwar nicht geizig, aber unnötig Geld auszugeben war ihm ein Greuel. Seiner Meinung nach waren zwei Kleider und ein Paar Schuhe im Jahr völlig ausreichend. Wir Kleinen mußten sowieso immer die abgelegten Sachen der älteren Geschwister auftragen. Nur wenn wir zu Hochzeiten oder sonstigen feierlichen Anlässen eingeladen waren, durfte Mutter uns mit den schönsten und teuersten Sachen einkleiden. Den drei Ältesten kaufte Vater sogar Pelze. Hatten wir aber einmal außer der Reihe etwas besonders hübsches an, fiel ihm das sofort auf, und er tobte und schimpfte mit seinen berühmten Worten: „Die sind dem Gelde nicht gut."

Die beiden Dorfteiche waren jetzt bis auf den Grund gefroren. Uns Kindern blieb nur der Sonntag und eine Stunde am Abend bei sternklarem Himmel oder Mondschein, um auf den Teichen mit dem Schlitten zu rodeln, mit den Holzpantinen zu schliddern oder Schlittschuh zu laufen. Vom kleinsten Dorfbewohner, der sich gerade auf seinen zwei Beinchen halten konnte, bis zu den Backfischen gab sich dort alles ein Stelldichein. Da war dann was los, Gelächter, Geschrei und Gebrüll. Es fehlte fast keiner, er hätte ja möglicherweise auch etwas versaumen können.

In manchen Jahren, wenn eine besonders extreme Kälteperiode herrschte, war die Ostsee im Januar bis zur Insel Bornholm zugefroren. Das war Schauspiel und Naturereignis zugleich: Wie die Wellen zum Strand hinzogen, so waren sie auch gefroren und türmten sich in meterhohe Eisschollen auf. Der Strand wurde dann total abgesperrt. Dennoch konnten einige Wagemutige der Versuchung nicht widerstehen, auf den Schollen herumzuspringen – obwohl das viel zu gefährlich war und bisweilen zu ganz erheblichen Unfällen führte.

Bevor der Frühling seinen Einzug hielt und die Arbeit auf dem Felde wieder anging, wurde der große Webstuhl aufgestellt. Unsere gesamte Bett-, Tisch- und Hauswäsche sowie die komplette Aussteuer für uns vier Mädchen wurden auf diesem Webstuhl gewebt. Das fing frühmorgens gleich nach dem Frühstück an und dauerte, nur von kurzen Pausen für die Mahlzeiten unterbrochen, bis hin zum Zubettgehen. Für mich gehörte das Weben zu den langweiligsten Arbeiten überhaupt. Es mußte zwar erlernt und verstanden sein, aber das ewige Hin- und Herwerfen des Schiffchens, den schweren Webkamm Anziehen und stramme Anklopfen des Schiffchenfadens fand ich ganz schrecklich. Viel, viel lieber arbeitete ich den ganzen Tag auf dem Feld.

Der Ehrgeiz, der zu diesen Zeiten noch die Herzen der Mütter erfüllte, kannte indes kein Erbarmen. So war es auch bei unserer Mutter. Bevor ihrer Meinung nach die Aussteuer noch nicht vollständig war, solange mußte gewebt werden, und das wiederholte sich Jahr für Jahr. Mittlerweile waren die Schränke schon voll zum Bersten. Die Wäsche hätte sicherlich für zwei Leben gereicht. Doch sooft wir auch meuterten, es half uns nichts. Ihr werdet eines Tages froh sein, sagte sie dann nur, daß ihr so reichhaltige und gute Wäsche vorzeigen könnt. Darum ließ sie uns auch in jedes für uns gefertigte Wäschestück eigenhändig unser Monogramm einsticken. Sie persönlich ordnete dann alles, sortiert nach Zweck und Größe, in die Wäscheschränke und Truhen ein. Die Wäscheschränke waren komplett mit Seide ausgeschlagen. Entlang der Fächerböden verliefen zierliche Bordüren, auf denen in bunten Kreuzstichbuchstaben das Motto zu lesen stand:

„Geblüht im Sommerwinde,
gebleicht auf grüner Au,
liegt still es nun im Spinde,
als Stolz der deutschen Frau.“

Endlich hatte das wochenlange Weben und Sticken ein Ende; es kam der Tag, da die Arbeit draußen wieder begann. Genau wie in den vorhergehenden Jahren, vielleicht mit einigen kleinen Änderungen, aber das ist wohl so der Lauf der Zeit und des Fortschritts.

Unruhige Zeiten und ein schicksalhaftes Schützenfest

Emma machte 1909 den Auftakt zu den großen Feierlichkeiten in unserem Haus. Sie hatte schon seit einiger Zeit einen heimlichen Verehrer, doch der erschien dem Vater nicht standesgemäß und war ihm nicht gut genug. Kurz über lang bestellte er daher einen Heiratsvermittler, den Friejerdräjer. Dieser verfügte über eine Liste mit den Namen aller jungen und älteren heiratswilligen Männer der Gegend. Eines Sonntagnachmittags im Spätherbst, die Sonne schien noch so schön warm und ich saß mit meinen Freundinnen vor dem Haus auf der Bank, rief der Vater: „Anna, komm mal her. Weißt du, wo die Emma steckt?“ „Aber ja!“ antwortete ich, „Die geht mit ihren Freundinnen auf der Straße spazieren.“ „Dann lauf schnell zu ihr und sage ihr, sie soll mal in die gute Stube kommen.“ Ich lief zu Emma und richtete ihr aus, was Vater gesagt hatte. Emma stutzte, schaute mich ganz groß und erschrocken an und ahnte wohl schon, was da ablaufen sollte. Kurzentschlossen sagte sie zu ihren vier Freundinnen: „Ihr kommt alle mit!“ Wie gesagt, so getan. Alle fünf marschierten sie im Gänsemarsch durch die Wohnstube, wo der Vater mit einem Mann auf dem Sofa saß, und verschwanden durch das angrenzende Zimmer, die Küche, über den hinteren Flur und durch den Garten wieder hinaus auf die Straße.

Als der Heiratskandidat dann am Abend wieder zu Hause war – was er uns viel später einmal erzählte – fragte seine Mutter: „Nun, Eduard, wie sieht sie denn aus?“ „Ja, Mutter, das kann ich dir nicht sagen. Der Hardt und ich saßen auf dem Sofa, dann ging die Türe auf und es kamen fünf Mädchen im Gänsemarsch zur vorderen Türe hereinspaziert, und durch die hintere Türe waren sie auch wieder verschwunden. Welche das nun war, weiß ich beim besten Willen nicht.“ Aber auf gut Glück hatte er sich zu der Heirat mit der unbekannten Emma entschlossen.

In sechs Wochen war Hochzeit! Nun lief alles auf Hochtouren. Es wurde geputzt, geschlachtet und gebacken. Verwandte und Freunde wurden eingeladen, es waren hundert an der Zahl. Wenn auch sonst der Vater immer auf Sparsamkeit pochte, Mutter und uns beschimpfte, wir wären verschwenderisch, und den Groschen erst dreimal umdrehte, bevor er ihn ausgab, zu diesem Anlaß zeigte er sich ganz übermäßig großzügig. Eine Schneiderin kam ins Haus, um für uns alle Kleider zu nähen. Köchin, Kaltmamsell und Bedienung mußten bestellt und in Kolberg das Brautkleid und der Schleier gekauft werden. Die Aussteuer wurde in mehrere große Truhen verpackt und stand zum Abtransport bereit. Am Tag vor der Hochzeit verschwanden alle Möbel aus den Zimmern, es wurden lange Tafeln aufgestellt und mit Myrten und Blumen geschmückt.

Am 21. Dezember prangten über unserem Hauseingang eine grüne Buchsbaumgirlande und der Schriftzug *Herzlich Willkommen*. Als Emma und Eduard Glockenschlag zehn Uhr am Vormittag im Türrahmen unter der Girlande bereitstanden, kamen auch schon die ersten Gäste mit Pferdeschlitten vorgefahren, vom Brautpaar und den Klängen einer Musikkapelle fröhlich empfangen. Nachdem alle eingetroffen waren, machte man sich allmählich zur Trauung bereit. Gegen zwölf Uhr fuhr die gesamte Gesellschaft in einem Troß von Pferdeschlitten zur Kirche nach Fritzow. Im letzten Schlitten saß das Brautpaar. Nach der Trauung war die Reihenfolge umgekehrt, Emma und Eduard, nunmehr ihr Mann, fuhren den Gästen voran, postierten sich wieder im Hauseingang und ließen sich von der großen Gratulantenschar die Hände schütteln und umarmen.

Dem zeremoniellen Teil folgte nun der Hochzeitsschmaus. Spät am Nachmittag, gegen achtzehn Uhr, gab es Kaffee, Kuchen und Torte, und erst zu weit vorgerückter Abendstunde wurde das Abendessen serviert. Bis in die frühen Morgenstunden hinein wurde nach den Klängen der Musikkapelle getanzt. In meinen Ohren klingt noch immer, so ganz entfernt, die Melodie des damals gerade modernen Schlagers nach: Siehst du woll, dor kömmt er, lange Schritte nimmt er, siehste woll, dor kömmt hei schon, dei besoppne Schwiegersohn.

Die Mitgift, die der Vater seiner Ältesten zukommen ließ, war stattlich. Sie erhielt alles in Golddukaten, denn es war ja noch zu Zeiten Kaiser Wilhelms II., einer glanzvollen preußischen Monarchie! Ebenfalls stattlich wurde ihre Nachkommenschaft: acht Kindern schenkte unsere Emma das Leben. Eduard entpuppte sich bald als ein grundgütiger, sanfter Mensch, und so hatte die Vermittlung Vaters, trotz des kuriosen Beginns und eines erheblichen Altersunterschieds, letztendlich zu einer überaus glücklichen Ehe geführt.

Emma und Eduard bewohnten einen Hof mit zweihundert Morgen Land in Dassow, zehn Kilometer von uns entfernt. Ein kleiner Teil dieses Landes bestand aus sumpfigem Moorgebiet. Moore sind meist sehr idyllisch gelegen und höchst geheimnisvoll anzusehen, aber für Mensch und Tier stellen sie eine unberechenbare Wildnis dar. Der Versuch, eine Moorlandschaft zu begehen, kann tödlich enden. Einmal hineingeraten, gibt es aus eigener Kraft kein Entrinnen mehr, der Sumpf zieht sein Opfer bis hinunter auf den Grund. Weil der Boden meist sehr nährstoffarm ist, können in solchen Gebieten nur wenige zähe Pflanzen gedeihen. Während man an den Rändern noch Moorkiefern, Moorbirken, verwachsene Zwergstauden und verschiedene Beerensträucher vorfindet, bilden in der Mitte eines Moores Gräser und Moose rund um kleine Tümpelchen ein eigenes Florareich. Je nach Tiefe und Beschaffenheit spricht man von Hoch-, Tief- und Flachmooren oder Versumpfungs- und Überflutungsmooren.

So ein mystisches Flachmoor von etwa fünfzig bis siebzig Zentimetern Tiefe lag auf den Ländereien unseres Schwagers. Es bot vor allem Torf, der Emma und Eduard ganzjährig zum Kochen und Heizen diente. Der Heizeffekt von Torf entspricht zwar nicht dem von Briketts, doch zusammen mit dicken Holzscheiten verwendet, läßt er sich der Braunkohle vergleichen. Er entsteht, so erklärte man uns Kindern, aus der Zersetzung von Pflanzenarten, die vor allem in feuchten Moorgebieten immer wieder nachwachsen und absterben. Weil er auf Emmas und Eduards Moor im Übermaß vorhanden war, durften auch wir für uns in jedem Jahr Torf stechen.

Von Anfang bis Mitte Mai ging es nun immer zwei bis drei Wochen lang hinaus aufs Moor zum Torfstechen. Vater beorderte für diese Arbeit den ganzen Hofstaat; auch alle großen und kleinen Kinder, sofern sie irgendwie abkömmlich waren, mußten helfen. „Morgen früh um vier Uhr ist allgemeines Wecken" kündigte er dann an. „Um fünf Uhr ist Abfahrt, und bis dahin werdet ihr euch wohl waschen und anziehen können und gefrühstückt haben." Weil er aber bei gewissen Gelegenheiten ein großes Schlitzohr war, stand er kurz nach Mitternacht klammheimlich und ganz leise noch einmal auf und drehte alle Uhren im Hause um eine Stunde vor. Unserer Mutter entging dieser nächtliche Streich nicht; aber für uns Kinder war die Nacht somit schon um drei Uhr vorbei.

Mit einem großen Leiterwagen, den Vater schon am Vorabend mit mehreren Bünden Stroh gepolstert hatte, waren wir nun zwei volle Stunden zum Moor unterwegs. Mutter versorgte uns mit Wolldecken, und so konnten wir doch noch ein bißchen Schlaf nachholen. Am Moor angekommen, wurde zunächst die obere Schicht, bestehend aus Heide, Moos, Wollgras, Sonnentau und kleinen Sträuchern, abgetragen. Erst dann konnte das eigentliche Torfstechen beginnen. Vater, mehrere Arbeiter und die größeren Brüder stachen mit großen Spaten gewaltige Stücke aus dem Moor, die wir Mädchen zu kleineren, etwa in der Doppelgröße eines Briketts, umformten und zum Trocknen aufstellten. Das Trocknen selbst dauerte noch einmal ungefähr vier Monate. Nach der Getreideernte, so Mitte August, begann der Abtransport nach Hause.

Ende Juni 1914 brach eine verstörende Nachricht in unser gleichmäßiges Leben: Der österreichische Thronfolger und seine Gattin sind ermordet! Franz Ferdinand und seine Frau Sophie waren in Sarajewo von fanatischen serbischen Patrioten erschossen worden. Die

Dimensionen dieses Attentats wurden nur allzu bald deutlich. Zuvor schon hatte es an allen Ecken gekriselt; jetzt glich Europa einem Pulverfaß. Die Ermordung des Kronprinzen war ein Affront der Serben gegen die österreichisch-ungarische Monarchie, Verbündete des Deutschen Reiches, aber hinter Serbien stand Rußland. Welche Verhandlungen auf den verschiedenen Seiten geführt wurden, drang nicht in allen Einzelheiten bis zu unserem Dörfchen durch, aber daß das Gleichgewicht in Europa kaum wiederherzustellen war und Schlimmes bevorstand, blieb uns nicht verborgen. Auf allen Seiten wurde bereits mobil gemacht. Am ersten August erklärte Kaiser Wilhelm II. Rußland den Krieg.

Die Folgen waren sofort spürbar, alle jüngeren Männer der Umgebung wurden eingezogen. Auch Bruder Reinhardt mußte gleich in den ersten Augusttagen einrücken. Zu Anfang dachten wir, es könne nicht lange dauern, und der Krieg müsse schnell ein friedliches Ende finden, aber stattdessen breitete er sich immer weiter aus. Ein fürchterliches Morden und Abschlachten begann. Schließlich waren alle starken Nationen der Welt am Krieg beteiligt – gegen Deutschland und seine Verbündeten. Die großen Schlachten an der Ost- und Westfront, Verdun, Tannenberg, Masurische Seen in Ostpreußen, in Italien, Österreich und auf dem Balkan, um nur einige zu nennen, brachten entsetzliches Leid über die Menschen. Die große Seeschlacht am Skagerrak war wohl die allerschlimmste. Das Wasser verschluckte alles. Bald gab es kaum noch eine Familie, die nicht Vater, Sohn oder Bruder verloren hatte. Wir strickten im Winter Abend für Abend Pullover, Strümpfe, Socken, Handschuhe, Schals, Pulswärmer, Ohrenschützer für die Soldaten in Rußland, aber das alles war nur ein Tropfen auf den heißen Stein. Sehr, sehr viele kehrten mit erfrorenen Füßen, Händen, Ohren heim, krank und zerschunden an Leib und Seele.

In den Großstädten begann die Hungersnot. Etwas besser erging es den Bewohnern der Kleinstädte, sie konnten in die nahegelegenen Dörfer gehen, hamstern oder durch Tauschgeschäfte ein paar Lebensmittel erstehen. Weil alle jungen Männer im Krieg waren, mußten wir auf unserem Hof doppelt soviel und mehr arbeiten, konnten uns aber doch noch jeden Tag sattessen.

Im November 1918 war der Krieg endlich vorbei. 1,9 Millionen

Soldaten waren ihm zum Opfer gefallen. Ich kann es bis heute noch nicht verstehen und frage mich wieder und wieder, warum den Menschen das sinnlose Gemetzel nicht erspart bleiben konnte. Nun war Frieden. Aber es begann eine sehr schlimme Zeit. Die Revolution war ausgebrochen! Kaiser Wilhelm II. dankte ab, verzichtete auf seinen Thron, verließ Deutschland und ging nach Holland ins Exil. Das war das Ende der deutschen Kaisermonarchie. Auch die jahrhundertealten Monarchien der deutschen Länder brachen zusammen und wurden von der Flut der Revolution weggespült. Könige, Großherzöge und Herzöge wurden abgesetzt und flohen aus dem Land. Streiks, Unruhen, Plünderungen, Schießbefehle und Ermordungen waren an der Tagesordnung, und das große Chaos in unserem Land nahm seinen Lauf.

Aber auch das Leben auf unserem Hof ging weiter. Reinhardt kehrte unversehrt aus dem Krieg zurück, und die Familie war wieder vereint. Für mich begann jetzt eine aufregende Zeit: Mein achtzehnter Geburtstag war noch von den Kriegswirren überschattet gewesen, aber nun, da der Krieg vorüber war, durfte ich als junge Frau erstmals an den verschiedenen Veranstaltungen, Tanzvergnügen und Bällen teilnehmen.

Meine Freundin Alma und ich fieberten unseren ersten Bällen mit höchster Spannung entgegen. Große Erwartungen knüpften wir noch nicht an solche Abende, aber so ein gewisses Herzklopfen machte sich doch bemerkbar bei dem Gedanken, wer von der Herrenwelt denn wohl am häufigsten mit uns tanzen würde. Alma und ich vereinbarten sogar, daß wir zählen wollten, wie oft wir von jedem zum Tanz aufgefordert würden.

Am Vortag eines Balles herrschte im ganzen Haus unruhiges Treiben. Das schönste und beste Kleid wurde aus dem Schrank geholt, ausgebügelt und hergerichtet. Das Bügeleisen war ein schweres, klobiges Gerät, das immer wieder neu mit Kohlen aufgefüllt werden mußte, um die Heizkraft zu erhalten. Da man nicht genauso wie auf den vorhergegangenen Bällen erscheinen wollte, wurden neue, andersfarbige Schleifen oder gar eine seidene Blume an die Kleider genäht. Diese Arbeit blieb mir überlassen, weil ich in den Wintermonaten ein halbes Jahr lang in Kolberg das Nähen erlernt hatte. Mit meinen Schwestern Frieda und Hedwig traf ich ein Abkommen, daß ich den ganzen Tag über keine anderen Arbeiten erledigen brauchte, wenn ich nur für den Ball alles komplett herrichtete. Dazu gehörte auch das Schuheputzen. Die engen, schwarzen Lackschuhe wurden so ausgiebig gewienert, daß man sich darin spiegeln konnte. Die Unterwäsche und die kleinen Handtäschchen, jeweils mit einem umhäkelten Taschentuch ausgestattet, lagen schon auf dem Bett parat. Mit der Brennschere ondulierten wir drei, Frieda, Hedwig und ich, uns dann gegenseitig die frisch gewaschenen Haare und steckten sie zu kunstvollen Hochfrisuren auf – das war zu dieser Zeit gerade hochmodern und kleidete uns auch ganz vorzüglich. Kurz und gut – eine jede wollte an einem solchen Ballabend besonders schön sein.

Die Ballgesellschaft kam aus der gesamten Umgebung zusammen. So begrüßte man am Abend manche alten Bekannten, die man seit Wochen oder Monaten nicht gesehen hatte. Hin und wieder traf ich bei einer solchen Veranstaltung auch Emil Tessmer aus Poldemin, meinen Feind aus Kindertagen. Zehn, zwölf Jahre war es her, daß ich ihn am Wasserloch mit meinen dreisten Sprüchen geärgert hatte. Nach diesen Vorfällen am Grenzgraben sah man sich nur gelegentlich bei der Arbeit auf den Feldern. Mehr Worte als Guten Tag, wie geht's, das ist aber eine Hitze heute, wurden da nie gesprochen. Und dann kam bald der Erste Weltkrieg, den Emil von Anfang bis Ende, vier volle Jahre lang, als Soldat an der ersten Front miterleben mußte.

Während die Männer und jungen Burschen noch an der Theke standen und bei Bier, Schnaps und Cognac Erlebnisse austauschten oder über landwirtschaftliche Belange fachsimpelten, warteten wir Mädchen und Frauen schon im Saal auf den Einsatz der Musikkapelle. Sobald die ersten Takte einer flotten Polka erklangen, stürmten auch die Burschen und jungen Männer in den Saal, machten eine artige Verbeugung vor der Auserwählten, und dann wurde getanzt, je nach Sympathie abwechselnd mit verschiedenen Partnerinnen, auch der sogenannte Pflichttanz mußte sein.

Mit ausgelassenem Trubel und Heiterkeit ging das bis in die frühen Morgenstunden. Da kam es auch dann und wann schon vor, daß dieser Emil Tessmer einmal pro Abend mit mir tanzte – was natürlich noch keinen überwältigenden Durchschnitt ergab und demnach auch wenig Bedeutung hatte. Zwischendurch wurden Ehrungen verteilt, Gedichte vorgetragen und eine Tombola veranstaltet.

Mit der Stimmung wuchs der Appetit, aber auch dafür war vorgesorgt: mitten in der Nacht wartete der Gastwirt mit Würstchen, Bouletten, Wurst-, Fisch- und Käsebrötchen auf. Irgendwann, zu weit vorgerückter Stunde, spielte die Kapelle zu einer Polonaise auf, die uns durch sämtliche Räume, den Garten und gar über die Straße führte. Dann erreichte die großartige Stimmung meist ihren Höhepunkt – woran freilich die Schnäpse und Likörchen, die uns unsere Tanzverehrer an der Theke spendierten, nicht ganz schuldlos waren. Beim ersten Morgengrauen, wenn sich die Gesellschaft allmählich auflöste, konnte man dann so manches frisch gefundene Pärchen beobachten, das händchenhaltend nach Hause schlenderte.

Nach und nach wurden meine Geschwister flügge. Am 7. November 1919 fand bei uns eine Doppelhochzeit statt: Schwester Frieda heiratete ihren langjährigen Jugendfreund Richard Held, der nur 150 Meter von uns entfernt seinen Bauernhof hatte; und unsere Hedwig ehelichte Albert Dummer, auch einen Bauern, dessen Hof am Ende des Dorfes lag. Beide Schwestern blieben also ganz in unserer Nähe, und das war sehr schön so. Diese Doppelhochzeit wurde mit einem großen, rauschenden Fest gefeiert. Es waren ungefähr hundertfünfzig Gäste geladen, und alles verlief fast im gleichen Stil wie ein paar Jahre zuvor bei unserer Emma, nur vielleicht noch ein wenig überschwenglicher. Gerade so ein Jahr nach Kriegsende hatte man ja auch viel nachzuholen.

Nun lebten nur die drei Brüder und ich noch bei unseren Eltern. Ich hatte zum erstenmal ein Bett für mich allein, aber ich mußte mit meinen zwanzig Jahren auch mehr Verantwortung im Haushalt übernehmen. Bei dem Temperament meines Vaters war das nicht immer ganz einfach. Im Spätherbst, als die Gänse schon geschlachtet waren, lag Mutter mit einer Grippe im Bett, und ich mußte für zwei bis drei Wochen das Regiment in der Küche allein übernehmen. Vater aß furchtbar gern Gänseklein, aber am liebsten war ihm der Gänsekopf. Ich selbst fand das gräßlich unappetitlich, aber dennoch tat ich Vater den Gefallen und kochte ihm den Kopf. Der wollte aber absolut nicht gar werden. Schon während des Mittagessens wurde ich von Vater mit Schimpftiraden überhäuft, und am Vespertisch mußte ich seine Vorwürfe erneut über mich ergehen lassen. Als dann am Abend Schwester Hedwig mit ihrem Mann Albert vorbeikam, um Mutter zu besuchen, ging das Gezeter mit dem verdammten Gänsekopf schon wieder los. „Stellt öch vör“ sagte er zu ihnen, indem er mit dem Finger auf mich zeigte, „dei will bal friejer und Hochtid moken und kann noch keinen Gauskopp kochen.“ Nun wurde es mir aber doch zu bunt, mich packte eine unbändige Wut. Ich lief in die Küche, nahm den Gänsekopf, der noch irgendwo auf einem Teller herumstand, stürmte wieder in die Stube und warf ihn gezielt mit voller Wucht dem Vater an den Kopf. Er erstarrte, völlig verblüfft und schockiert, wie es sonst nie seine Art war, und sah mich nur ganz groß mit seinen himmelblauen Augen an. Dann lächelte er über das ganze Gesicht und sagte in seelenruhigem Tonfall: „Lot man, Mägger, du büst und bliewst doch min Allerbest.“

In ganz Hinterpommern waren die Feste des Krieger- und Schützenvereins Tradition. Jetzt lebten sie wieder auf, und die gesamte Bevölkerung strömte zu diesen Geselligkeiten. Natürlich fehlten auch Alma und ich nie bei einem solchen Anlaß.

Das Schützenfest zu Pfingsten 1920 sollte für mich zu einem Schicksalstag werden. Alma und ich waren schon den ganzen Nachmittag auf dem Festplatz unterwegs. Buden waren errichtet, an denen man Glückslose kaufen konnte, Wahrsager lasen die Zukunft aus der Hand, Schießstände, Würstelbuden und ein Bierzelt standen dicht an dicht. Verführerisch zog der Duft von gebrannten Mandeln, Zuckerwatte und Fischsemmeln über den ganzen Platz. Den Abschluß der Reihe von Ständen und Büdchen bildete der Schießstand, an dem das Preisschießen stattfand. Dort wurde eifrig um den ersten, zweiten und dritten Platz gekämpft.

Alma und ich waren so gefesselt von dem Wettkampf, daß wir schon über zwei Stunden dort verweilten und mit Spannung darauf warteten, wer wohl den Sieg davontragen würde. Es stand knapp und wurde von Minute zu Minute spannender. Alles hielt den Atem an, als die Kandidaten in ihre letzte Runde gingen. Dann endlich fällt die Entscheidung, Sieger ist Emil Tessmer aus Poldemin. Zur feierlichen Ehrung mußte er mit seinen beiden Mitstreitern das Siegertreppchen besteigen. Zum erstenmal fiel mir da seine Erscheinung ins Auge, und ich mußte feststellen, daß ich ihn nicht nur äußerst gutaussehend fand, sondern mich ernstlich für ihn zu interessieren begann. Am späten Nachmittag sah ich ihn noch lange an den Schießbuden unermüdlich zielen und schießen. Für jeden Treffer – und jeder Schuß traf – gab es eine wunderschöne Papierrose.

Alma und mich zog es endlich ins Bierzelt, wo bereits die Musik spielte und wir unseren Durst mit Limonade stillen konnten. Wir setzen uns nieder und lauschten den rhythmischen Klängen der Blasmusik. Plötzlich steht Emil mit all seinen Papierrosen vor mir, und kaum daß ich weiß, wie mir geschieht, hat er mir den ganzen Strauß überreicht. Von diesem Moment an wußte ich, wie bedeutungslos alles Herzklopfen wegen der Tanzabende wirklich gewesen war. Ja, das war der Augenblick, da es zwischen uns beiden gefunkt hatte.

Emil lud mich und Alma zu einem Likör an der Theke ein, wo wir ihm zu seinem Sieg gratulierten und ausführlich über das Preisschießen und manches andere sprachen. Und dann tanzte er den ganzen Abend mit mir – das Zählen hatte ich längst aufgegeben –, bis er mich spät in der Nacht nach Hause brachte. Ich mußte immer wieder an unsere ersten Begegnungen denken, an den stillen Emil von damals und die wilden Szenen am Wasserloch. Beim Verabschieden konnte ich mir eine Bemerkung einfach nicht verkneifen; der Schalk saß mir wiedermal im Nacken, als ich ihn fragte: „Du, Emil, hör mal, damals vor ungefähr zehn Jahren beim Kühehüten am Wasserloch, hast du mir das eigentlich lange nachgetragen?“ Er mußte so laut und schallend lachen, daß der Vater wach wurde und neugierig den Kopf zum Fenster herausstreckte. „Nein, achwo!“ sagte Emil, „Du warst damals ja noch ziemlich klein, aber ganz schön frech. Und wenn du es genau wissen willst, deine Dreistigkeit und dein Mut haben mir schon damals imponiert. Aber irgendwann, das habe ich mir damals vorgenommen, zahle ich es dir bestimmt einmal heim.“ „Und der Zeitpunkt ist jetzt gekommen?“ fragte ich. „Wer weiß, Anna, wart’s ab.“

Seit diesem Tag verging kaum ein Wochenende, an dem wir uns nicht sahen. Emil gefiel mir außerordentlich gut, er war stets adrett gekleidet, hatte ein gutes Benehmen und war ein Kavalier vom Scheitel bis zur Sohle. Ein Jahr später verlobten wir uns. Wieder war Pfingsten und wieder war Schützenfest. Und wie der Zufall manchmal so spielt, verliebte sich mein Bruder Fritz ausgerechnet in Emils Schwester, die wie ich Anna hieß. Die beiden sollten uns mit ihrer Hochzeit sogar noch zuvorkommen.

Aber auch meine Freundin Alma hatte inzwischen ihr Herz verloren:

am 7. Oktober 1921 heiratete sie meinen Bruder Reinhardt. Als im nächsten Jahr, am 6. Juni 1922, Fritz und Anna heirateten, teilte der Vater den Hof samt Vieh und Inventar. Reinhardt erhielt achtzig Morgen Land und baute sich einen ganz neuen Hof, bestehend aus Haus, Scheune und Stall. Fritz übernahm den alten Hof mit hundertzwanzig Morgen Land, und Vater und Mutter zogen sich aufs wohlverdiente Altenteil zurück, wo sie bis zu ihrem Lebensende versorgt wurden, wie es testamentarisch abgesichert war.

Bei uns in Hinterpommern waren fast alle größeren Bauernhäuser so erbaut und eingerichtet, daß sie zwei Generationen eigene, abgeschlossene Räumlichkeiten boten. Ein breiter Flur teilte das Haus in zwei getrennte Bereiche von unterschiedlicher Größe. Den größeren Teil des Hauses bewohnte der Erbe und Besitzer mit seiner Familie, während der kleinere für das Altenteil vorgesehen war. Außer den Räumlichkeiten beinhaltete das Altenteil auch die Abmachung, daß die Eltern von ihren Erben bis zum Lebensende mit allem Lebensnotwendigen versorgt wurden, wie Lebensmitteln, Holz, Kohle und Bargeld. Selbstverständlich mußte der Erbe auch für anfallende Arztkosten, Medizin sowie enventuelle Krankenpflege und Betreuung aufkommen.

So zogen nun Vater und Mutter in den kleineren Teil des Hauses, bestehend aus zwei Zimmern, Küche und Kammer. Ich glaube, daß es unseren Eltern ganz recht und angenehm war, sich nach langen Jahren der Plackerei nun endlich von der schweren Arbeit und den Pflichten ablösen zu lassen. Sie konnten ihren Lebensabend jetzt nach eigenen Wünschen gestalten und sich nicht zuletzt den Enkeln widmen, deren Zahl im Laufe der Jahre beträchtlich zunahm. Frieda und Hedwig hatten schon bald jede zwei Kinder, Frieda zwei Söhne, Ewald und Erich. Hedwig einen Sohn und eine Tochter, Erwin und Regine. Genau auf den Tag ihres ersten Hochzeitstages, am 7. Oktober 1922, bekamen Alma und Reinhardt eine Tochter, Thea. Einige Jahre später folgte noch ihr Sohn Alfred. Bei Bruder Fritz und Schwägerin Anna war der Kindersegen größer, vier waren es an der Zahl. Elsbeth war die älteste, dann folgten Willi, Lieselotte und zwölf Jahre später noch ein Nachkömmling, ein kleines Mädchen, Ilse.

In Poldemin

Am 20. Oktober 1922, nur vier Monate, nachdem aus Anna Tessmer eine Anna Hardt geworden war, heirateten Emil und ich, und aus Anna Hardt wurde eine Anna Tessmer. Und somit ist am Tag unserer Hochzeit eine Doppelverwandtschaft entstanden. Es war ein Freitag und ein wunderschöner milder Herbsttag. Die Sonne schien noch herrlich warm, und ihre Strahlen ließen das Laub in allen Schattierungen leuchten, von zartem Gelb bis sattem Rot, als wolle sie uns zur Feier einen Kranz aus den schönsten Farben winden. Wieder waren über hundert Gäste geladen.

Mein Brautkleid bestand ganz aus weißer Spitze. Ein langer Schleier, der mit grünen Myrten in meinem schwarzbraunen Haar befestigt war, machte alles vollkommen. Um zehn Uhr am Vormittag kam ein glänzender, schwarzer Kutschwagen vorgefahren, den eine üppige Blumengirlande schmückte. Zwei prächtige braune Rappen zogen den Wagen, ihr schwarzes Ledergeschirr war blitzblank poliert, und die Chrombeschläge blinkten, daß man sich darin spiegeln konnte. Aus dem Wagen stieg ein eleganter junger Mann in schwarzem Frack und mit Zylinder – mein Bräutigam. Strahlend kam er auf mich zu und überreichte mir einen wunderschönen Brautstrauß. Ich hatte das Gefühl, wir wären das allerschönste Brautpaar auf dieser Welt.

Kurz darauf trafen auch die ersten Gäste ein, die wir mit Musik empfingen. Endlich waren alle versammelt, und ein langer Konvoi von Kutschwagen setzte sich in Richtung Fritzow zu unserer Kirche in Bewegung. Unsere Kutsche bildete der Tradition gemäß den Schluß. Mir war wie im Traum, als ich mit klopfendem Herzen neben Emil in den roten Polstern saß. Der erste Wagen hatte noch nicht die Kirche erreicht, als bereits die Glocken läuteten. Vor der Kirche erwarteten uns schon Emils Kameraden aus dem Krieger- und Schützenverein. Bis die ganze Gesellschaft sich vor dem Portal zu einem Spalier aufgestellt hatte, hatten wir genügend Muße, den festlichen Moment vollauf auszukosten – es war ja der wichtigste Tag in unserem Leben.

Nach der Trauung fuhr der Troß wieder genauso zurück, nur saßen wir jetzt im ersten Wagen. Zu Hause angekommen, erwarteten wir im Hauseingang unsere Gäste. Als wir alle Glückwünsche und wohlmeinenden Ratschläge entgegengenommen hatten, duftete das ganze Haus schon nach Kaffee. Wir nahmen an den langen Tafeln Platz, und bei leiser Musik im Hintergrund labten wir uns an all den köstlichen Torten und Kuchen und am Bohnenkaffee. Am Abend folgte das traditionelle Hochzeitsmahl. Wir packten die vielen Geschenke aus, und endlich eröffnete ich mit Emil den Tanz. Zwischen Tanzspielen, Hochrufen und Ansprachen wurden immer wieder neue Speisen aufgetragen. Als sich die letzten Gäste in den frühen Morgenstunden verabschiedet hatten, wechselte ich mein Brautkleid mit einem anderen, stieg in den Kutschwagen und fuhr mit meinem Mann in mein neues Zuhause nach Poldemin. Die Hochzeitsgeschenke holten wir am nächsten Tag nach, und ein jedes erhielt einen gebührenden Platz. Da das Haus erst 1912 erbaut worden, also noch ziemlich neu und entsprechend geräumig war, fühlte ich mich sofort sehr wohl, und mein Werken und Wirken konnte beginnen.

Hochzeitsreisen waren in unseren Kreisen damals noch nicht üblich. Zudem waren die Zeiten nicht die rosigsten, denn die Inflation kündigte sich bereits an. Doch Emil, ein lebensbejahender und großzügiger Mann, verwöhnte mich, wo er nur konnte. Er fuhr mit mir in diesem Herbst und Winter häufig nach Kolberg, und auch ohne Flitterwochen verlebten wir beide in unserem jungen Eheglück viele schöne Stunden miteinander.

Mit uns im Haus lebte meine Schwiegermutter, unsere Oma, in ihren eigenen Wohnräumen. Wir beide verstanden uns wunderbar, so daß unser Zusammenleben keine Probleme bereitete. Mein Schwiegervater war leider schon ein halbes Jahr vor unserer Verlobung verstorben. Ich konnte mich an ihn nur als einen äußerst liebenswerten Grenz- und Feldnachbarn erinnern. Nach den Erzählungen Emils und meiner Schwiegermutter muß er ein sehr gutmütiger, korrekter und auch selbstbewußter Mann gewesen sein, für den die Familie stets an erster Stelle stand. Als er 1917 davon erfuhr, daß Emils Bruder Erich in Rußland gefallen war, fuhr er sofort an die Front, um seinen Sohn in die Heimat zurückzuholen. Er hätte es wohl nie verwunden, den Sohn als einen unter Tausenden Unbekannten in fremder Erde begraben zu wissen. Seiner Frau und überhaupt dem weiblichen Geschlecht begegnete er stets mit äußerster Achtung. In der ganzen Umgebung zollte man ihm großen Respekt für seine Höflichkeit und Zuvorkommenheit.

Wie meine Eltern, so hatte auch Emils Vater in den ersten Jahren des zwanzigsten Jahrhunderts diesen Hof in Poldemin gekauft, weil er der Ansicht war, der alte sei für die Familie zu klein, und das Leben auf einem größeren könne wohl nicht zum Schaden sein. So errichtete er Stallungen und Scheune auf dem neu erworbenen Land, ließ im Anschluß daran das Wohnhaus erbauen, und 1912 konnte sich die Familie in dem neuen Heim niederlassen.

„Wohlstand und Gewinn können nur ihren Einzug halten, wo man sich dem Fortschritt nicht verschließt." So lauteten seine Worte, nach diesem Grundsatz wirtschaftete er. Mit dieser Devise und viel Fleiß gelang es ihm schon innerhalb weniger Jahre, den Hof nach dem neuesten Stand einzurichten und einen wunderschönen Garten anzulegen. Sein Werk und sein Erbe würden nun wir weiterführen und, so hofften wir, an unsere Kinder als Vermächtnis weitertragen können.

Der Winter setzte wie in den vorhergegangen Jahren sehr zeitig ein. Ende November, Anfang Dezember war das ganze Land von Schnee bedeckt. Sehr oft sagte Emil gleich nach dem Mittagessen zu mir: „Komm, Anna, zieh dich schön warm an, wir beide machen heute eine Schlittenpartie." Die von Rauhreif überzuckerten Bäume entlang der Straßen und an den Ufern unseres Baches glitzerten im Sonnenschein wie Sterne und Diamanten und lockten hinaus. Ich hatte meine helle Freude, wenn Emil unsere Pferde mit dem Ledergeschirr und dem chrombeschlagenen Zaumzeug vor den Jagdschlitten spannte, mich in warme Decken hüllte und wir beide Seite an Seite mit Glöckchengeläut durch die stille, weite Winterlandschaft glitten.

Schon nahte auch das Weihnachtsfest, das erste in meinem neuen Zuhause. Die Festtagsbäckerei begann, Vorbereitungen für die Feiertage wurden getroffen. Es kamen viele Verwandte und Freunde, und auch wir machten überall unseren Besuch. So verging die Zeit wie im Fluge. Das alte Jahr neigte sich dem Ende zu, und es schlich sich die Ahnung ein, daß das neue nicht viel Gutes bescheren würde.

Dieser Sommer 1923 brachte Deutschland in eine entsetzliche Lage. Hunger, Elend und Not breiteten sich aus. In der Regierung herrschte völliges Durcheinander, die Politiker kamen und gingen, doch keiner konnte die fatale Entwicklung aufhalten. Die Preise kletterten tagtäglich in die Höhe und stiegen ins Uferlose. Firmen zahlten ihren

Arbeitern täglich den Lohn aus, weil der Geldwert stündlich sank. An den Werktoren warteten schon die Frauen auf den Lohn, um sofort einzukaufen, denn bereits am nächsten Tag zählte das Geld nichts mehr. Briefmarken wurden ohne Aufdruck hergestellt, und die Beamten an den Postschaltern schrieben den gültigen Stand per Hand darauf. Die Inflation war da!

Und so kostete:

Ein Pfund Schweinefleisch 9.000 bis 10.500 Mark; ein Pfund Butter 13.000 bis 15.000 Mark; ein Pfund Kartoffeln 100 bis 300 Mark; ein Pfund Kaffee 26.000 bis 36.000 Mark; ein Pfund Zucker 1.400 bis 1.500 Mark; ein Pfund Weizenmehl 1.900 bis 2.600 Mark; ein Pfund grüne Heringe 2.500 Mark; ein Ei 800 Mark; ein Liter Milch 4.000 Mark – und so weiter.

Im November sollte der Spuk endlich ein Ende nehmen, doch in den letzten Tagen vor Inkrafttreten der Währungsreform spielte alles noch einmal total verrückt. Es wurde nur noch in Milliarden und Billionen gerechnet. Ein Pfund Brot kostete nun 260 Milliarden, ein Pfund Zucker 250 Milliarden, und ein Pfund Fleisch war für 3,2 Billionen zu haben. Der Tageslohn eines gelernten Arbeiters betrug 3 Billionen. Auch bei uns im Kleiderschrank lagen die Milliarden- und Billionen-Scheine, die kurz darauf nur noch als Spielzeug zu gebrauchen waren.

Am 15. November wurde die Rentenmark ausgegeben. Für eine Billion Papiermark erhielt man eine Goldmark oder eine Rentenmark. Wir besaßen zwar kaum Geld, aber unser Kapital war unser Hof, und der zählte 128 Morgen Land, dazu drei Pferde, ein Fohlen, zwölf Milchkühe, Rinder, Kälber, einen Zuchtbullen, dreißig Schweine, Gänse, Enten und Hühner. Es dauerte einige Zeit, bis wir uns von der Inflation erholten, doch glücklicherweise fielen die Ernten gut aus, und wir konnten hohe Erträge erwirtschaften. Dennoch trauerten wir noch lange der schönen alten Kaiserzeit nach.

Unser Hof lag außerhalb Poldemins auf einer kleinen Anhöhe inmitten unserer Felder. Das Wohnhaus bildete den Mittelpunkt zwischen Garten und einem etwa fünfundsechzig Meter langen Hof, flankiert von Scheune und Stallungen. Zwei gewaltige Hoftore waren so angebracht, daß sie den Hof vollkommen abschließen konnten. An die Rückseite unseres Hauses, umgeben von einer dichten, hohen Weißdornhecke, grenzte der Garten mit seinen weiten Rasenflächen. Neben den vielen Obstbäumen reckten sich Linden, Ahorn- und Lebensbäume empor, dazwischen waren bunte Blumenrabatten angelegt und die verschiedensten Ziersträucher angepflanzt, wie Jasmin, Flieder, Schneeball und Rhododendron. In der Mitte des Gartens und rund um unser Haus verlief ein breiter Weg aus feinem Kies, den Blumenbeete und Buchsbaum säumten. Über diesen Weg gelangte man auf eine kleinen Wiese und zum Gemüsegarten, der unterhalb des Gartens an einem Bach lag. Der Bach war zwar fünf Meter breit, aber flach. Er diente uns zum Wäschespülen und spendete das Wasser für den Gemüse- und Blumengarten. Im Sommer konnte man außerdem herrlich darin baden.

Der Bach trennte uns von unseren Nachbarn Mallwitz, den einzigen, die in unserer Nähe wohnten. Poldemin selbst lag einen halben Kilometer entfernt und war mit seinen siebenundzwanzig Häusern obendrein das kleinste Dorf der gesamten Umgebung. Von diesen Häusern waren wiederum nur neunzehn Bauernhöfe, die zum Teil auch noch ein bis zwei Kilometer vom Dorfkern entfernt lagen.

Manch einer mag denken, oh, welch entsetzliche Einsamkeit. Aber so empfanden wir es ganz und gar nicht. Im Gegenteil, die Felder und Wiesen, das Vieh auf den Koppeln, der Garten und der Bach strömten eine ungeheure Lebendigkeit aus und umgaben uns täglich aufs neue mit einem wunderbaren Gefühl von Freude, Harmonie und Freiheit. Ich hätte mit niemandem tauschen mögen, so rundherum glücklich und zufrieden waren wir.

Beinahe drei Jahre genossen Emil und ich ein Leben in glücklicher, ruhiger Zweisamkeit. Dann sollte es turbulenter zugehen: am 7. August 1925 wurde unser Sohn Günter geboren. Der 5. August war Emils Geburtstag, und weil schon in dieser Nacht die Wehen einsetzten, dachte ich, die beiden könnten künftig zusammen feiern. Dem war aber nicht so. Günter machte es mir nicht leicht, drei volle Tage brauchte er, um auf die Welt zu kommen. So schwer er sich getan hatte, das Licht der Welt zu erblicken, nun gedieh er schnell und prächtig. Das war auch kein Wunder, denn im ersten halben Jahr verlangte er Tag und Nacht alle zwei Stunden sein Fläschchen. Tagsüber war das kein Problem, doch nachts war es schon mit Schwierigkeiten verbunden. Ich stellte mir also einen kleinen Spirituskocher und fünf vorbereitete Fläschchen ans Bett, und wenn in der Nacht sein Krähen zu mir herüber drang, war seine Milch ganz schnell warmgemacht. Unsere Oma unterstützte mich, so gut sie konnte und paßte auf den Jungen auf, damit ich ungestört meine Arbeiten erledigen konnte. So lief Günter schon mit eineinhalb Jahr, wenn wir morgens um halb sechs aufstanden, zu ihr hinüber in die Schlafstube. Oma schlug stets bereitwillig die Decke zurück, sagte nur: „Kumm her, min Jung", und er schlüpfte schnell in ihr Bett, um sich an sie zu kuscheln.

Seltsamerweise war das bei unserer kleinen Tochter Gerda ganz anders, die sechseinhalb Jahre später, am 7. Februar 1932, zur Welt kam. Schon am Tag ihrer Geburt, einem Sonntag, ereignete sich etwas Merkwürdiges. Am Nachmittag kam meine Schwester Frieda mit ihrem ältesten Sohn Ewald zu Besuch, um nach mir zu sehen und den kleinen Wonneproppen zu begutachten. Als Frieda sich über die Wiege beugte, um das kleine Mädchen anzusehen, fuhr Ewald dazwischen: „Mama, go mi nich so dicht do ranner!" „Jo, warüm denn nich?" fragte Frieda erstaunt. „Ick will dat nich!" Und als sie es dennoch tat, fuchtelte er mit einem kleinen Handstock herum, den er wegen des hohen Schnees bei sich trug, und drohte: „Kumm du mi nu na Hus, du kriest mit dissem Kröckstock överm Kopp, dat seg ick di."

Gerda durfte nie zur Oma ins Bett kriechen und wurde nur höchst selten von ihr betreut. Als sie mit einem halben Jahr schon allein sitzen konnte, stellte ich einen ringsherum mit Kissen gepolsterten Korbsessel an das Fenster im Wohnzimmer, von dem aus sie auf den Hühnerhof blicken konnte. Dort thronte sie ganz artig und hatte ihre helle Freude am Hühnergegacker, bis ihr vor Müdigkeit die Augen zufielen und das Köpfchen in die vielen Kissen sank.

Zu dieser Zeit waren Kinderwagen mit großen, hohen Rädern in Mode. In einem solchen Wagen mußte Günter sein Schwesterchen im Garten oder auf dem Hof spazierenfahren. Er versuchte sich davor zu drücken, wo immer er konnte, aber es gab kein Pardon. Wenn er keine Lust mehr hatte, was meist schon nach zehn Minuten der Fall war, gab er dem Kinderwagen einfach einen Schubs, so daß dieser umstürzte, und die Kleine in hohem Bogen herausfiel. Dann gab es natürlich was hinten drauf. Weil Günter nie auf seine kleine Schwester aufpassen, geschweige denn mit ihr spielen wollte, machte ich mir so meine Gedanken, wie man das ein wenig ändern könnte. Gerade stand auch Weihnachten bevor, und da kam mir ganz plötzlich eine Idee... Bei uns war es Sitte, daß am Heiligen Abend der Weihnachtsmann ins Haus kam, auf dem Rücken einen vollgepackten Sack mit Geschenken. Nachdem jeder sein Gebet gesprochen hatte, verteilte der Weihnachtsmann alle Geschenke. Als er gerade im Begriff war, wieder zu gehen, hielt ich ihn mit den Worten auf: „Lieber guter Weihnachtsmann, warte noch einen Augenblick!" Nahm Klein-Gerda auf den Arm, ging zu ihm hin und sagte: „Hier, nimm dem Günter seine kleine Schwester mit, er will sowieso nicht auf sie aufpassen" – dabei ließ ich sie ganz langsam in den großen Sack gleiten. In diesem Moment ging ein Geschrei los, wie ich es noch nie gehört hatte: „Nein, Mama, nein, nein, gib sie nicht fort, ich will auch immer auf sie aufpassen!" Diese Lektion wirkte zwar nicht auf Dauer, aber einige Zeit half sie doch.

Anfang 1933 zeichnete sich das Ende der Weimarer Republik ab, eine neue Ära begann. Am 30. Januar ernennt Reichspräsident Paul von Hindenburg Hitler zum Reichskanzler. Hindenburg hatte sich lange bemüht, den Österreicher von der Regierung fernzuhalten. Durch die Entwicklung der politischen Lage und Intrigen war es für Hitler eine Leichtigkeit, sein Ziel zu erreichen und somit die Macht zu erringen. Mit einem großen Fackelzug und viel Trarar feiert die NSDAP in Berlin ihre Machtübernahme.

In welchem Geist die Nationalsozialisten zu regieren gedenken, wird nur allzubald deutlich. Am 27. Februar wird das Reichstagsgebäude in Brand gesteckt, der Plenarsaal brennt völlig aus. Die Täter, so ist zu hören, sollen Kommunisten gewesen sein. Daraufhin werden auch schon die ersten Verhaftungswellen in Gang gesetzt. Auf Veranlassung Görings wird eine Hilfspolizei aus SA und SS beordert, die als Versammlungsschutz dienen soll. Somit beginnen die ersten Greueltaten der Nazis.

Schon im April dieses Jahres werden die ersten jüdischen Bürger aus ihren Führungspositionen abgesetzt. Jüdische Hochschullehrer werden „beurlaubt" und jüdische Künstler erhalten Auftrittsverbot. Viele Wissenschaftler, Schriftsteller und Künstler erkennen die Gefahr und emigrieren ins Ausland. Die sogenannten Säuberungsaktionen sind in vollem Gange. Am 5. September stimmt die Generalsynode der evangelischen Kirche Preußens für die Einführung des „Arierparagraphen". Das bedeutet: Wer als Geistlicher oder Kirchenbeamter tätig sein will, muß sich ohne Vorbehalte für nationale Ziele einsetzen und den Nachweis seiner arischen Abstammung erbringen.

Die Zahl der Arbeitslosen beträgt mittlerweile 3.850.000. Im Frühjahr 1934 beginnt die sogenannte Frühjahrsarbeitsschlacht. Autobahnen werden erbaut. Hitler gibt auf diese Weise vielen Menschen Arbeit und kann gleichzeitig neue Stimmen gewinnen. Welche Ziele er mit den Autobahnen verfolgt, wird kaum gefragt.

Am 2. August 1934 stirbt der Reichspräsident Hindenburg.Tags zuvor hatte die Reichsregierung beschlossen, das Amt des Reichspräsidenten und das des Reichskanzlers zu vereinen. Obwohl Hitler auf amtlichen Wege längst über die Position und die Befugnisse des Verstorbenen verfügt, will er sich am 19. August bei einer Volksabstimmung als Hindenburgs Nachfolger bestätigen lassen. Mit einem regelrechten Propagandafeldzug und Großveranstaltungen in ganz Deutschland wird die Stimmung der Bevölkerung angeheizt. In einer Rundfunkansprache fordert Hitler höchstpersönlich das deutsche Volk dazu auf, bei dieser Wahl mit „Ja“ zu stimmen. Über 95 Prozent der Bevölkerung gehen bei der Volksabstimmung zur Wahl. Fast 90 Prozent stimmen für Hitler. Die wenigen Nein-Stimmen fallen überhaupt nicht ins Gewicht. Hitler hat es also erreicht, der Alleinherrscher über Deutschland zu sein. Von nun an muß jeder deutsche Soldat einen Eid auf den Führer und Reichskanzler ablegen. Er verpflichtet sich nicht mehr auf Volk und Vaterland, sondern auf die Person Adolf Hitler. Als Emil das hörte, war er so empört und entsetzt, und in seinen Äußerungen kannte er keine Grenzen. „So etwas hat es seit Gedenken überhaupt noch nicht gegeben“, sagte er immer wieder zu mir. „Wie kann einer nur so machtbesessen und skrupellos sein. Du wirst sehen“, sagte er, „mit dem werden wir noch unser blaues Wunder erleben.“ Ich versuchte beruhigend auf ihn einzureden, indem ich sagte: „Siehst Du nicht ein bißchen schwarz?“ „Nein, ich glaube nicht“, meinte er, „mein Gefühl täuscht mich ganz selten.“ Und somit begann das unheilvollste Kapitel unserer Geschichte.

Emil war von Anfang an ein strikter Gegner Hitlers. Er sagte immer zu mir, „Der Mann gefällt mir nicht, der wird uns ins Verderben treiben. Wieso brauchen wir einen Österreicher, gibt es denn in unserem großen Deutschland keinen Mann, der fähig wäre, unser Land zu regieren? Nein, mit diesen braunen Wölfen will ich nichts zu tun haben.“

Alle in unserer großen Verwandtschaft und im gesamten Freundeskreis fürchteten, daß dieses Regime uns nichts Gutes bringen würde. Doch niemand ahnte zu diesem Zeitpunkt, daß es zu den grauenvollsten Verbrechen und totaler Vernichtung führen sollte. Im Jahr 1935 starb unser Vater. Auch er war ein entschiedener Gegner Hitlers. „Dem seinen Untergang möchte ich noch erleben", sagte er immer wieder. Leider – oder Gottseidank – ist ihm das schreckliche Ende erspart geblieben.

Emil war ein ausgesprochener Pferdenarr, wozu die vier Jahre Kavallerie während des Ersten Weltkriegs sicherlich auch einiges beigetragen hatten. So hatte er sich den Wunsch einer Stute erfüllt, mit der er, wie er schwärmte, herrliche Fohlen züchten würde. Dem war auch so, doch wenn die Stute trächtig war, konnten wir sie nicht zu schwerer Arbeit einspannen. Also brauchten wir ein weiteres Pferd, und somit waren es nun schon vier.

Die kleinen Fohlen waren immer allerliebst, kaum waren sie geboren, standen sie auch schon auf ihren staksigen Beinen, und liefen mit ihrer Mutter bald emsig in der Koppel umher. Was die Pferde anbelangt, schien unser kleiner Günter ganz nach seinem Vater geraten zu sein. Bereits als Knirps von drei, vier Jahren liebte er es, mit den Fohlen in den Koppeln zu spielen. Emil hatte es ihm jedoch strengstens verboten. Immer wieder erklärte er Günter: „Du darfst nicht mit den Fohlen herumtoben, denn im Übermut schlagen sie gern mit den Hinterbeinen aus, und das kann sehr gefährlich werden."

Trotz Verbot, Ermahnungen und mehrfachen Klapses auf den Hintern lief Günter immer wieder heimlich zu den Fohlen und tollte mit ihnen durch die Koppel. Das ging lange Zeit gut. Doch eines Tages hörte ich von Weitem lautes Schreien: ein Fohlen hatte ihn mit dem Hinterhuf im Gesicht getroffen. Das Blut strömte aus Mund und Nase, sein Gesicht war dick geschwollen und verfärbte sich in allen Tönungen. Mit Hilfe des Doktors heilte alles verhältnismäßig schnell, doch zwei Zähne – zum Glück noch die ersten – und eine Woche Schulausfall hatte es ihn gekostet.

Die Kinder wuchsen gut heran – sie lebten ja auch in einer bestens dazu geeigneten Umgebung, die meiste Zeit tollten sie im Freien herum. Das Dorfleben erlaubte ihnen viele Freiheiten und bot gewiß mehr Abwechslung als das Leben in einer Stadt. Nirgendwo ließ sich so gut Versteck spielen wie in den Scheunen und auf den Heuböden; und nirgends ließ sich herrlicher Radfahren als auf den schmalen Pfaden und Wegen durch Wiesen und Felder. Sie konnten auf die höchsten Bäume klettern und sich an heißen Sommertagen wann immer sie wollten im Bach abkühlen.

Die Brücke und der Bach waren der Kinder liebster Spielplatz. Dort trafen sie sich gleich nach dem Mittagessen und verbrachten oftmals den ganzen Nachmittag mit Herumtoben, Schwimmübungen und Sprüngen von der Brücke hinunter ins kühle Naß. Wenn sie zwischendurch Hunger verspürten, brauchten sie nur in den Garten zu gehen, dort gab es reichlich zu Naschen. Zum Beispiel Rhabarber – sie zogen nur die Haut ab, und verdrückten gleich mehrere Stengel auf einmal. Wenn ich das nur sah, schüttelte es mich, aber ihnen schien die Säure nicht viel auszumachen. Die Erdbeeren konnten gar nicht so schnell nachreifen, wie sie verspeist wurden. War die Erdbeerzeit vorüber, wurden die großen Kirschbäume erklommen; auf den höchsten Zweigen kletterten sie herum, um sich an den süßesten Früchten sattzuessen. Dann kamen die gelben Eierpflaumen an die Reihe und die Mirabellen, ganz zu schweigen von den Augustäpfeln, die so saftig und knackig waren, daß einem schon beim bloßen Anblick das Wasser im Munde zusammenlief.

Wenn das Wetter die Kinder ans Haus fesselte und mit dem Spätherbst die Abende länger wurden, dann begann die Zeit des Geschichtenerzählens. Von Märchen und Sagen konnten sie nie genug bekommen. Ich erzählte, was mir an pommerschen Sagen einfiel, wie die Geschichte von den zwei Räubern im Walde:

Es ist schon viele Jahre her, da waren die Wälder im Kreise Kolberg-Körlin noch alle sehr unsicher, weil Räuber in ihnen ihr Unwesen trieben. Am liebsten hielten sie sich in den Wäldern an der Persante versteckt, zwischen Fritzow, Jaasde und Meckenthin bis nach Kolberg hinein. Eines Tages mußte der Bauer Hardt aus Jaasde den Wald bis zur Persante durchschreiten. Bauer Hardt war in der ganzen Gegend als stattlicher und starker Mann bekannt, und so fürchtete er sich wenig. Als er aber ganz in Gedanken an seine Gechäfte versunken vor sich hinging, kamen doch plötzlich aus dem dunklen Dickicht zwei Räuber mit geschwärzten Gesichtern auf ihn zugestürzt und hielten ihm ihre Messer unter die Nase. Sie schrien ihn an: 'Dein Geld her oder dein Leben!' Der Bauer Hardt ließ sich aber so leicht nicht einschüchtern, er behielt die Ruhe und sagte: 'Moment mol, dor mut ick mia gild eis ruterholer.' Er löste dabei einen Eisenhaken, den er neben der hinteren Gesäßtasche am Gürtel befestigt hatte, und versetzte den beiden Räubern damit einen so heftigen Hieb, wie sie in ihrem Leben wohl noch keinen bekommen hatten. Jaulend und heulend liefen sie von dannen. Bauer Hardt, der sich zufrieden seinen Bart zupfte, rief den beiden noch nach: 'Dor von könn ji noch mehr hewwer!'

Oder die Sage von dem schwedischen Mädchen, das durchs Meer nach Pommern kam:

'Vor langer, langer Zeit hat sich etwas Merkwürdiges in der Nähe von Treptow zugetragen. Die Bewohner des Dorfes Hoff fanden am Ostseestrand eine große Eisscholle, auf der ein junges Mädchen mit zwei Kühen saß. Sie hatte beide Kühe in Schweden am Strand tränken wollen, dabei war die Eisscholle vom Ufer abgerissen und ins Meer hinausgetrieben worden. Viele Tage und Nächte hatte sie allein, nur von den beiden Kühen umgeben, auf der Ostsee zugebracht, inmitten von treibenden Eisschollen. Die Wärme der Kühe schützte sie vor der Kälte, und die Milch war ihre einzige Nahrung.

Nun wußte sie gar nicht, wo sie war, und sie verstand auch nicht, was die Menschen mit ihr sprachen. Aber bald schon gefiel es ihr in Pommern so gut, daß sie nicht mehr in ihre Heimat zurück wollte. So ist sie für immer dort geblieben. Sie heiratete einen Bauern in Hoff, mit dem sie viele Kinder bekam, und ist erst in sehr hohem Alter verstorben.'

Günter ging mittlerweile schon das dritte Jahr zur Schule. Im großen und ganzen war er ein lieber Junge. Bis zum achten Lebensjahr saß er noch immer gern auf meinem Schoß. Aber an ein Aufpassen oder gar Spielen mit seiner kleinen Schwester war nun überhaupt nicht mehr zu denken. Er traf sich regelmäßig mit vier Freunden, den Baller-Jungens, und das waren alle keine Kinder von Traurigkeit. Ihre Streifzüge durchs Dorf und die damit verbundenen Streiche waren berüchtigt. Da kam es schon des öfteren vor, daß ich den feuchten Waschlappen nehmen mußte und meinem Sohn links und rechts eins ums die Ohren schlug, damit wieder Ordnung herrschte – Verletzungen waren dabei ausgeschlossen, aber es zog gut bei.

Die Kirchenruine Hoff in der Nähe von Horst

Ihren besonderen Spaß hatten die Jungen alljährlich, wenn der Schafbock von Emma zum Decken der Muttertiere in der gesamten Verwandtschaft ausgeliehen wurde. Die Jungen neckten und ärgerten ihn derart, daß er auf jede Annäherung wütend und bösartig reagierte. Geriet man in seine Nähe und war nur etwas unachtsam, bekam man von hinten einen Stoß versetzt, der regelmäßig mit einer Bauchlandung endete. Die größeren Jungen gingen noch weiter. In einigen Metern Entfernung stellten sie sich ihm gegenüber auf und provozierten ihn mit ihren Fäusten. Der Schafbock, aufs äußerste gereizt und jederzeit zum Kampf bereit, ließ seinen Herausforderer nicht mehr aus den Augen. Mit gebeugtem Kopf ging er drei Schritte zurück, dann setzte er mit kräftigem Lauf zum Start an. Und wehe, jemand sprang nicht rechtzeitig zur Seite – der wurde recht unsanft auf die Hörner genommen.

Von gleichem Temperament war ein kleiner, frecher Hahn. Dieses hinterlistige Biest stürzte sich auf jeden und alles, was sich in seiner Nähe bewegte. Er flog sein Opfer an, schlug mit seinen Flügeln drauflos und hackte auch kräftig in die Beine. Die großen Jungs packte eines Tages der Übermut, sie tränkten mehrere Brotstückchen mit Schnaps und warfen diese dem bösartigen Hahn zum Fressen vor. Der Hahn, ganz närrisch darauf, fraß auch alles bis zur letzten Krume gierig in sich hinein. Nur wenige Minuten später krähte er wie übergeschnappt und torkelte angsterregend durch die Gegend – bis er nach einigen Metern einfach liegenblieb und seinen Rausch ausschlief.

Einmal sollte Günter die Kühe hüten. Dort hielt er es jedoch kaum eine halbe Stunde lang aus, dann überließ er die Tiere sich selbst und verschwand zu seinen Freunden, um mit ihnen Fußball zu spielen. Die Kühe fraßen sich unterdessen satt in Nachbars Wiesen, fraßen auch Rüben und Wrucken ab, was uns teuer zu stehen kam. Aber damit nicht genug, nein, Günter zerschmetterte mit seinem Fußball auch noch fremde Fensterscheiben.

Seit diesem Tag wurden die Kühe nur noch getüdert, wenn die Koppeln abgegrast waren. Ein etwa dreißig Zentimeter langer Eisenpfosten, der Tüderpfahl, wurde in die Erde geschlagen, und daran befestigte man die Kühe mit einer fünf Meter langen Halfterkette. Nach drei bis vier Stunden war der Umkreis von fünf Metern abgegrast, und es mußte neu getüdert werden. Um diese Arbeit kam Günter, dafür sorgte schon sein Vater, nun nicht herum. Doch wie oft mußte ich heimlich einspringen, damit Emil nichts merkte. Günter war stundenlang verschwunden und heckte schon wieder mit seinen Baller-Jungens die ärgsten Streiche aus.

Gerda, unsere Kleine, machte sich mit ihren drei Jahren auch schon selbständig, lief den kleinen Hang hinunter und über die Brücke zu unseren Nachbarn Else und Fritz Mallwitz. Edith, die Tochter, war vier Jahre älter als Gerda, aber sie verstanden sich prächtig und konnten wunderbar miteinander spielen. Das Verhältnis zu unseren Nachbarn war sehr freundschaftlich, ebenso wie das zu meinen und Emils Geschwistern.

Meine eigene Kindheit noch in zu guter Erinnerung, wollte ich Günter und Gerda von harter Arbeit weitgehend verschonen. Für Emil und mich allein wäre aber die Arbeit auf dem großen Hof nicht zu bewältigen gewesen, und so brauchten wir Helfer. Eine Zeitlang beschäftigten wir zwei Knechte und ein Hausmädchen. Ich versorgte das Haus, den Hof, den Garten und teilweise auch das Vieh. Die schweren Arbeiten auf dem Felde brauchte ich nun nicht mehr zu machen, ich half nur in den Erntezeiten und wenn Not am Mann war. Emil pflegte zu sagen: „Eine Frau gehört ins Haus und in den Garten. Feldarbeit ist Männersache."

Else, das neue Hausmädchen, sollte mir beim Wäschewaschen, Putzen, beim Säen und Pflanzen, beim Unkrautjäten, kurz: bei allen Haus- und Gartenarbeiten helfen. Morgens und abends mußte sie mit mir die Kühe melken, das Federvieh füttern und die Eier einsammeln. Ich wollte ihr auch das Kochen beibringen, aber derlei Versuche wehrte Else ab: „Ne, dat dau ick nich.“ „Ja, worüm denn nich?“ fragte ich. „Ne, wenn ich mal friejer dau, dann mut de Kirl koken.“ „Na, du wirst di noch wunnern!“ konnte ich darauf nur erwidern. In häuslicher Hinsicht war mit Else einfach nicht viel anzufangen. Draußen auf dem Felde und in den Ställen, da konnte sie zupacken. Ich wunderte mich ein wenig darüber, denn bei all ihren Vorgängerinnen war es immer umgekehrt gewesen. Bis ich sie dann eines Tages in flagranti mit den beiden Knechten erwischte.

Die beiden Knechte halfen Emil bei der Hof-, Stall- und Feldarbeit. Jedem wurde seine Arbeit zugeteilt, weil es anders nicht funktioniert hätte. Während der eine die Kühe, Rinder und Kälber füttern und tränken mußte, war der andere für das Bürsten und Striegeln und das Ausmisten des Stalles zuständig. Emil hatte das im wöchentlichen Wechsel angeordnet, damit sich keiner benachteiligt fühlte. Genauso war es mit den Arbeiten auf dem Hof. Wenn am Samstag der Hof gekehrt werden mußte oder die Maschinen gesäubert und geölt wurden, behielten sie einander immer scharf im Blick, damit auch nur ja nicht einer mehr tat als der andere. Bei der Feldarbeit war es nicht viel besser. Fuhren Emil und ich für ein paar Stunden nach Kolberg, teilte er ihnen die Arbeit vorher genau ein, doch bei unserer Rückkehr war kaum etwas erledigt.

Die Knechte waren ebenso wie Else voll in unseren Haushalt und unser Leben einbezogen, aber in letzter Zeit klappte es überhaupt nicht mehr. Es häuften sich Ärger und Aufregungen, und die Arbeit wurde immer mehr vernachlässigt. Oft blieben sie die halbe Nacht fort und kamen am Morgen natürlich nicht aus den Betten. Immer häufiger mußte ich die zehn bis zwölf Kühe alleine melken. Wenn Else doch noch aufgestanden war, saß sie auf dem Melkschemel an die Kuh gelehnt und war eingeschlafen. Alles Reden, ob im Guten oder Bösen, nützte nichts. Oftmals lag sie noch im Bett, wenn wir um neun Uhr schon beim zweiten Frühstück saßen.

An einem Morgen riß mir endgültig der Geduldsfaden. Ich lief in ihr Zimmer, zog ihr die Bettdecke fort und herrschte sie an: „Else, nun höre mir mal gut zu, ich hoffe, das waren nur ein paar Ausrutscher, aber wenn das in Zukunft öfter vorkommt, werde ich es dir von deinem Lohn abziehen, oder wir müssen uns trennen.“ Da war sie auf einmal hellwach, wurde frech und ausfallend und schrie mir entgegen: „Mach doch deine Scheißarbeit alleine, du blöde Kuh.“ Ich zerrte sie aus dem Bett. Auf der Stelle mußte sie sich anziehen und ihren Koffer packen. Sie bekam ihren Lohn für den ganzen Monat, ich öffnete ihr sogar noch die Tür, und draußen war sie. Mit den Knechten spielte es sich kaum anders ab.

So entschlossen wir uns, ein Deputantenhaus zu bauen und eine Familie zu verpflichten. In der Zeit bis zur Fertigstellung des Hauses halfen Frauen und Männer aus dem Dorf bei der Arbeit. Zu den Erntezeiten kamen sogar Frauen aus Kolberg angereist. Die Bezahlung wurde im voraus ausgehandelt. Im allgemeinen richtete sie sich nach dem Satz für Tagelöhner, doch oft waren den Helferinnen Naturalien lieber als Bargeld.

Die neue Regelung mit den Deputanten erwies sich schnell als sehr vielversprechend. In dem neuerbauten Haus standen zwei Zimmer im Parterre, Küche, Speisekammer, Flur und auf dem ausgebauten Dachboden zwei Mansardenzimmer zur Verfügung. Wir hatten einen kleinen Stall anbauen lassen, damit sich die Familie einen eigenen Viehbestand halten konnte. Neben dem Stall wurde das Klosett errichtet. Auch an Gemüse- und Blumengarten war gedacht worden. Und das alles lag nur fünfzig Meter von unserem Hof entfernt idyllisch an unserem kleinen Bach.

Ausschlaggebend für ein reibungsloses Verhältnis zwischen der Deputantenfamilie und uns war ja auch, daß jeder von uns außerhalb der Arbeitszeit über ein eigenes Reich verfügte, wo er tun und lassen konnte, was er wollte. Mit Familie Thom, die bald nach der Fertigstellung in das Haus einzog, verstanden wir uns auf Anhieb sehr gut. Mit der Zeit entwickelte sich daraus ein Gefühl von Vertrautheit und Zusammengehörigkeit, das auch die gemeinsame Arbeit und das tägliche Leben mitbestimmte. Ja, die Thoms hatten bald unser volles Vertrauen gewonnen. Für ihre Arbeit wurden sie mit Bargeld und Naturalien entlohnt.

Herr Thom war ein lustiger Mann, immer zu einem Scherz bereit. Jeden Morgen und Abend versorgte er mit Emil zusammen das Vieh. Weil er von jeher in der Landwirtschaft tätig gewesen war, verstand er seine Arbeit. Ohne daß man es ihm erst hätte sagen müssen, bürstete und striegelte er allmorgendlich die Kühe und Rinder.

Alle unsere Kühe hatten einen Namen. Da gab es zum Beispiel

Emma, Hilda, Paula und Susi. Im Volksmund sind sie zwar als blöde verschrien, aber tatsächlich verhalten sich die Kühe sehr intelligent. Wenn man sie mit ihren Namen anruft, reagieren sie sofort und verstehen genau, was man ihnen befiehlt. Und wenn sie am Abend von der Koppel wieder in die Ställe getrieben werden, kennen sie den Weg von allein und begeben sich von selbst auf ihre angestammten Plätze.

Mindestens zwei- bis dreimal in der Woche wurde bei jeder Kuh mit Hilfe eines Meßgeräts ermittelt, wieviel Fett ihre Milch enthielt. War der Fettgehalt hoch, fiel auch die Bezahlung der Molkerei entsprechend gut aus. Diese Messungen übernahm nun immer Herr Thom. Er nahm seine Aufgabe genau und führte sogar Buch, um den Fettgehalt konstant zu halten.

Frau Thom wurde für die gleichen Aufgaben verpflichtet wie vormals das Dienstmädchen Else, nur ging mit ihr die Arbeit viel schneller von der Hand. Wie ich war sie Mutter von zwei Kindern, einem Mädchen und einem Jungen, die beide noch etwas jünger als meine Gerda waren. Mit der Betreuung der Kleinen klappte es recht gut. Wenn Frau Thom zur Arbeit eingeteilt war, paßte Gerda auf die beiden auf oder spielte mit ihnen, und im Notfall war ja auch noch unsere Oma da.

Nur einmal im Frühjahr war der Junge der Obhut seiner Mutter entwischt. Frau Thom kam völlig aufgelöst zu mir ins Haus gelaufen und rief aufgeregt: „Der Junge ist verschwunden. Vor fünf Minuten habe ich ihn noch am Bach gesehen.“ Dieser im Sommer so harmlos flache Bach führte meist nach der Schneeschmelze Hochwasser. Ohne zu überlegen, mit einer Ahnung und zugleich auch einer Hoffnung im Herzen, sagte ich: „Schnell, kommen Sie!“ und rannte aus dem Haus, durch den Garten, über die kleine Wiese zum Bach hinunter.

Direkt an unseren Gemüsegarten grenzte die große Koppel, auf der oft unsere Kühe weideten. Weil die Tiere den Bach auch als Tränke benutzten und schon manchmal versucht hatten, ihn zu durchqueren, war entlang des Ufers ein Stacheldrahtzaun gezogen worden. Meine Ahnungen und Hoffnungen bestätigten sich, der Junge hing tatsächlich mit seinen Kleidern im Zaun fest. Wir beide stürzten zu ihm und zerrten ihn heraus. Frau Thom schrie und weinte und war in diesem Moment überhaupt keine Hilfe. Ich lief, das leblose Bündel in den Armen haltend, ins Haus zurück, schüttelte, bewegte, klopfte und massierte den Kleinen, legte ihn auf die Seite, doch er schien kein Wasser geschluckt zu haben. Als wir ihm die nassen Kleider auszogen, sahen wir, daß sein kleiner Körper vor Kälte blau angelaufen war. Ich trug ihn in mein Bett, legte zwei Wärmflaschen dazu und ribbelte unter der Decke pausenlos, um ihn wieder aufzuwärmen. Immer wieder riefen wir seinen Namen. Endlich begann sein Gesichtchen wieder rosiger zu werden, er war gerettet. Inzwischen hatten wir nach unserem Hausarzt geschickt, der auch bald eintraf und die Weiterbehandlung übernahm.

Da Emil sehr fortschrittlich gesonnen war, hielt er seine Maschinen stets auf dem neuesten Stand. Für die Heuernte besaßen wir bereits einen zeitgemäßen Grasmäher und die dazugehörige Wendemaschine. So mußte das Gras nicht mehr von Hand gewendet werden. Wenn die neuen Maschinen auch viel Geld verschlangen, sie erleichterten die Arbeit doch enorm und machten unser Leben um einiges erträglicher. Nur auf diese Weise war es möglich, gute Erträge zu erwirtschaften und zugleich auch mehr freie Zeit für die schönen Seiten des Lebens zu haben.

Schon 1932 hatten wir uns einen Selbstbinder für die Getreideernte zugelegt. Er war so konstruiert, daß er je nach Einstellung die Halme auf einer Fläche von ein bis eineinhalb Metern abmähte, zu Garben formte, zusammenknüpfte und so gebündelt auf das Feld abwarf. Von Menschenhand mußten jetzt nur noch die Garben in Stiegen zum Trocknen aufgestellt werden. Natürlich bewegte sich die Maschine nicht von allein; sie war so schwer, daß es die Zugkraft von drei bis vier Pferden brauchte, um sie über das Feld zu ziehen.

Dem Erfinder des Selbstbinders, wer immer es war, sagte ich jedes Jahr aufs neue meinen Dank. In den früheren Zeiten war diese Arbeit wahrhaftig eine verdammte Quälerei! Wir besaßen zwar auch damals schon eine Maschine, die das Korn mähen und in Garbenform auf das Feld abwerfen konnte, aber das Zusammenbinden der Garben mittels Seilen, die zuvor aus mehreren Halmen geknüpft werden mußten, war die Aufgabe von uns Frauen. Zehn Stunden lang am Tag arbeiteten wir permanent in gebückter Stellung, und das volle drei Wochen lang. So manche Nacht konnte man vor Rückenschmerzen nicht schlafen.

Nun hatte Emil auch einen fünfscharigen Pflug angeschafft, der zum Umpflügen der Stoppelfelder benutzt wurde. Er war so schwer, daß er von drei Pferden gezogen werden mußte. Seine Pferde waren Emils ganzer Stolz, die vertraute er so schnell niemandem an. Doch Herrn Thom überließ er sie, der durfte sogar mit dem neuen Pflug sämtliche Felder bearbeiten. Als Emil ihm dabei ein Weilchen zusah und fragte: „Na, Herr Thom, was meinen Sie dazu?", blitzten dessen Augen vor Begeisterung: „O ja, Chef, mit einer Runde gleich vier Meter umgepflügt, das ist schon eine prima Sache!"

Auch Herr Thom war völlig vernarrt in die Pferde, selbst in seiner Freizeit war er sehr oft bei ihnen zu finden. Emil ritt regelmäßig mit seinen Lieblingen aus, und Herr Thom sah ihm dann immer etwas wehmütig nach. Eines Tages bat er: „Chef, darf ich es auch einmal versuchen?" Emil fragte: „Ja, können Sie denn reiten?" Er sagte kein Wort, sondern schüttelte nur den Kopf. „Also los!" sagte Emil daraufhin, „Satteln Sie die beiden Braunen, und wir wollen es gemeinsam versuchen." So erhielt Herr Thom nun eine Zeitlang regelmäßig Reitunterricht von Emil. Es dauerte auch gar nicht lange, bis er sich zutraute, jedes unserer vier Pferde zu reiten. Sogar am Sonntag vormittag, wenn wir zur Kirche fuhren, ließ ihn das Reitfieber nicht los.

Am meisten Freude jedoch machte es ihm, uns zu kutschieren. Wenn wir zu Hochzeiten oder anderen festlichen Anlässen eingeladen waren, putzte er schon tagelang vorher unseren schwarzen Kutschwagen. Die dunkelroten Plüschpolster wurden abgestaubt, die Ledergeschirre poliert und die Halfter blitzblank gewienert. Voller Stolz, angetan mit seinem besten blauen Anzug, saß er dann pünktlich zur Abfahrt vorn auf dem Bock bereit, um uns zu kutschieren. Spät in der Nacht, oftmals sogar in den frühen Morgenstunden, holte er uns wieder ab. Wenn wir beide so im Fond des Wagens saßen, Emil im schwarzen Smoking mit Zylinder und ich im eleganten Abendkleid mit einem Pelz um die Schultern, unsere beiden Kinder im Matrosenanzug und Matrosenkleid neben uns, ja, dann breitete sich ein prickelndes Gefühl von Stolz, Glück und Zufriedenheit in meinem Innern aus, und ich meinte, die Welt sei wieder ganz in Ordnung.

Emil rüstete unseren Hof immer weiter mit neuen Maschinen und Konstruktionen aus. Schon 1934 ließ er im gesamten Stallbereich und im Haus Wasserleitungen legen. Auf unserem Hof standen zwar zwei

Brunnen, aber auf Dauer war es sehr beschwerlich, das Vieh von Hand aus zu tränken. Nun wurde das Wasser von einem 800 Liter fassenden Druckwasserkessel aus beiden Brunnen in die Leitungen gepumpt. Das war nicht billig, aber es brachte uns eine ungeheure Arbeitserleichterung. Emils großer Traum, sich eines Tages einen Traktor zuzulegen, ohne sich von seinen Pferden trennen zu müssen, war jedoch am ersten September 1939 ausgeträumt.

Hinter unserer Scheune stand eine Bank, die Emil selbst gezimmert hatte. Dort saß er an manchen Abenden ganz für sich, um lange Zeit zu sinnieren. Auf dieser Bank, sagte er mir, in der abendlichen Stille, wenn das Schweigen nur vom letzten Gezwitscher der Vögel, die sich ihren Schlafplatz suchen, oder dem Bellen unserer Hunde unterbrochen wird, könne er seinen Gedanken freien Lauf lassen. Wo er seinen Blick weit über die Felder und Wiesen schickte, den hohen, weiten Himmel mit den großen Wolken bis hin zum Horizont betrachtete, dort schmiedete er seine Pläne und entwickelte Ideen, wie er den Hof noch besser, moderner und fortschrittlicher gestalten könnte.

Wenn ich mich manchmal zu ihm setzte, was ihm aber auf dieser Bank gar nicht lieb war, und ihn fragte: „Na, was geht denn heute wieder so in deinem Kopf herum?“, war seine einsilbige Antwort: „Das geht dich nichts an, das ist ganz allein meine Sache.“ Aber ich sah es schon seinem Gesicht an, daß es dieses Mal wieder eine ganz große Sache werden sollte. „Warum sollen wir uns eigentlich bei der Arbeit immer so quälen“ fing er endlich doch an, „wo die Industrie doch Maschinen erfindet, um uns die Arbeit zu erleichtern?“ Dabei schaute er mich fragend an. „Wie und was meinst du?“, wollte ich wissen. „Na ja“ bekannte er nun, „ich habe da neulich in Kolberg auf der landwirtschaftlichen Ausstellung eine ziemlich große Dreschmaschine mit Strohpresse gesehen, die man auch gleichzeitig zum Heupressen verwenden kann. Darüber denke ich die ganze Zeit nach.“ „Und was soll das ganze kosten“ fragte ich, „können wir uns das überhaupt leisten?“ „Mhm“, Emil krauste die Stirn, „billig ist es gerade nicht, das Geld auf dem Konto bräuchten wir natürlich.“ Als ich ihn, nun auch mit gerunzelter Stirn, anschaute, fuhr er in einem Atemzug fort: „– aber das Sparbuch bleibt natürlich unangetastet, das brauchen wir nicht zu plündern.“ Ich ließ mich schnell überzeugen. Wir sprachen noch ein paarmal darüber, machten dann kein langes Federlesens, und schon zum

Jahreswechsel 1935/36 konnten wir die Dreschmaschine und die Strohpresse unser eigen nennen.

Unsere Scheune bestand aus vier großen Fächern, die sehr viel Platz boten. Da sich zwischen dem ersten und letzten Fach je eine große Tenne befand, war der Platz wie für die Maschinen geschaffen. In den übrigen Fächern wurden die Korngarben gelagert. Damit das gesamte Korn hineinpaßte, mußten die Kinder in den Fächern die Garben festtreten. An den Erntetagen kamen sogar Schulfreunde und Freundinnen, um dabei zu helfen. Den Kindern machte diese Aufgabe Spaß, in so einem Kornfach konnten sie sich richtig austoben, Streiche aushecken und sich gegenseitig anflachsen. Und nachher gab es außerdem immer etwas besonders Gutes und Deftiges zu essen.

Gedroschen wurde das Getreide dann erst in den Wintermonaten. Den Hauptanteil der Ernte machten Roggen und Weizen aus, Hafer und Gerste wurden nur zum Eigenbedarf angebaut und als Viehfutter verwendet. Die neue Dreschmaschine erleichterte die Arbeit kolossal. Es war ein großer Kasten von ungefähr sechs Metern Länge, vier Metern Breite und zwei bis drei Metern Höhe. Die Arbeiten liefen nun wie folgt ab: Eine Person, meist ein Mann, warf die Korngarben aus dem Scheunenfach von oben auf den Dreschkasten. Hier befand sich am Ende eine Öffnung in Form einer Walze. Die zweite Person – das war meist Günter, später half auch Gerda – mußte die Garben einer dritten Person anreichen, die hinter der Walze stand, – das war meist ich. Mit einem eigens dafür gefertigten Messer, das ich an der Hand mit einem Ledergriff befestigt hatte, zerschnitt ich dann den Faden, der die Garbe zusammenhielt, und ließ die Halme so nach und nach durch die Walze gleiten.

Die Maschine trennte automatisch das Korn von der Spreu, und durch einen Trichter am hinteren Ende des Kastens lief das Korn in die daran befestigten Säcke. Darauf achtzugeben, daß das Korn in die Säcke gelangte und immer rechtzeitig ein neuer Sack bereitlag, war nun Emils Aufgabe. Gleich daneben stand eine Waage, auf der er es zu Doppelzentnern abwog. Dann lud er die Säcke auf einen Leiterwagen, und gleich am nächsten Tag fuhr er mit der Ladung zum Kornverein und verkaufte sie. Somit wußte Emil jeden Tag bei Feierabend, wieviel er verdient hatte. An der vorderen Seite des Dreschkastens war die Strohpresse angebracht, die das Stroh zu großen Ballen preßte und mit einem Bindfaden zusammenknüpfte. Eine fünfte und sechste Person waren notwendig, um diese Ballen in die nun leergewordenen Fächer zu stapeln.

Hinterpommern war also keineswegs so rückständig, wie es gern abgestempelt wurde. Unsere Maschinen erleichterten das Leben erheblich; wir brauchten nicht mehr bis zum Einbruch der Dunkelheit zu arbeiten, sondern hatten unseren regelmäßigen Feierabend.

In den Sommermonaten saßen wir oftmals schon um halb acht am Abend im Garten unter den Lindenbäumen, wo Emil auf dem Schifferklavier für uns seine Lieder spielte. Ich hörte ihm so gerne zu. Manchmal, wenn ich noch beim Blumengießen war oder meinen letzten Rundgang durch den Garten machte und meine Blicke über alles schweifen ließ, begann er schon mit *Hein spielt abends so schön auf dem Schifferklavier* oder *Machen wir's den Schwalben nach*. Und dann folgte meist *Wo de Ostseewellen trecken an den Strand* oder unser Pommernlied: *Wenn in stiller Stunde Träume mich umwehn*. Oma, Günter, Gerda und ich begleiteten ihn mit unseren Stimmen. Es waren herrliche Abendstunden, die sich den ganzen Sommer hindurch sehr oft wiederholten. Auch bei Günter erwachte das Interesse an der Musik, und sehr bald beherrschte er das Spiel fast ebenso gut wie sein Vater. Gerda erhielt eine Mundharmonika, auf der sie ihre ersten Versuche machte. Aber am liebsten blies sie auf einem Kamm, denn sie war ja doch noch ziemlich klein.

Oft kamen in den Abendstunden auch unsere Nachbarn zu uns herüber. Fritz hatte in seiner Jugendzeit einmal bei einem Gutsbesitzer als Kutscher gearbeitet, der wußte von längst vergangenen Zeiten zu berichten, ungeheure Geschichten voller Spuk und Hexerei. Wenn Fritz anhob, raunend von finsteren Begebenheiten zu erzählen, in denen nichts mit rechten Dingen zuging, scharten sich die drei Kinder, Edith, Günter und Gerda, andächtig lauschend um ihn. Ganz still saßen sie dann, und ihre Augen wurden vor Staunen und Schrecken immer größer. Er sollte immerzu fortfahren mit seinen Schilderungen, sie konnten gar nicht genug Schauergeschichten zu hören bekommen.

Alle zehn bis vierzehn Tage fuhren wir in unser geliebtes Kolberg. Von der vielfältigen Landschaft geht ein Bann aus, dem man sich nicht entziehen kann. Die unendliche Weite des Meeres unter der hohen

Himmelskuppel, wo Wasser und Himmel sich am Horizont vereinigen, kann anderswo kaum schöner sein.

Zu Mittsommernacht wollten Emil und ich ein paar schöne Stunden verleben, bevor mit der großen Ernte wieder die viele Arbeit begann. Das Wetter war schön, der Himmel blau, die Sonne schien warm auf die Felder. Emil und ich beschlossen, den Tag in Kolberg zu verbringen. Am Abend verweilten wir lange am Strand, um uns den Sonnenuntergang anzusehen. Der Himmel verfärbt sich in einem unendlich langen Streifen glutrot. Dazwischen schieben sich immer wieder pastellfarbene Wolkenspiele. Kaum hat das Glutrot auch sie überzogen, sind schon wieder neue da. Der Anblick unter dem hohen, weiten Firmament ist einfach überwältigend.

Seine einzigartige Atmosphäre verdankt Kolberg dem innigen Zusammenklang mit der Natur. Nicht der hektische Puls einer Großstadt herrscht hier, sondern eine kleinstädtische Gemütlichkeit. Im Sommer allerdings, wenn die Badesaison beginnt und die Kurgäste ihren Einzug halten, wimmelt es am Strand, auf der Promenade und in den Solebädern von Menschen, in Scharen strömen sie dann zum Strand. Die Strandkörbe sind schon lange vorher ausgebucht, und so mancher muß seinen Schirm als Schutz gegen die Sonne aufstellen.

Mittsommernacht am Kolberger Strand

Am allerglücklichsten sind wohl die kleinen Kinder, selig spielen sie mit ihren Eimerchen, Schaufeln und Förmchen im warmen Sand, bauen Türme, Burgen und Schlösser. Mit Hilfe der Eltern und viel Eifer entstehen die reinsten Kunstwerke. Bis sie dann am Nachmittag, wenn die Brandung mit ihrem Rauschen und Brausen stärker geworden ist, mit einem Wellenschlag der See wieder zum Opfer fallen. Am Horizont werden die Schaumkronen sichtbarer. Die Wellen steigen höher und höher und ziehen rhythmisch brausend mit lautem Getöse und schäumender Gischt zum Strand, wo sie langsam in breiten Wellenschlägen auslaufen, bevor sie gurgelnd zurückfließen und sich im nächsten Moment schon wieder mit der nächsten Welle vereinen, um ihr ewiges Spiel zu wiederholen.

Die breite Steinmole an der Hafeneinfahrt ist weit in die See hineingebaut worden, um den Schiffen bei der Einfahrt und beim Auslaufen Schutz zu bieten vor Sturm und hohem Seegang. Rechtsseitig der Mole bis hin zum Molenkopf sind gewaltige Steinquader auf den Meeresgrund versenkt, die bei starkem Seegang die Flut abfangen und ein Ausspülen der Fundamente verhüten. Oft, sehr oft sogar, haben Emil und ich mit unseren Kindern bei Sturmstärken acht bis zehn an der Mole gestanden, um das gewaltige Naturschauspiel zu beobachten. Ungeheuer, wie groß die Kraft des Wassers ist und welche Macht es besitzt!

Emil zog uns mit sich. „Wir müssen ganz nach vorne zum äußersten Molenkopf gehen“, sagte er zu uns, „da können wir das Schauspiel richtig miterleben.“ Uns drei ließ schon der Gedanke schaudern. Die wildtobende See warf ihre Wellen mit solcher Wucht an die Mole, daß die Gischt meterhoch spritzte und in der Sonne funkelnd wie tausend Kristalle zersprühte. Das aufgewühlte Meer schimmerte in allen Farben, an einigen Stellen war es tiefdunkel, fast schwarz, an anderen von zartem Grau, dann wieder färbte es sich braun und violett, leuchtete grün und gelb. Man hätte das Farbenspiel festhalten müssen, doch einen Fotoapparat besaßen wir noch nicht, und so ist die Erinnerung das einzige, was davon geblieben ist.

Über den Himmel eilen die Wolken vom Wind getrieben gen Norden, große, dichtgeballte dunkle und bauschige weiße, und dazwischen bricht immer wieder die Sonne blendend hervor. Ist es ein Kampf oder ein Spiel zwischen Sturm und See? Im Angesicht dieser

Gewalten wird fühlbar, wie klein und schwach wir Menschen doch sind. Aber auch so gehört die See zu unserem Leben. Und nach ein paar Stunden, wenn der Sturm sich gelegt hat, wird wieder der leise, melodische Wellenschlag zu hören sein, der langsam und sacht seine Gischt im Sand auslaufen läßt.

Nachdem wir eine Stunde lang auf der Mole verharrt hatten, kehrten wir gemächlich in die Stadt zurück, um uns bei unserem Kaufmann Schulze bei Kaffee und Kuchen zu stärken. Noch lange, bis tief in die Nacht hinein, hörte man das Brausen und Tosen der vom Sturm gepeitschten See.

Meist fuhren Emil und ich an einem Wochentag nach Kolberg. Ich machte dort meine Besorgungen, erledigte Einkäufe und nahm mir grundsätzlich auch Zeit für einen ausgiebigen Schaufensterbummel. Wenn dann gerade etwas Hübsches in den Auslagen war, kaufte ich mir wohl auch ein Kleid, eine Bluse oder einen Rock, eben, was mir gefiel und meinem Geldbeutel entsprach. Im Sommer ließ ich es mir nie nehmen, an den Strand zu gehen. Ein wenig auf der schönen Promenade schlendern, Kaffeetrinken und mindestens ein bis zwei Pfannkuchen essen, das mußte sein. Wenn ich mir auch sonst nicht viel aus Kuchen machte, aber Berliner Pfannkuchen aß ich für mein Leben gern. Die ließ ich mir nie entgehen, lieber versäumte ich den Zug, mit dem ich eigentlich fahren wollte, und nahm einen späteren.

Emil mußte seine Wege erledigen, er verkaufte Korn und Vieh, damit wieder Geld ins Haus kam. Außerdem besorgte er auch all seine Kleidung selbst, Mäntel, Anzüge, Oberhemden und Krawatten. Darin war er sehr eigen. Immer war er höchst adrett gekleidet, da durfte kein Schlips schief sitzen oder gar ein Hemdkragen eine Falte aufweisen. Selbst die Schuhe und Stiefel blitzten, daß man sich darin spiegeln konnte.

Kurz vor Feierabend trafen wir uns dann bei unserem Kaufmann Schulze in der Gaststube wieder, wo sich sozusagen schon Hinz und Kunz versammelt hatten. Die Männer saßen bei einem Bier und einer guten Zigarre, und wir Frauen bei einem Kaffee und einem Likörchen.

So war es auch eines Tages, als ich zusammen mit meiner Schwester Hedwig mal wieder in Kolberg Besorgungen erledigte. Emil und Schwager Albert hatten auf dem Vieh- und Getreidemarkt zu tun. Emil wollte zehn oder zwölf Fettschweine à vier Zentner verkaufen und

Der „rassige Schwarze“

noch eine große Menge Korn. Da er eine Schwäche für schöne Pferde hatte, konnte er nie der Versuchung widerstehen, sich bei den Pferdehändlern umzusehen. Fast jedesmal, wenn er in Kolberg war, schlenderte er durch die Stallungen der Gebrüder Engel. So auch an diesem Tag mit Schwager Albert.

Hedwig und ich hatten unsere Wege erledigt und saßen schon wieder bei Schulzes in der Gaststube. Nach geraumer Zeit kamen auch unsere Männer. Als sie Platz nahmen, merkte ich sofort an Emils Gesichtsausdruck, daß irgendetwas nicht stimmte. Es dauerte auch kaum fünf Minuten, da spottete schon Schwager Albert, „Na, Anna, jetzt bekommst aber einen rassigen Schwarzen, wie es in der ganzen Gegend keinen gibt.“ Ich ahnte sofort, Emil hatte ein Pferd gekauft. Ja tatsächlich, es war so. Der ganze Erlös von den Schweinen, dem Korn, ein Pferd noch im Tauschgeschäft und zweitausend Mark in bar dazu – so teuer war der rassige Schwarze. Mir blieb fast die Luft weg. Hedwig sagte später, ich sei blaß geworden wie der Kalk an der Wand.

Zu Hause gab es dann einen saftigen Ehekrach. Drei volle Wochen sprach ich kein Wort mit ihm. Allerdings mußte ich einsehen, daß uns wirklich alle um dieses herrliche schwarze Pferd beneideten. Es war zahm, brav, aber stolz. Man konnte es reiten oder den Einspänner ziehen lassen, in jeder Situation hatte man seine wahre Freude an ihm. So konnte ich Emil nicht ewig böse sein.

Jeweils im Spätherbst oder zu Anfang des Winters und im zeitigen Frühjahr wurde geschlachtet. Ein großes, fettes Schwein und noch ein Kalb dazu. Weil die letzte Frühjahrsschlachtung nicht bis zum Herbst ausreichte, mußte oft vier Wochen vor der großen Erntezeit im Sommer nochmals ein Schwein geschlachtet werden.

Herr Thom hatte schon am frühen Morgen alle Vorbereitungen dazu getroffen. Der lange Trog wurde bereitgestellt, ein großer Kessel voll kochendem Wasser, die große Axt und ein gewaltiges Messer mußten vorhanden sein und eine Schüssel parat stehen. Nun führte Herr Thom das Schwein, das von Emil am Vortag bestimmt worden war, aus dem Stall heraus und band es mit einem Seil am Hinterbein an einem Pfosten fest. Unser Günter war natürlich wie immer dabei und in seinen Streichen wie so manches Mal kaum zu zügeln. Aber das erfuhren wir erst später von Herrn Thom.

Gerda zählte gerade erst vier Jahre, und wir sorgten immer dafür, daß sie beim Schlachten nicht zugegen war. Günter aber hatte sie zu sich gerufen und ihr erklärt: „Du mußt dem Schwein den Schwanz festhalten, wenn es geschlachtet wird. Das habe sonst immer ich getan, aber da du nun groß genug bist und so gerne Wurst ißt, mußt ab heute du diese Arbeit übernehmen."

Und Gerda tat es prompt. Als Emil und ich zum Schlachtplatz kamen – wir hatten dafür eine eigene Ecke auf unserem Hof – trauten wir unseren Augen nicht: Sie stand breitbeinig hinter dem Schwein und hielt mit beiden Händchen so stark sie konnte das Schwein am Schwanz fest. Ich ahnte sofort, das konnte nur das Werk unseres Sohnes sein. Ohne lang zu überlegen, verpaßte ich ihm blitzschnell zwei Ohrfeigen, und auf der Stelle mußte er sein Schwesterchen an die Hand nehmen und sie ins Haus bringen.

Das Schlachten ging nun ganz schnell voran. Emil betäubte das Tier, indem er ihm mit der Axt einen kräftigen Schlag auf den Kopf gab, stach dann mit dem Messer tief in den Hals, aus dem sofort das Blut hervorschoß, das in der bereitstehenden Schüssel aufgefangen wurde und nun von mir ständig und ausdauernd gerührt werden mußte, damit es nicht gerann. Sobald das Schwein ausgeblutet hatte, hievten wir es in den Trog und überbrühten es mit dem kochenden Wasser, damit die Borstenhaare abgeschabt werden konnten. Sodann begann das Ausschlachten des Inneren. Danach wurde es auf eine Leiter gebunden, an der das Fleisch einige Stunden zum Auskühlen hängen mußte.

In der Küche hatten Oma und ich schon am Tag zuvor alles für das Wurstmachen vorbereitet. Auf dem Herd standen große Töpfe, um die Leber und das Wellfleisch für die Blut- und Leberwürste, die Sülze, den Preßkopf und die pommersche süße Blutwurst garzukochen. Zwiebeln waren gepellt, Gewürze standen bereit. Der Fleischwolf war angeschraubt, und die großen Schlachteschüsseln warteten schon auf das durchgedrehte Mett für die Dauerwürste.

Oma und ich krempelten die Ärmel auf und kneteten um die Wette, würzten und schmeckten immer wieder ab. Zum Abendessen gab es jedesmal am Schlachttag Koteletts – das war schon Tradition und durfte nie fehlen. Speziell für Emil mußte ich das Hirn mit Zwiebeln, Salz und Pfeffer braten. Diese Köstlichkeit liebte er besonders, und nur nach langem Bitten war er bereit, davon jedem etwas abzugeben – aber auch nur eine winzige Gabelspitze.

Die Dauerwürste, von uns pommersche Mettwurst genannt, wurden geräuchert. Vier Wochen lang mußten sie hängen, dann konnten wir uns an ihnen laben. Auf diese Würste war Gerda ganz besonders scharf. Schon zum zweiten Frühstück oder zum Vesper verdrückte sie gut und gerne ein zehn Zentimeter langes Stück. Wenn ich beim Abräumen nicht als erstes die Speisen vom Tisch nahm, sondern das Geschirr, grabschte sie hinter meinem Rücken nach dem verbliebenen Wurstrest und verschwand in den Garten oder in die Scheune. Dort fraß sie ihre Beute dann regelrecht in sich hinein. Ich lief hinterher, doch mit ihren vier oder fünf Jahren war sie bereits so schnell, daß sie mir mit Leichtigkeit entwischte. So konnte ich nur noch, wenn ich

Emil oder Herrn Thom auf dem Hof sah, laut rufen: „Haltet sie fest, sie hat die ganze große Wurst genommen!“

Inzwischen war auch mein kleiner Bruder Franz, der Zankhahn und Draufgänger, verheiratet und hatte mit seiner Frau Olga bereits zwei Kinder, Werner und Erhard. Sie bewirtschafteten einen Bauernhof in Lensin im Kreis Greifenberg, fünfzig Kilometer von uns entfernt. Franz litt fürchterlich unter Heimweh, und mindestens alle sechs bis acht Wochen kam er nach Jaasde oder Poldemin, um uns wiederzusehen. Dem Rest der Familie erging es da besser, wohnten wir doch alle, bis auf Emma, nur zwei bis drei Kilometer voneinander entfernt. Wenn uns danach war, unsere Verwandten zu sehen, setzten wir uns einfach auf das Fahrrad, oder Emil spannte den Wagen an, und dann fuhren wir reihum und machten unseren Besuch.

Nach dem Motto, man soll die Feste feiern wie sie fallen, wurde kein Geburtstag oder sonstiger Anlaß in unserer engverbundenen Verwandtschaft ausgelassen, um in fröhlicher Runde beisammenzusein. Mit Eltern, Geschwistern, Kindern, Nachbarn und Freunden zählten wir ungefähr dreißig Personen, die sich regelmäßig trafen. Obwohl sich die Feiern häuften, blieben sie doch für jeden von uns etwas besonderes, und niemand mochte ein Treffen versäumen, es sei denn,

Die Mühle in Lensin

er war krank oder aus wirklich wichtigen Gründen verhindert. Wir hielten alle zusammen wie Pech und Schwefel, und dieses Zusammengehörigkeitsgefühl sollte uns das ganze Leben über begleiten.

Als Gerda gerade sechs Jahre alt war, waren wir zu einer Hochzeitsfeier bei den Gramolls, der Familie von Omas Schwester, eingeladen. Ausgerechnet eine Woche vor der Feier lag Gerda mit Ziegenpeter im Bett. Tagelang fieberte sie, Hals und Gesicht brannten heiß und waren dick geschwollen, so daß es mir unmöglich erschien, sie zur Hochzeit mitzunehmen. Aber Gerda jammerte, maulte und bettelte, bis ich mich erweichen ließ. Und tatsächlich, am Tag der Feier war ihr Fieber vollständig zurückgegangen, und auch die Schwellungen sahen nicht mehr ganz so bedrohlich aus. Aber für alle Fälle nahm ich ihr das Versprechen ab, keinem Menschen und keinem Kind von ihrer Krankheit zu erzählen. „Wenn herauskommt, daß du Ziegenpeter hast," bleute ich ihr ein, „müssen wir sicher wieder heimfahren, denn du könntest ja die anderen Kinder anstecken." Gerda versprach hoch und heilig, kein Sterbenswörtchen vom Ziegenpeter zu sagen, und so fuhren wir zu den Gramolls. Im Laufe des Nachmittags, die Kinder spielten alle im Garten, kam Gerda immer wieder zu mir gelaufen, um mir ins Ohr zu flüstern: „Du, Mama, die anderen Kinder fragen mich andauernd, warum ich so dicke Backen habe, ob ich so viel esse." Mir wurde ganz heiß zumute, aber bevor ich etwas erwidern konnte, plapperte sie schon weiter: „Ich habe gesagt, ja, aber nur viel, viel Wurst."

Auch meine Cousinen bemerkten zu mir: „Du, Anna, din klein Dochter häst over got im Fuder, dei hät jo all son dicken Backen." Eine scharfsinnigere meinte: „Sei wart doch woll keinen Ziegenpeter heven?" „Ach bewahre!" sagte ich mit Nachdruck, „Dei et blos tau vel Wurst." Weiter ließ ich mich lieber nicht auf das Thema ein.

Kriegsbeginn und Kinderstreiche

Mittlerweile spitzte sich die politische Lage mehr und mehr zu. Da wir bisher in Hinterpommern noch ziemlich abseits des Geschehens lagen und einige hundert Kilometer von der Hauptstadt und den Zentren der Nazis entfernt waren, erfuhren wir größtenteils nur durch Radiomeldungen und Zeitungen von den verbrecherischen Aktionen. Hautnah waren die Greuel bislang nicht an uns herangetreten. Nun aber war es so weit.

Ich schwebte immer in Angst, weil Emil sein Temperament und besonders seinen Haß auf Hitler nicht zügeln oder gar verbergen konnte. Mit unserem Bürgermeister und dem Ortsbauernführer, die beide nur noch in braunen Hemden mit Hakenkreuzbinden herumliefen, gab es ständig Streit. Sie lebten und redeten im völligen Nazifieber, ein normales Gespräch war mit ihnen nicht mehr möglich, in allem folgten sie dem 'Führer'. Emil konnte seine Empörung kaum bändigen, er zeigte auch vor denen keine Angst und keine Scheu. Seine Treue und Vaterlandsliebe zu Deutschland ließ er sich von diesen Braunen nicht nehmen. Er war ein alter Preuße, hatte unter dem letzten deutschen Kaiser gedient und vier volle Jahre im Ersten Weltkrieg bei der Kavallerie an der ersten Front gekämpft. So leicht läßt sich ein alter Landser eben nicht aus der Fassung bringen. „Die“, so sagte er immer, „können mir ja gar nicht das Wasser reichen.“ Als dann am 8. März 1945 die Russen kamen, wollte freilich keiner ein Nazi gewesen sein. Sie waren die ersten, die die Hitler- und Göringbilder von den Wänden entfernten.

Überall im Land gab es KZs. Verhaftungen erfolgten täglich. In Nürnberg auf dem Parteitag läßt Hitler „zum Schutz des deutschen Blutes und der deutschen Ehre“ die sogenannten Nürnberger Rassengesetze verkünden: das 'Reichsbürgergesetz' und das 'Blutschutzgesetz'. Damit erhielten Juden offiziell und endgültig Berufsverbot und waren von der Mitwirkung am politischen Leben des deutschen Volkes ausgeschlossen. Das Saarland wird deutsch, es folgen der Einmarsch Hitlers in Österreich und ins Sudetenland.

Seit geraumer Zeit bestand bei uns kein Zweifel mehr, und wer zu diesem Zeitpunkt noch über einen halbwegs gesunden Menschenverstand verfügte, dem mußte klar sein, daß unser machtbesessener 'Führer' nur auf einen Krieg hinaus politisiert hatte, daß all sein Tun und Wirken nur Verdammung, Vernichtung und mörderisches Bestreben war. Im November 1938, mit der sogenannten Reichskristallnacht, wird das ganze Ausmaß an Brutalität und Barbarei von SA und SS zum erstenmal offenkundig. Schaufenster werden eingeschlagen und geplündert, jüdische Geschäfte, Wohnhäuser und Synagogen niedergebrannt. Mehrere tausend Juden werden verhaftet und in Konzentrationslager verschleppt.

Fortan gilt auch bei uns der 'deutsche Gruß', die rechte Hand zum Salutieren nach oben gestreckt. Grüßten wir einmal mit *Guten Morgen* oder *Guten Tag*, sei es auf einer Behörde, in einem Geschäft oder auf der Straße, ertönte sofort: „*Heil Hitler* ist der deutsche Gruß." „Ja, in was für einer Zeit leben wir denn?", höre ich noch immer Verwandte und Freunde fragen, wenn wir uns gegenseitig besuchten. „In einer Zeit mit Verbrechern, Mördern und Märtyrern" war die Antwort. Gegenüber fremden Menschen, die man nicht kannte, schwieg man, ansonsten durfte man nur hinter vorgehaltener Hand sprechen. Wir mußten stille sein und unsere Zungen hüten, sollte uns nicht das gleiche Schicksal ereilen.

Am 1. September 1939, mit dem Überfall der deutschen Truppen auf Polen, begann der Krieg. Nur einundzwanzig Jahre waren seit dem letzten Krieg vergangen. Wenn dieser Krieg wieder so viel Elend und Grauen mit sich bringen würde, wie sollten wir, das Land und die gesamte Menschheit das erneut verkraften? Wir alle hofften inständig, daß der Frieden bald wiederhergestellt sein würde. Zu diesem Zeitpunkt ahnte keiner von uns, daß mit dem Einmarsch in Polen ein zweiter Weltkrieg eingeleitet war, der an Schrecken und Grausamkeiten den ersten weit übertreffen und die totale Zerstörung über unser Land bringen sollte.

Auch bei uns klopfte der Krieg gleich am ersten September an die Tür. Wir mußten unseren schönen rassigen Schwarzen hergeben, für Führer, Volk und Vaterland, wie es hieß – wahrscheinlich, damit sich so ein Nazibonze mit einem stattlichen Reitpferd präsentieren konnte. Tagelang waren wir alle traurig, uns schmeckte kein Essen, und die Kinder weinten ganz fürchterlich. Emil war überhaupt nicht ansprechbar. Seine Empörung, ja sein Haß auf Hitler steigerte sich von Tag zu Tag. „Was soll uns dieser verdammte Krieg denn bringen?" fragte er immer wieder. „Sind denn die Zerstörung, das Gemetzel und Abschlachten vom letzten Krieg schon in Vergessenheit geraten? Wir haben uns doch noch gar nicht richtig davon erholt."

Also war tatsächlich alles für den Krieg schon jahrelang vorbereitet worden. Es klappte alles wie am Schnürchen. In den Städten gab es Lebensmittelkarten, Kleiderkarten, und die nächtliche Verdunkelung wurde angeordnet. Rollos für Türen und Fenster gab es überall und reichlich zu kaufen, sie waren also keine Mangelware. Ebenfalls Anfang September trat die Benzinverordnung in Kraft. Sondersendungen im Radio, Pressemitteilungen in allen Zeitungen und den Wochenschauen der Kinos melden eine Siegesnachricht nach der anderen. Von Verlusten unsererseits ist kaum die Rede. Doch der Blutzoll für die Eroberung Polens ließ sich nicht verleugnen.

Hitler setzt inzwischen auch im Inneren des Landes seine mörderischen Bestrebungen fort. Ebenfalls am 1. September 1939 ermächtigt er mit einem Erlaß einige deutsche Mediziner, die Befugnisse namentlich zu bestimmender Ärzte dahingehend zu erweitern, daß sie nach ihrem Ermessen unheilbar Kranken – 'unwertem Leben' – den 'Gnadentod gewähren' können. Meines Erachtens ist dieser Erlaß wohl eines der furchtbarsten Verbrechen gegen die Menschheit.

Der Krieg gegen Frankreich war schnell beendet, und auch die übrigen Nachbarländer hatte Hitler fast ausnahmslos in Windeseile erobert. Mit Stalin hatte er einen Freundschaftspakt geschlossen, was uns alle sehr beruhigte. Französische Kriegsgefangene wurden als Arbeitskräfte nach Deutschland, auch bis zu uns nach Hinterpommern transportiert. Im Dorf war ein Lager eingerichtet worden. Eingeschlossen von Abend bis zum Morgen mußten sie dort eingezäunt hinter Stacheldraht die Nächte verbringen. Schrecklich, so Menschen zu behandeln.

Auch unserem Hof wurden zwei Gefangene zugeteilt. Harry kam aus Paris, blauäugig, mit blondgelocktem Haar – ein pfiffiges Kerlchen. Von Landarbeit hatte er keine blasse Ahnung, er lernte und glich sich an, es blieb ihm ja auch nichts anderes übrig. Louis dagegen war Gutsbesitzer aus der Gegend von Nancy, ein großer stattlicher Mann, der alles verstand, gut deutsch sprach und dem wir alles anvertrauen konnten. Die beiden erhielten von ihren Frauen und Familien viele Pakete, die neben anderem auch Schokolade, Kakao, Datteln, Feigen und andere Schleckereien enthielten.

Für unsere Gerda wurde die Ankunft eines Paketes aus Frankreich jedesmal zu einer Attraktion, Schokolade aß sie für ihr Leben gern. Da wir Selbstversorger waren und keine Lebensmittelmarken zugeteilt bekamen, war es mit Süßigkeiten nicht weit her. Harry und Louis machten sich einen Spaß daraus. Sie brachten Gerda ein paar Worte oder Sätze Französisch bei, und wenn sie sich gelehrig anstellte, gab es zur Belohnung Schokolade. Harry ging mit seinen Späßen noch weiter: Im Sommer während der Heuernte mußte sie ihm Frösche fangen, die er sofort schlachtete, in ein großes Taschentuch band und im Jackenärmel aufbewahrte, bis es am Abend nach Hause ging. Ich mußte ihm Butter, Speck und Zwiebeln geben, die er zum Schmoren der Froschschenkel benötigte. Jetzt begann das große Feilschen. „Gerda," sagte er, „wenn du essen von diese kleine Schenkel von Frosch, du bekommen eine so große Tafel Schokolade!" – und er zeigte mit den Händen mindestens einen halben Meter breit. Ja, auf die Schokolade war sie ganz scharf, aber die Froschschenkel, brrr, da ekelte es sie. Doch die Gier nach der Schokolade war gewaltig, und nachdem Günter mit Todesverachtung einen der Schenkel verzehrt hatte und ihr versicherte, es schmecke eigentlich ganz gut, widerstand sie nicht länger und griff sich auch einen. Harry hatte nicht geflunkert, sofort bekam Gerda ihre Schokolade, wenn auch keinen halben Meter. Ganz schnell war sie damit verschwunden, und an der nächsten Ecke kam der Frosch wieder zum Vorschein.

Nun, jedes Land hat so seine Eßgewohnheiten. Wie Harry einen Kult um seine Froschschenkel betrieb, so hatten auch wir unsere höchsteigenen Vorlieben. Mindestens einmal im Monat mußten bei uns Buttermilchskartoffeln auf dem Speiseplan stehen, und im Sommer gab es regelmäßig Buttermilchssalat. Die Buttermilch wurde mit verschiedenen Kräutern gekocht und über den grünen Salat gegossen, worüber man dann noch ausgebratene Speck- oder Schinkenwürfel streute. Geschmacklich war es ein hervorragendes Gericht, nur war es durch die geronnene Buttermilch nicht gerade appetitlich anzusehen. Unsere beiden Herren aus Frankreich rührten den Salat nicht an. Als ich fragte: „Louis, warum eßt ihr das denn nicht?", gab er schaudernd zurück: „Nein, Frau, das fressen nicht Katz."

1940 wurde Günter konfirmiert. Die Feier verlief noch recht schön, alle Verwandten waren an diesem Tag erschienen. Aber ein einziges Thema bestimmte alle Gespräche: der Krieg. Stundenlang diskutierten wir darüber, was uns denn noch alles bevorstehen werde. „Na ja," meinte Emil inmitten einer aufgeregten Debatte, „eines aber sage ich euch, wenn Gerda konfirmiert wird, dann geht es hier lustiger zu! Der Krieg ist dann längst vorbei, und hier spielt eine flotte Musikkapelle auf." Das sollte ein Wunschtraum bleiben.

Am 22. Juni 1941 marschierten die deutschen Truppen in Rußland ein. Wir alle waren fassungslos und völlig schockiert. Einer lief zum anderen, um ihm die Neuigkeit mitzuteilen, doch das war überflüssig. Die Stimmen in sämtlichen Radiosendern überschlugen sich und berichteten ohne Unterbrechung vom Einmarsch nach Rußland. In unserem Verwandten- und Freundeskreis kam immer wieder der Gedanke auf, ob es dem Herrn aus Braunau nicht auch eines Tages so ergehen werde wie damals 1812 dem kleinen Korsen, der die ganze Welt in Atem gehalten hatte? Nein, es mußte erst noch alles viel schlimmer kommen.

Inzwischen hatten wir wieder ein Pferd gekauft. Bei aller Liebe zu den Pferden war Emil dieses Mal aber nicht so verschwenderisch, denn wir konnten auf gar keinen Fall sicher sein, ob sie uns das Pferd nicht wieder aus dem Stall holten. Emil hatte also einen braunen Fuchs gewählt, gut gewachsen, temperamentvoll und draufgängerisch. Wenn ich ihn fuhr, mußte ich immer die Kandare benutzen. Den Vergleich mit unserem rassigen Schwarzen durften wir freilich nicht anstellen, aber prächtig war auch dieser Fuchs. Wenn wir mit unserem schwarzen Kutschwagen oder im Winter mit dem Jagdschlitten spazieren fuhren, oder wenn wir zu meiner Schwester Hedwig und Schwager Albert wollten, mußten wir durch ganz Jaasde fahren. Der Weg führte auch an der Schule vorbei. Lehrer Modrow, der oft im Vorgarten stand und uns jedesmal herzlich grüßte, soll sehr häufig geäußert haben, so sagte man uns: „Der Tessmer aus Poldemin fährt doch weit und breit die besten Pferde."

Wie oft, es war gar nicht mehr zu zählen, sind die Pferde im Feld bei der Arbeit ausgebüxt, kamen dann aufgeregt und galoppierend, mit Schaum im Maul, zu Hause an. Sie liefen pausenlos im Hof herum, es dauerte manchmal eine Viertelstunde, bis ich sie beruhigen konnte. Ja, so ist das mit dem Temperament, junge Pferde und junge Menschen besitzen gleich viel davon.

Damals gab es noch viele Maikäfer. Mitte Mai 1940/41 waren die Nächte schon herrlich lau, und allabendlich schwärmten die Käfer aus. An der Brücke am Bach auf der kleinen Wiese unter unserem Garten und bei unseren Nachbarn fand sich jeden Abend die Dorfjugend ein, um in Birken, Buchen und Hecken die fliegenden Maikäfer zu fangen.

Sie wurden in leere, mit Buchenblättern ausgelegte Zigarrenkisten getan, und wer die meisten gesammelt hatte, galt als Sieger. Auch unser kleines Fräulein hielt schon immer kräftig mit. Sie war zwar die Jüngste, dafür aber auch die Frechste. Draußen war es mittlerweile schon stockdunkel geworden, doch das Gelächter und Toben an der Brücke und am Bach wurde immer lauter. Ich rief Gerda und ermahnte sie, es sei höchste Zeit, ins Bett zu gehen. Aber sie hörte gar nicht hin, auf diesem Ohr war sie taub, und so ließ ich sie denn gewähren.

Emil und ich hatten bereits mindestens eine Stunde geschlafen, als mich plötzlich ein merkwürdiges Flirren weckte: mindestens dreißig Maikäfer schwirrten und krabbelten in unserem Schlafzimmer um uns herum. Hatte doch dieses kleine Luder ganz heimlich und leise unsere Schlafzimmertüre geöffnet und die Kiste mit den Maikäfern hereingestellt! Im ersten Moment war ich so empört, daß ich ihr am liebsten den Hintern versohlt hätte. Doch dann mußte ich an meine Kindheit und an meine eigenen Streiche denken. Und noch etwas gab es, woran mich die Maikäfer erinnerten. Ja richtig, die Geschichte von Max und Moritz mit der Witwe Bolte. Solange keine Hühner erstickten, war dieses Schwirren und Fliegen und Maikäferfangen doch nur ein harmloser nächtlicher Jux und Spaß.

Im Garten standen drei Bäume mit Süßkirschen, die höher waren als unser Haus. Mitte bis Ende Juli trugen sie enorme Mengen der herrlichsten dunkelroten Früchte, die wir alleine gar nicht verwerten konnten. Stare umschwärmten die Bäume in solchen Scharen, daß sie sich von den aufgestellten Vogelscheuchen nicht mehr vertreiben ließen. So nahm Günter den Tesching und knallte dazwischen. Allabendlich kamen unsere Verwandten aus Jaasde, wir sahen sie schon von ferne mit dem Fahrrad den Berg herunterradeln, große Körbe auf dem Gepäckträger, die sie sich dann voller Kirschen pflückten. Das waren immer ausgelassene, lustige Abende. Die süßesten Früchte, wie es so schön in einem Lied heißt, hängen natürlich immer ganz oben. Unsere Gerda, die klettern konnte wie ein Eichhörnchen, suchte sich grundsätzlich ein Plätzchen in den höchsten Zweigen und versetzte mich damit jedesmal in Angst und Schrecken, denn kein Ast bricht so leicht wie der eines Kirschbaumes. Darum verbot ich ihr, so hoch hinaufzuklettern. Doch Gehorchen war ja nie ihre Stärke, sie tat es trotz Verbot, nicht einmal der Waschlappen, der schon mehrere Male um die Ohren sauste, hinderte sie daran. Und so drang ich schließlich auf Emil ein: „Verbiete du es ihr, sie gehorcht einfach nicht und tut es immer wieder. Von wem sie das bloß hat?“ Emil schaute mich mit einem vielsagenden Augenaufschlag und schelmischem Lächeln von der Seite her an: „Ja, von wem denn wohl?“ Als er hinausgehen wollte, zögerte er noch im Türrahmen, drehte sich dann halb um und sagte so über die Schulter hinweg: „Es ist doch nur ein wahres Glück, daß wir kein Storchennest auf dem Scheunendach haben!“

Eine Ohrfeige oder eine Wucht verabreichen, das konnte Emil nicht, er holte nur immer mit dem rechten Arm weit aus, indem er drohte: „Du kriegst gleich eine!“ – aber dabei blieb es auch. Bis mir dann der Geduldsfaden riß, ich ihn zur Seite schob und sagte: „Komm, laß mich das machen, ich kann das besser als du.“

Wenn unser kleines Fräulein sich auch vor nichts und niemandem ängstigte, sondern im Gegenteil oftmals ziemlich dreist und draufgängerisch war, doch vor Ballers Ganter hatte sie Respekt. Da zitterte sie schon jeden Morgen, bevor sie den Schulweg antreten mußte. Der Ganter lauerte nämlich bereits am Vormittag am Dorfteich auf die kleineren Kinder. Zischend und flügelschlagend stürzte er sich auf sie. Er konnte so heftig zuschnappen und kneifen, daß die Kleinen arge blaue Flecken davontrugen, und so manches Mal rann auch das Blut die Beine herunter. Die Schuld lag freilich allein bei den großen Jungen, die den Ganter täglich neckten und ärgerten. Es war schon so schlimm, daß Gerda alleine nicht mehr zur Schule gehen wollte und ihren Bruder bat, sie zu beschützen.

„Spinnst du?“ sagte Günter entrüstet, „du ißt so viel Wurst und hast so viel Kraft. Wenn der Ganter wieder auf dich zukommt, bleib stehen, zeig keine Angst und pack ihn unterm Kopf am Hals, schleuder ihn herum und wirf ihn von dir weg. Du wirst schon sehen, der kommt zu dir nicht wieder. Aber du mußt schon ziemlich fest zudrücken!“ Mutig war sie ja, aber diesen Vorgang – ich dachte, ich traue meinen Augen nicht, als ich es sah – erprobte Gerda erst mindestens zehnmal hintereinander an unseren Gänsen. Eines Mittags kam sie dann mit stolzgeschwellter Brust von der Schule heim und rief schon von weitem: „Ich habe es geschafft, ich habe ihn besiegt!“ – „Wen hast du besiegt?“ fragten wir alle erstaunt. „Na, Ballers Ganter!“ triumphierte sie, „der macht jetzt immer einen großen Bogen um mich.“

In unserer Verwandtschaft spielten alle Männer gerne Karten. Wenn der vierte Mann zum Doppelkopf fehlte, mußte ich einspringen. Ich war von allen Schwestern und Schwägerinnen die einzige Frau, die dieses Spiel beherrschte. Es machte mir Spaß, und ich muß auch eingestehen, ich war diesem Teufelsspiel, wie unsere Emma es nannte – sie war nämlich sehr fromm –, sehr zugetan. Natürlich spielten wir um Geld. Oftmals war Schwager Karl, der Mann von Emils Schwester Alma, mit von der Partie. Alma war Gerdas Patentante, und weil die beiden selbst keine Kinder hatten, verwöhnten sie ihr Patenkind recht gern. Beim Kartenspiel plazierte Karl Gerda immer an seine Seite. Sie zählte Karls gewonnenes oder verlorenes Geld und schenkte ihren Onkeln schon tüchtig Schnäpse ein. Je nach Glück im Spiel steckte dann Karl immer seinen Gewinn in ihre Spardose.

Jedes Jahr im Sommer fand in Kolberg ein großer Jahrmarkt statt. Als Gerda zehn Jahre alt war, fuhr sie mit ihrer Freundin Brigitte schon allein dorthin. Die Spardose wurde geplündert, sie kaufte sich jedesmal einen Hut, zwanzigmal und mehr wurde hintereinander Kettenkarussel, Luftschaukel gefahren und alles, was es sonst noch an Attraktionen gab, ausprobiert. Doch das gemächliche Riesenrad, sie hatte wohl zuvor zu viele Bonbons und Zuckerwatte gegessen, bedeutete jedesmal Gerdas Untergang. Frau Schulze, unsere Kaufmannsfrau, erzählte mir dann bei meinem nächsten Besuch, kreidebleich im Gesicht und den Hut schief auf dem Kopf wäre sie angekommen. Hätte dann ganz leise und zaghaft gefragt: „Tante Schulze darf ich mich eine Stunde aufs Sofa legen, mir ist ja sooo schlecht."

Desgleichen spielte sich auch an jedem Feiertag ab, sie fraß förmlich das süße Zeug in sich hinein, so daß sie sich zwei bis drei Stunden später wieder vor Übelkeit aufs Sofa begeben mußte. Günter dagegen naschte in Maßen und hegte wochenlang seine Vorräte, die er dann stolz seiner Schwester zeigte, um sie zu necken und ihr den Mund wässrig zu machen.

Inzwischen hatte Hitler auch Amerika den Krieg erklärt. So unvorstellbar dies alles für uns in unserem kleinen, ruhigen Dorf auch war, durften wir doch keine Zweifel laut werden lassen, und die düsteren Ahnungen, die schon lange unser Denken beherrschten, wuchsen zu einer unbeschreiblichen Angst an. Schon zum zweiten Mal in diesem

Jahrhundert erlebten wir nun also einen Weltkrieg. Heimlich hörten wir den Auslandssender im Radio, was bei hoher Strafe verboten war. Doch in unserem Haus befand sich kein Fremder. So erfuhren wir von den Bombardements auf die west- und mitteldeutschen Großstädte, die von unseren Nachrichtensprechern verschwiegen wurden. Die deutschen Truppen haben Moskau nicht erobert. Dreißig Kilometer vor Moskau mußten sie aufgeben, denn der Winter hatte früh eingesetzt. Die ungewohnten Minusgrade und die Schneemassen trafen die deutschen Soldaten mit aller Heftigkeit. Somit wurde das deutsche Heer von den russischen Truppen zum Rückzug gezwungen. Wie schon einmal während des Ersten Weltkriegs sammelten und strickten wir warme Sachen für unsere Soldaten im eiskalten Rußland. Erwin und Fritz, die Söhne meiner Schwestern Emma und Hedwig, waren in Rußland gefallen. Die entsetzliche Schlacht bei Stalingrad, wo 250.000 deutsche Soldaten eingekesselt waren und nicht einmal genug zu essen bekamen – von den vielen Toten und Verwundeten ganz zu schweigen –, löste bei uns allen eine so heftige Empörung aus, daß wir nur noch hofften, dieser irrsinnige Hitler möge bald zugrundegehen.

Im Januar 1943 wurde Günter mit knapp siebzehneinhalb Jahren zum Reichsarbeitsdienst einberufen. Sein Standquartier war Schneidemühl in Pommern. Es war ein eiskalter Winter. Morgens um sechs Uhr sollte der Zug gehen. Auch Gerda war aufgestanden, um noch einmal mit ihrem Bruder zu frühstücken, doch wir bekamen alle keinen Bissen herunter. Uns fiel der Abschied ganz jämmerlich schwer, und wir alle, auch unsere Oma, weinten ganz fürchterlich. Emil fuhr ihn mit dem Schlitten zum Bahnhof.

Seit diesem Morgen war ich wie gelähmt von einem entsetzlich deprimierenden Gefühl, als ob Unheil und Böses bevorstanden. Wirklich erhielten wir schon knapp drei Wochen später von unserem Sohn die Nachricht, er sei bei der grünen freiwilligen Waffen-SS. Man habe es ihnen mit allem Nachdruck nahegelegt, freiwillig beizutreten. Wir waren entsetzt und empört, schwankten zwischen Angst und Hoffnung, hörte man doch täglich von den Greueltaten der SS. Viele Eltern, die dagegen Einspruch erhoben, erhielten in ganz kurzer Zeit die Nachricht vom Tode ihres Sohnes. Man hatte sie zwar von der SS befreit, aber sofort zur Infanterie an die erste Front beordert.

Längst lebte auch Herr Thom nicht mehr bei uns auf dem Hof, er war wie alle seine Altersgenossen zur Wehrmacht eingezogen worden. Auch er wurde nicht verschont, es traf die Nachricht ein, daß er in Rußland gefallen war. Nun stand Frau Thom mit den beiden kleinen Kindern alleine da. Wir wußten nicht, wie wir ihr in dieser trostlosen Lage beistehen sollten. Arbeiten konnte sie bei uns nicht mehr, und so zog sie zu ihren Eltern. Es war ein bitterer Abschied.

Uns wurde eine Polenfamilie zur Arbeit zugeteilt. Adam, Maria und ihre kleine Tochter Iruschka zogen ins Deputantenhaus, wo sie wie vordem die Thoms ihren eigenen Hausstand führten. Nur mit der Lebensmittelversorgung war es nicht weit her. Es wurden ihnen zwar Lebensmittelkarten zugeteilt, doch das war alles sehr knapp bemessen. In manchen Metzgerläden, die braun angehaucht waren, erhielten sie anstatt eines Stücks Fleisch vom Schwein oder Rind nur Schweinepfoten. Für die Arbeit, die auf einen Bauernhof geleistet werden mußte, benötigt der Mensch allerdings eine gute und kräftige Ernährung. Die Arbeit war da und mußte erledigt werden. Zudem wurden wir unter Druck gesetzt und bekamen vordiktiert, was und wieviel wir abliefern mußten. Hielt man sich nicht an die Weisungen des Ortsbauernführers, lief man Gefahr, an höherer Stelle angezeigt zu werden. Wir brauchten also auch Arbeitskräfte, es war notwendig, daß wir alle bei Kräften und gesund blieben. Jeden Samstag abend gab ich der Polenfamilie Eier, Butter, Fleisch, Kuchen und manchmal auch ein Huhn mit, damit sie genügend zu essen hatten. – Ich ahnte noch nicht, daß uns dies später das Leben retten sollte.

Auch in Poldemin gab es so einige Nazis, die sich aufplusterten, wichtigtuerisch mit braunem Hemd und Hakenkreuz auf dem Arm herumliefen und überall schnüffelten, ob auch die Bilder von Hitler und Göring im Zimmer an den Wänden hingen. Sie zählten sogar am Abend unsere Hühner, um zu prüfen, ob wir bei der letzten Zählung richtige Angaben gemacht hatten. Der Ortsbauernführer persönlich zählte also die Hühner und kam auf vierunddreißig, streckte nochmals seinen Hals in die Höhe, sagte: „Da duckt sich noch eins“ und schrieb in seine Liste fünfunddreißig. Fünf Hühner aber waren so gut versteckt, daß er sie übersehen hatte. Das war unser Glück. Als letzte Angabe fand er in seiner Liste die Zahl 30. „Das wird Konsequenzen haben, ungenaue Angaben zu machen wird bestraft!“ drohte er mir. Ich aber war absolut nicht ängstlich und forderte ihn auf: „Zeig doch mal die Liste her, ich will mal sehen, wieviel Enten du angegeben hast?" Ich warf einen Blick auf die Liste unter seinem Namen, und siehe da, es standen nur fünfzehn Enten darauf. „Und wieviele laufen bei dir wirklich herum?" fragte ich. „Als ich neulich im Dorf war, liefen deine Enten zufällig gerade in die Wiese, da habe ich sie gezählt. Es waren weit über dreißig! Also, mein Lieber, morgen fahre ich sofort nach Kolberg und werde dem Amt melden, daß unser Ortsbauernführer auch ungenaue Angaben gemacht hat. Du kannst dich hier und jetzt sofort entscheiden, entweder du streichst meine fünf Hühner und trägst wieder dreißig in die Liste ein, oder ich fahre wirklich morgen nach Kolberg."

Wahrhaftig, er schrieb dreißig Hühner in die Liste. Mit dem anderen Vieh war es genauso. Schweine, Kühe, Rinder und Schafe wurden ganz genau gezählt, doch Emil verstand seine Sache ebenso gut wie ich mit meinen Hühnern. Mindestens ein bis zwei Schweine, Kälber und Rinder wurden unterschlagen.

Offiziell durften wir im Jahr nur ein Schwein schlachten. Das reichte aber bei weitem nicht aus. Also wurden gleich zwei geschlachtet, da fiel es überhaupt nicht auf. Und im Winter wurden immer noch ein Rind und ein Kalb zusätzlich verarbeitet. Eines Tages, als das Fleisch und die Wurst wieder einmal vollständig aufgebraucht waren, schlachteten wir also ein Schwein 'schwarz'. Die Franzosen und die Polen waren eingeweiht. Wir konnten ihnen vollkommen vertrauen. Einer mußte Schmiere stehen, und die anderen halfen alle mit. Da man nie wissen konnte, ob nicht gerade wieder einmal so ein Schnüffler vorbeikam, mußte alles ganz schnell gehen, und es durften keinerlei Spuren zurückbleiben.

Auch vor unserem kleinen Plappermäulchen Gerda waren wir nicht sicher, sie konnte einfach nie den Mund halten und plauderte alles weit und breit aus. Als sie an diesem Mittag aus der Schule kam, waren wir mit allem fast fertig, es roch nur noch ein bißchen nach Fett und nach dem gekochten Wellfleisch. Sie zog ihr Näschen kraus, schnüffelte und sagte: „Hier stinkt es nach Schweinescheiße, habt ihr etwa heimlich eins abgemurkst?" Ich ging überhaupt nicht auf ihre Frage ein, sondern lenkte sie sofort ab: „Hör mal zu, Gerda, du mußt gleich essen und sollst dann ganz schnell einmal zur Tante Frieda kommen, sie hat etwas für dich." Sie verdrückte dann auch ohne Murren in Windeseile ihr Mittagessen und wollte sich sogleich auf den Weg machen. Beim Hinausgehen, die Türklinke noch in der Hand, drehte sie sich jedoch noch einmal um und sagte: „Und ihr habt doch eins abgemurkst, ihr wollt mich bloß los sein." Nun verließen mich aber doch die Nerven, und meine Worte überschlugen sich: „Wenn du nicht sofort verschwindest und den Mund hältst, gibt's gleich etwas" – und ich drohte ihr mit dem Waschlappen.

Zwei Tage zuvor hatte ich mit meiner Schwester unser Vorhaben abgesprochen. Gerda war bei ihr gut aufgehoben, sie bekam Spielzeug und Süßigkeiten geschenkt, und wir konnten an diesem Nachmittag ungestört das Fleisch verwerten und Wurst machen. Alles verlief glatt und ohne Zwischenfälle. Dennoch war mir den ganzen Nachmittag recht mulmig zumute. Das Risiko war einfach zu groß. Immer wieder ging es mir durch den Kopf, welche furchtbaren Folgen es nach ziehen könnte, wenn Gerda doch irgendwo einmal etwas ausplaudern würde. Am Abend, als sie dann wieder zu Hause war, setzte ich mich mit ihr ins Wohnzimmer und führte ein sehr ernstes Gespräch. So gut ich konnte, erklärte ich ihr, was es mit den Konzentrationslagern, Verhaftungen und Bestrafungen auf sich hatte. Obwohl sie noch so jung war, schien sie recht gut zu verstehen und die Gefahr zu erkennen. Seit diesem Tage brauchten wir keine Befürchtungen mehr zu haben.

Günter, der bei den Kraftfahrern war, hatte sich ein Knie gebrochen und lag ein halbes Jahr lang im Lazarett. Er mußte arg leiden, aber zumindest wußten wir ihn in Sicherheit. Anschließend bekam er zwei Wochen Heimaturlaub. In dieser Zeit verspürte ich Ruhe, aber bald darauf gingen Sorge und Aufregung wieder los. Bedingt durch seine Zugehörigkeit zur Waffen-SS und als Kradfahrer mußte Günter andauernd die Stellung wechseln, einmal kam er zur Ostfront, dann mußte er an die Westfront. Die Versorgung mit Nahrungsmitteln war dementsprechend unregelmäßig und alles andere als gut. Wir schickten ihm daher in geichmäßigen Abständen Päckchen und Pakete mit Fleisch, Wurst, Enten- und Gänsekeulen, die wir eigens zu diesem Zweck in Dosen einweckten. Solange der Postversand funktionierte, also bis Ende 1944, kamen auch tatsächlich alle unsere Sendungen bei ihm an.

Der Krieg tobte weiter, er fand nicht mehr allein an fernen Fronten statt, sondern wütete längst auch mitten in Deutschland. Der tägliche

Bombenhagel auf die nord-, süd-, west- und mitteldeutschen Städte hatte zur Folge, daß Mütter mit ihren Kindern zu uns in die östlichen Provinzen evakuiert wurden. Aber auch bei uns fielen schon Bomben. Stettin wurde in einer Nacht so schrecklich bombardiert, daß der Feuerschein am Himmel bis zu uns hinüber zu sehen war.

Die Russen schlagen inzwischen die deutsche Wehrmacht immer weiter zurück. Die einen drängen vom Osten, die anderen vom Westen. Hitler und seine Kalfaktoren trommeln noch immer täglich ihre Siegesversprechungen über die Nachrichtensender. Doch die Chance für seinen geträumten Sieg ist nun wohl für immer vertan. Derweil werden Angst und Sorge um die ungewisse Zukunft bei uns von Tag zu Tag größer. Auch die Greueltaten der Nazis werden heftiger, wir können manche Berichte kaum glauben, so ungeheuerlich erscheinen sie. Juden werden vergast, heißt es, und von Ausrottung ist die Rede.

Alles wurde knapper, vor allem die Lebensmittel. Am stärksten litten die Städte darunter. Doch in Kolberg auf dem Wochenmarkt gab es noch immer Apfelsinen. Gerda aß sie so gerne, doch weil wir Selbstversorger waren, konnten wir die Früchte rechtmäßig nicht beziehen. So bepackte Gerda ihren Tornister mit Eiern und Butter und machte sich mit ihrer Freundin heimlich auf den Weg nach Kolberg zu den Marktfrauen. Im Zug wurde nun schon sehr oft das Gepäck kontrolliert, doch Kinder hatte man bisher von den Kontrollen verschont. Ein wahres Glück, daß ich von Gerdas Beutezügen nichts wußte, ich wäre vor Angst umgekommen! Also der Tausch galt: ein Ei – eine Apfelsine, die sie auch anstandslos bekamen. Dem ersten Erfolg folgten weitere Aktionen, und nun hieß es: ein Ei – zwei Apfelsinen. Die beiden waren schon gerissener und dreister geworden. Und erhielten auch prompt, was sie wünschten. Den Kindern war die große Gefahr mit den möglichen Folgen noch in keiner Weise bewußt. Und das war auch gut so, was hätten sie denn sonst von ihren Kinderjahren gehabt. Sie mußten schon auf vieles verzichten, denn der Krieg war ohnehin trostlos und grausam genug.

Für jedes deutsche Kind war es Pflicht und Selbstverständlichkeit, bei der Hitlerjugend zu sein. Ein- oder zweimal in der Woche wurde von der Gruppenführerin ein bis zu zweistündiger Dienst verlangt. Daran war an sich noch nichts auszusetzen – so wußte man wenigstens, daß die Kinder beaufsichtigt waren –, aber Einwände hätten wir sowieso nicht dagegen erheben können. Für sportliche Übungen standen der Hitlerjugend die vielfältigsten Einrichtungen zur Verfügung. Zusätzlich zu den ohnehin vorhandenen Sportplätzen wurden neue Übungsstätten angelegt. In allen Disziplinen fanden Reichsjugendwettkämpfe statt, deren Vorbereitung außer dem wöchentlichen Dienst noch zahlreiche Übungsstunden erforderte. Gerda hatte daran ihre Freude, denn sie kletterte nicht nur gut, sondern betrieb mit Leidenschaft vor allem Leichtathletik. Im Weitsprung, Kugelstoßen und Speerwerfen erreichte sie Höchstweiten und war kaum zu schlagen. Zwei Jahre hintereinander erhielt sie das Sportabzeichen in Bronze und Silber.

Im Anschluß an die Wettkämpfe folgten dann mit großem Trara und Pomp die Feierlichkeiten. Für die Jugend hatten diese Feiern jedesmal etwas Überwältigendes. Was wundert es da, daß sich jedes Kind mitreißen ließ, wenn im Gleichschritt mit wehenden Fahnen marschiert wurde, begleitet von Fanfaren und Trommeln, daß sie begeistert *Die Fahne hoch, die Reihen fest geschlossen* schmetterten und *Heil Hitler* schrien.

Während sich im Sommer bei schönem Wetter die Schuljugend meistens im Bach beim Baden amüsierte, wurde im Winter mit Feuereifer Schlittschuh gelaufen und Schlitten gefahren. Der Winter war lang, fast vier Monate konnten die Kinder die winterlichen Vergnügungen auskosten. Sobald im November auf dem Dorfteich eine Eisdecke schimmerte, holte Gerda ihre Schlittschuhe hervor. Nicht immer war das Eis schon fest genug gefroren, da blieb es natürlich nicht aus, daß sie im Teich einbrach. Glücklicherweise war der Weiher nicht tief. Patschnaß, mit Eisperlen an der Kleidung kam sie dann zu Hause an, und ohne Schnupfen oder gar Grippe ging das meistens nicht aus.

Im Unterrichtsplan der Schule war jede Woche eine Stunde Sport vorgesehen. Zur Begeisterung der Kinder durften sie im Winter diese Stunde alle gemeinsam mit Schlittschuhlaufen verbringen. Lehrer Hanke hatte vereinbart, daß er mit der Trillerpfeife das Ende der Stunde ankündigen würde – denn damals besaß ja noch kein Kind eine Armbanduhr. Gehört hatten sie wohl alle das Pfeifen, doch sie waren sich darin einig, daß es das Beste sei, überhaupt nicht darauf zu reagieren. Viel, viel zu spät machten sie sich endlich wieder auf den Weg zur Schule. Dort wartete ein nicht wenig erzürnter Lehrer Hanke mit dem Rohrstock in der Hand, der sonst seinen Platz hinter dem Kachelofen hatte. Und so wurde ein jedes der Kinder von einem kräftigen Schlag über den Hintern begrüßt.

Der Rohrstock war den Kindern natürlich aufs äußerste verhaßt. Einige Jungen, die schlauer sein wollten als der Lehrer, rieben den Stock eines Tages mit einer fetten Speckscheibe ein. Durch die warme Luft des Kachelofens trocknete er so aus, daß es beim nächsten Schlag fürchterlich krachte und der Stock in mehrere Stücke zersplitterte. Die Strafe folgte aber auf dem Fuße. Lehrer Hanke schickte zwei Jungen aufs Moor hinaus, wo sie gleich zehn Stöcke holen mußten.

Zur Weihnachtsfeier, die am letzten Schultag vor den Ferien stattfand, versammelte sich das ganze Dorf. Lehrer Hanke veranstaltete jedes Jahr mit den Kindern eine Theateraufführung. Schon zwei Tage vorher brachten wir Mütter Pfefferkuchen und Plätzchen zum Lehrer in die Schule, damit für die Feier auch etwas zum Naschen bereitstand.

Im Dorf kannte natürlich jeder jeden. Den einen mochte man mehr, den anderen weniger, es gab Zuneigungen und vertraulichere Gespräche ebenso wie Streitigkeiten, aber keine Feindschaften. War jemand in Not oder krank, wurde ihm selbstverständlich geholfen. Dazu gehörte auch das gegenseitige Leihen von Maschinen, wenn auf einem Hof ein Gerät ausgefallen war. Im Januar, wenn es tagelang geschneit hatte und die Wege vollständig zugeweht waren, schaufelten die Männer des Dorfes alle gemeinsam die Schneemassen beiseite. Ein Flachmann zum Aufwärmen in der Joppentasche durfte dabei nicht fehlen, denn in Poldemin gab es nicht einmal einen Dorfkrug.

In der Schule gab es nur einen Raum, in dem alle Kinder gemeinsam unterrichtet wurden. Jede Klasse wurde dem Lehrstoff entsprechend separat unterrichtet. Die Plätze und die Zeit wurden so eingeteilt, daß die Kinder dadurch keinerlei Nachteile hatten. Im Gegenteil, sie paßten sich der Lage bestens an und lernten schon beizeiten, sich gut zu konzentrieren. Lehrer Hanke vermittelte den gleichen Lehrstoff wie die städtischen Schulen. Wer eine höhere Schulbildung anstrebte, für den standen in Kolberg eine Mittelschule, eine Handelsschule, das Domgymnasium, das Lyzeum und verschiedene Schulen mehr zur Verfügung. Die sechzehn Kilometer bis zur Stadt waren mit der Bahn leicht zu bewältigen. Doch leider stellte sich die Frage nicht mehr, auf welche der Schulen wir Gerda schicken könnten. Für sie, für die Schulen, für uns alle kam mit dem Kriegsende die völlige Zerstörung, das absolute Aus.

Der Sommer 1944 versprach eine gute Ernte, das Korn stand mit großem Halm und dicken Ähren auf dem Felde. Die Kartoffeln blühten wie schon lange nicht mehr, und auch die Heuernte fiel in diesem Jahr besonders gut aus. Somit bestand wenigstens die Hoffnung, daß die Menschen über Winter ausreichend mit Nahrung versorgt waren. Noch war Hinterpommern die Kornkammer Deutschlands, die wichtigste Nahrungsquelle des Landes. Wir mähten also unser Korn, was durch unseren Selbstbinder ja bereits um einiges einfacher geworden war. Eines Tages war etwas an dem Binder kaputt. Schmiedemeister Gauger, der im nächsten Dorf wohnte, kam zu uns heraus, um den Schaden zu beseitigen. Er hatte eine alte, völlig verschlissene Hose mit einem klaffenden Dreieck am Oberschenkel an. Ich zeigte auf das Loch und fragte ihn lachend auf Plattdeutsch: „Du Gauger, seg mi eis, is dat eier Rietloch oder eier Flickloch?“ Er antwortete: „Nee, dat is eier Rietloch.“ Mich packte der Übermut, ich steckte einen Finger in das Loch und riß ihm die Hose bis unten hin auf. Er wurde ganz blaß vor Schreck. Unsere Nachbarstochter Edith stand auch dabei, wir schüttelten uns vor Lachen und hatten so ein bißchen unseren Spaß. Für solche Streiche war ich ja bekannt. Der Schmied Gauger bekam aber für diese Untat eine von Emils Hosen.

Mitten in die Ernte, am 20. Juli, platzte dann wie eine Bombe die Neuigkeit vom Attentat auf den ‘Führer’ und versetzte uns in helle Aufregung. Hoffnung kam auf, in den herrlichsten Farben malten wir uns schon aus, wie sich jetzt alles wenden müßte. Wir wechselten uns am Radio ab, um Näheres zu erfahren und keine Nachricht zu versäumen. Als dann der Sprecher verkündete, Hitler wäre unverletzt geblieben, ließen wir die Fittiche hängen wie halbtote Hühner. Also war es wieder nicht gelungen. Es wurde schon seit längerem gemunkelt, daß seit 1933 bereits mehrfach Anschläge auf ihn verübt worden seien.

Der Erfolg des Attentats waren nur noch verschärfte Verfolgung und Unterdrückung. Unmittelbar nach dem Anschlag begann die Fahndung. Der Verdacht richtete sich scharf gegen den Generalstabschef des Ersatzheeres, Graf von Stauffenberg und seine Mithelfer General

Olbricht, Oberst Merz von Quirnheim, Oberleutnant Werner von Haeften. Sie alle wurden standrechtlich erschossen. Die Familienangehörigen wurden in Sippenhaft genommen, wer nur entfernt mit der Aktion in Verbindung gebracht werden konnte, wurde ins KZ überführt. Ein Untersuchungsstab von etwa vierhundert Beamten veranlaßte etwa siebentausend Verhaftungen. Weitere Prozesse gegen mehrere Angeklagte endeten erwartungsgemäß mit dem Todesurteil. Hitlers Anordnung: „Ich will, daß sie erhängt werden, aufgehängt wie Schlachtvieh". Noch im Frühjahr 1945 wurden Todesurteile vollstreckt, die mit dem Attentat im direkten Zusammenhang standen.

Nun begann eine noch schlimmere Zeit. Die Nazis wurden von Tag zu Tag rabiater, keiner traute sich mehr, ein unüberlegtes Wort auszusprechen. Hört denn dieses Morden, dieses Verbrechen niemals mehr auf? Hitler triumphierte weiterhin, heizte dem Volk nach wie vor ein, „Wir werden siegen, der Sieg wird unser sein." Ich glaube, selbst die Mehrzahl seiner Anhänger zweifelte zu diesem Zeitpunkt an seinen Worten, zumal im Oktober russische Truppen schon die ostpreußischen Grenzen überschritten und in unser Land einmarschierten.

Wir fuhren jetzt öfter nach Kolberg als je zuvor. Bei Schulzes in der Gaststube hörte man doch mehr Neuigkeiten vom Kriegsgeschehen als bei uns auf dem Dorf.

Am 7. November 1944 jährte sich zum fünfundzwanzigsten Mal der Hochzeitstag meiner beiden Schwestern Frieda und Hedwig. Unser Schwager Richard lebte leider nicht mehr, er war im März 1939 an den Folgen eines Unfalls gestorben. Auch bei Hedwig und Albert war die Trauer eingekehrt, ihr Sohn Erwin war in Rußland gefallen. Dennoch wollten sie diesen Tag in einem kleinen Kreis von Vertrauten verbringen und hatten uns Geschwister eingeladen.

In der Nacht vor der kleinen Feier scheuchte uns ein lautes Klopfen aus dem Bett. Irgendwer mußte vor unserem Schlafzimmerfenster stehen. Ich war zutiefst erschrocken, wer konnte das nur sein, um diese Zeit, was wollte man von uns? Ich war auf das Schrecklichste gefaßt. Beklommen öffneten wir das Fenster. In der stockdunklen Nacht erkannten wir zwei Männer in Uniform. Doch beim genaueren Hinsehen stieg helle Freude auf: da stand unser Günter mit einem Kameraden! Mir fiel ein zentnerschwerer Stein vom Herzen. Flugs waren wir an der Tür, um unseren Sohn zu umarmen und die beiden zu begrüßen. Als wir nach der ersten Überraschung im Haus beisammen saßen, erzählten die beiden, sie wären mit dem Kraftfahrzeug von der Ostfront zur Westfront unterwegs und hätten ihre Fahrtroute so eingerichtet, daß sie bei uns vorbeiführte. Um endlich, wenn auch nur für zwei Tage, uns wiederzusehen, sich einmal wieder richtig sattzuessen und in warmen Federbetten auszuschlafen. Gerda kam aus dem Bett gesprungen, begrüßte stürmisch ihren Bruder und überfiel ihn gleich mit den Worten: „Du kommst gerade recht, morgen ist Silberhochzeit bei Tante Hedwig und Onkel Albert."

Am frühen Nachmittag des nächsten Tages spannte Emil die Pferde vor unseren Kutschwagen, und wir fuhren mit unseren beiden Soldaten, die mit Gerda in ihrer Mitte im Fond saßen, zur Silberhochzeit. Wenn ich mich im Gespräch zu ihnen umwandte, konnte ich am Gesicht unserer Kleinen ablesen, wie sie ein ganz neues Gefühl genoß. Sie war nun immerhin bald dreizehn Jahre alt, und benahm sich schon ziemlich keck und halb erwachsen, so zwischen zwei flotten, jungen Soldaten. Die Überraschung bei den Verwandten war groß, sie freuten sich natürlich alle, daß Günter und sein Kamerad bei dieser Feier dabeisein konnten.

Zu meinem Geburtstag am 10. Dezember luden wir alle unsere Verwandten und Freunde zu uns ein. Weil die feindlichen Fronten von allen Seiten immer weiter ins Land rückten, wollten wir noch einmal gemütlich feiern und beisammen sein. Bestimmendes Thema aller Gespräche war natürlich wiederum der Krieg. Einige meinten, nun müsse doch dieser Gefreite endlich ein Einsehen haben und den Waffenstillstand anbieten. Andere dagegen sagten: Oh nein, dieses Schwein kämpft weiter bis zum bitteren Ende, bis die Russen in Berlin am Reichstagsgebäude stehen. Ja, es stimmte, er trommelte sogar seine Hitlerjugend, fast noch Kinder, und die älteren Männer zum Volkssturm zusammen, die den Feind vertreiben und aufhalten sollten. Obwohl wir vom nahen Ende des Krieges überzeugt waren, ahnte doch niemand von uns, daß dies unsere letzte Feier in der Heimat sein sollte.

Weihnachten und Neujahr verliefen wie üblich. Doch unsere Sorgen und Ängste wuchsen von Tag zu Tag. Die Fronten rückten immer näher. Wenn wir uns die Frage stellten, was soll das geben, was stürmt noch alles auf uns ein, nicht nur auf uns, sondern auf unser ganzes

Land, auf alle deutschen Menschen? – dann befiel uns ein entsetzliches Unbehagen, denn täglich hörte man von neuen, unvorstellbaren Greueltaten der Russen, die sie bei ihrem Einmarsch in Ostpreußen an der Bevölkerung verübt haben sollten.

In diesem Januar 1945 war es sehr kalt. Weit über eine Woche hatte es ununterbrochen geschneit. Als endlich wieder die Sonne zum Vorschein kam, erblickten wir unterm blauen Himmelszelt die verzauberte Landschaft in ihrem herrlichen Winterkleid so ruhig und friedvoll eingebettet wie auf einem Gemälde. Emil schlug vor, eine Schlittenpartie zu unternehmen. „Jetzt, am Vormittag?" fragte ich erstaunt. „Ja," sagte er, „der Januar geht bald zuende, und lange kann es nicht mehr dauern, dann werden wir den ersten Kanonendonner hören. Vielleicht ist dies die letzte Schlittenfahrt, sag auch Oma Bescheid, sie soll sich gut warm anziehen, wir fahren zu Tante und Onkel Gramoll." Tante Gramoll war Omas Schwester, die ungefähr zwölf Kilometer von uns entfernt wohnte.

Wie gesagt, so getan, Oma wurde in mehrere warme Decken eingepackt, für die Füße gab es den Fußsack aus Schaffell und Leder. Wir richteten unsere Abfahrt so ein, daß wir pünktlich zum Schulschluß mit dem Schlitten bei der Schule anlangten, um Gerda abzuholen. Als sie uns erblickte, war sie so überrascht, daß es ihr zunächst völlig die Sprache verschlug, was bei ihr höchst selten vorkam. Aber so etwas war noch nie da gewesen, mit dem Schlitten und mit Oma von der Schule abgeholt zu werden. Endlich fragte sie ganz kleinlaut: „Was ist denn jetzt los, kommen etwa schon die Russen?" „Oh nein!" beruhigten wir sie, „Wir wollen heute nur eine Schlittenfahrt zu Tante und Onkel Gramoll machen." Ich merkte, wie ein tiefer Seufzer ihrer Brust entfloh. Mit einem Sprung war sie im Schlitten, und mit Hurra und Glöckchengeklingel ließen wir uns von unseren Pferden durch die märchenhafte Winterlandschaft ziehen.

Tante und Onkel waren hocherfreut, als wir so plötzlich vorfuhren. Unser Verhältnis zueinander war seit eh und je ein besonders herzliches gewesen. Zum Mittagessen kamen wir freilich zu spät, doch sogleich wurde für uns Kaffee und Kuchen aufgetragen, und sie beschworen uns, doch zum Abendessen dazubleiben. Tante schob dann auch schon gleich nach dem Kaffeetrinken einen mächtigen Rehbraten in die Backröhre. Der Gramollsche Hof war weit größer als unserer, und Onkel, ein leidenschaftlicher Jäger, verfügte über ein eigenes Waldstück und eine zusätzlich gepachtete Jagd. Ihre fünf Kinder waren mittlerweile fast alle vom Hof weggezogen, die Hochzeiten hatten wir alle miterlebt.

Obwohl die Gramolls nun nicht mehr von der großen Kinderschar umgeben waren, ging es bei ihnen noch immer hochherrschaftlich zu. Die Eßzimmerwände schmückten Geweihe und andere Trophäen, und den Fußboden bedeckten kostbare Teppiche und Brücken. In der Mitte des Raums stand ein gewaltiger Tisch, der mindestens zwölf bis sechzehn Personen Platz bot. Diese Tafel war grundsätzlich nur mit feinstem weißen Damast, erlesenem Porzellan und Silber gedeckt. Zu jeder Mahlzeit wurden zwei verschiedene Weine serviert, darauf legte der Onkel immer besonderen Wert. Die schönen Stunden, die wir schon seit Jahren mehr oder weniger regelmäßig mit ihnen verbrachten, hätte ich nie missen wollen. Der Onkel, ein lebenslustiger Mann, steckte mit seiner Fröhlichkeit alle an.

Als wir uns am späten Abend auf den Heimweg machen mußten, hatte ein heftiger Schneesturm eingesetzt. Dennoch fanden unsere Pferde mühelos den Weg, und alles verlief verhältnismäßig glatt, bis zum Berg kurz vor Poldemin. Der Weg führte durch eine Bergschlucht. Mir war die Schlucht in diesem Wetter nicht geheuer. „Fahr lieber vom Weg ab und draußen über das Feld“, bat ich Emil. „Ach was, so viel hat es noch nicht geschneit“, meinte er und lenkte die Pferde auf den gewohnten Weg. Mir wurde angesichts der meterhohen Schneeverwehungen angst und bange, die richtige Spur ließ sich nur erahnen. Und wirklich, mitten in der Bergschlucht standen unsere Pferde still. Bis zum Bauch steckten sie im Schnee und konnten keinen Schritt vor oder zurück. Der Schlitten mit uns darin thronte jedoch oberhalb der Tiere auf der gefrorenen Schneedecke. Emil sprang von der Kutsche, spannte die Pferde aus und führte sie einzeln auf festeren Boden. Wir drei saßen derweil noch immer im Schlitten oben auf dem Schnee. Emil gab dem Schlitten einen Stoß, damit er langsam weitergleiten sollte. Sollte, wohlgemerkt. Der kam aber ganz schön in Schwung, kippte um, und wir drei lagen, verwickelt in unsere Decken und Fußsäcke, im tiefen Schnee. Bis wir uns daraus befreit und aufgerappelt und auch unserer Oma wieder auf die Beine und in den Schlitten geholfen hatten, verging gut eine halbe Stunde. Nach dieser Eskapade waren wir heilfroh, als wir endlich ohne größeren Schaden unseren Hof erreichten.

Gejagt, geplündert und vertrieben

Emil behielt mit seinen düsteren Voraussagen recht, ab Mitte Februar 1945 hörten wir tatsächlich schon die ersten Kanonen donnern. Von Tag zu Tag drang es näher an unser Ohr. Wenn wir aus dem Küchen- oder Wohnzimmerfenster hinausschauten, konnten wir die nur zwei Kilometer entfernte Chaussee beobachten. Dort wimmelte es nur so von Militär, Panzern und Geschützen. Dazwischen sahen wir lange Trecks von Flüchtlingen mit ihren Planwagen, viele von ihnen waren sogar zu Fuß unterwegs. Wir benutzten das Fernglas, um genauer zu sehen, was sich dort abspielte. So entdeckten wir auch, daß sich alles hin und her bewegte. Zunächst konnten wir uns das nicht erklären, aber Emil meinte schließlich, wahrscheinlich seien alle Wege verstopft, und es gebe einfach kein Durchkommen mehr. Auch der hohe Schnee trug wohl viel dazu bei.

Gegen Abend kamen vier Planwagen zu uns auf den Hof gefahren. Wir liefen ihnen überrascht entgegen und erschraken zutiefst, als wir die ausgemergelten Menschen erblickten. Sie baten darum, einige Tage bei uns in der Scheune bleiben zu dürfen. Sie wären so schrecklich müde, kaputt und ausgelaugt und müßten erst einmal richtig ausschlafen. Die Pferde wollten auch nicht mehr den Wagen ziehen, sie waren schon seit Ende Oktober von Ostpreußen unterwegs. Natürlich nahmen wir sie bei uns auf, aber nicht in der Scheune, sondern ich brachte alle in zwei Zimmern unter. In der Scheune fanden die Pferde ihr Quartier.

Die Flucht hatte diese siebzehn Menschen zusammengebracht: eine Familie Schmidt mit zwei halbwüchsigen Töchtern, eine alleinstehende Frau mit neun Kindern, ein älteres Ehepaar um die siebzig sowie eine Frau aus der Gegend bei Memel, dem nördlichsten Teil Ostpreußens, die ihren Wagen bis hierher ganz allein gefahren hatte. Die Kinder bekamen erst einmal heiße Milch. In zweien meiner größten Töpfe kochte ich dann Milchsuppe mit Eierklieben, bereitete Pfannen voll Bratkartoffeln und stellte Brot mit Butter, Wurst und Käse auf den Tisch. Diese Menschen waren so ergriffen, daß sie weinten und beteten. Die ältere Frau küßte mir die Hände. In diesen drei Monaten ihrer

Flucht, erzählten sie, seien wir die ersten Menschen, von denen sie so aufgenommen worden wären.

Kurz darauf erschienen die im Dorf zuständigen Parteibonzen auf unserem Hof und befahlen, einen Planwagen zu packen und für die Abfahrt bereitzuhalten. Der Termin der Abfahrt werde noch rechtzeitig bekanntgegeben. Es gab also nichts mehr zu hoffen. Wir fügten uns. Wir wählten unseren größten und besten Leiterwagen aus und machten ihn als Planwagen zurecht. Den Boden des Wagens legten wir mit Strohbunden aus, die wiederum mit Planen und Decken bedeckt wurden, um uns gegen Frost und Nässe zu schützen. An den Seiten und unter der runden Wölbung der Plane befestigten wir unsere Teppiche. Für unsere Oma wurde eine Liegestelle hergerichtet. Unsere Federbetten, warme Kleidung, ein wenig Geschirr, alles Eßbare und ein paar Nippes, von denen ich mich damals noch nicht trennen wollte, wurden verpackt. Alles übrige, außer den Möbeln – Wäsche, Kleidung, Geschirr usw. – vergruben wir in dicken Eichenkisten, die Emil im Laufe des Januars gezimmert hatte, an verschiedenen Stellen im Garten.

Wir warteten nun täglich auf den Befehl des Abschiednehmens. Tage vergingen, nichts geschah. Das Dorf zu verlassen war verboten, wir hätten auch nicht mehr gewagt, in den nächsten Ort zu gehen. Der ferne Kanonendonner wurde von bedrohlicheren Geräuschen abgelöst, die immer näher drangen. Es waren andere Detonationen. Erst hörte man ein ganz merkwürdiges Rollen und Grollen und gleich darauf das Einschlagen. Das waren die sogenannten Stalinorgeln, wie wir später erfuhren.

Emil stieg auf die höchste Stelle unseres Hauses, um am Abend in der Dunkelheit zu beobachten, von wo und in welche Himmelsrichtungen die Geschosse gefeuert wurden. Jedesmal, wenn er wieder ins Wohnzimmer kam, ich ihn ansah und fragte: „Na, und?“, meinte er nur kopfschüttelnd: „Ich glaube, wir können den Wagen wieder ausräumen, es sieht ganz so aus, als befinden wir uns in einem Kessel. Es wird von allen Seiten, auch von der Ostsee, nach Kolberg hineingeschossen.“ Nur wußten wir zu diesem Zeitpunkt nicht, daß die deutsche Wehrmacht Kolberg entschieden verteidigte und damit den Weg über die Ostsee frei hielt.

Zwei Tage später kamen erneut die Parteibonzen mit der Mitteilung:

„Ihr könnt den Wagen wieder entladen, wir befinden uns in einem Kessel, aus dem es kein Heraus mehr gibt.“ Streckten den rechten Arm nach oben und riefen laut „Heil Hitler“. In diesem Moment explodierte bei Emil all seine jahrelang zurückgehaltene Wut. „Ihr verdammten Nazischweine!“ schrie er, „Habt ihr immer noch nicht von dem Verbrecher die Schnauze voll? Wenn ihr nicht sofort und ganz schnell meinen Hof verlaßt, hole ich mein Gewehr und jage euch beiden so eine Schrotladung in den Arsch, daß ihr euer ganzes Leben nie mehr darauf sitzen könnt!“

Ich bekam höllische Angst und redete immer wieder auf ihn ein: „Wie konntest du dich nur so hinreißen lassen, sie werden dich melden, und du wirst erschossen.“ „Ach Quatsch!“ sagte er. „An wen sollten die mich jetzt noch melden. Diese Verbrecherbande, die haben uns jahrelang genug drangsaliert, die haben doch mehr Angst als Vaterlandsliebe.“ An den darauffolgenden Tagen standen zwei geladene Gewehre im Wohnzimmer bereit, eines mit zwei Läufen, Schrot und Kugel, eines nur mit Kugel, und des Nachts lehnte ein Gewehr auch an meinem Bett. Nach fünf Tagen kam am Nachmittag unser Pole Adam zu uns ins Haus: „Chef, Frau, alle sagen morgen oder übermorgen kommen Russen, wenn Gewehre sehen, dann nicht gut. Besser, wenn ich mitnehmen in mein Haus.“ Wahrscheinlich hatte er recht, wir gaben sie ihm mit.

Ich machte mich nun als erstes daran, diese verdammten Hitler- und Göringbilder von den Wänden zu entfernen. Holte auch die Fahne mit dem Hakenkreuz vom Boden, steckte alles im Wohnzimmer in den Kachelofen, schürte das Feuer und sah zu meiner Genugtuung alles lichterloh in Flammen aufgehen. Die Leute aus Ostpreußen warnten uns, auch unser Familienfoto, auf dem Günter in SS-Uniform zu sehen war, zu verstecken, besser noch zu vernichten. Sie sagten, wenn die Russen nur irgendetwas finden würden, was mit den Nazis, SA, SS etc. in Verbindung gebracht werden könnte, würden sie zu den rabiatesten Sofortmaßnahmen schreiten, nämlich alle erschießen und alles in Brand setzen. Ich brachte es nicht über mich, das Bild zu vernichten, aber ich wußte ein sehr gutes Versteck.

Die ersten Russen, oder soll man sagen: die Sowjets?, sie kamen am 8. März 1945 am Vormittag um 11.00 Uhr. Brüllend und rasend wie wilde Bestien galoppierten sie mit ihren Pferden auf den Hof. Ihr dunkles, lautes Organ, die unheimlichen, fremden Laute, ihre bräunlichen Uniformen und die hohen Pelzmützen mit dem roten Sowjetstern versetzten uns schon von ferne in Angst und Schrecken. Vor Furcht wie gelähmt, drängten wir uns alle zusammen, Emil, Oma, Gerda, ich und unsere siebzehn Ostpreußen. Die Maschinengewehre im Anschlag und auf uns gerichtet, stürmten sie unser Haus. Wir alle waren von einer so wahnsinnigen Angst befallen, daß uns das Herz fast aus dem Hals sprang und die Zähne aufeinanderschlugen. Die Russen liefen durch alle Räume und rissen alle Schränke auf, die Maschinengewehre immerzu auf uns gerichtet.

Auf dem zweiten Hausflur, der zum Garten hinaus führte, stand ein mächtiger alter Schrank, den Oma zur Aufbewahrung der Wäsche benutzte. Er war bis obenhin gefüllt und daher der einzige noch abgeschlossene Schrank im Haus. Der Schlüssel dazu war an einem Schlüsselbund befestigt, den Oma in ihrem Wohnzimmer aufbewahrte. Ich mußte also den Schlüsselbund holen und den Schrank öffnen. Vor Angst und Aufregung zitterten meine Hände derart, daß ich einfach nicht imstande war, den richtigen Schlüssel zu finden und aufzuschließen. Dem Russen ging es nicht schnell genug. „Dawai, Dawai!" schrie er und schlug mir mit dem Gewehrkolben in den Rücken. Gerda, die sich an meine linke Hand klammerte, brach in gellendes Schreien aus. Daraufhin nahm er mir die Schlüssel ab und schloß selber auf. Die Wäsche riß er heraus und schleuderte sie im hohen Bogen auf den Flur. Wer weiß, was er in dem Schrank vermutet hatte.

Im Zimmer bei den Schmidts schlug er mit der Reitpeitsche an zwei große Koffer, die er dann an sich nahm, mit all ihren Papieren, Geld, Ausweisen und Wertgegenständen. Drei andere Russen stürmten auf den Hausboden und holten die neuen Pferdegeschirre mit dem chrombeschlagenem Zaumzeug herunter. Zwei weitere Russen hatten inzwischen unseren Kutschwagen aus dem Schuppen geschoben, spannten zwei unserer Pferde davor, das dritte banden sie hinten am Wagen an, und mit brüllendem Karacho fuhren sie davon.

Wir waren erst einmal froh und erleichtert, daß sie wieder fort waren, aber was kam danach? Noch nie in unserem gemeinsamen Leben hatte ich meinen Mann weinen gesehen. Wir nahmen uns alle vier bei den Händen und weinten gemeinsam bittere Tränen. Dieser Tag war für Emil ganz schrecklich, denn seine Pferde waren sein Ein und Alles. Um ihn zu trösten, sagte Gerda: „Papa, vielleicht laufen die Pferde den Russen davon, sie kennen ja den Weg, und kommen bald wieder nach Hause."

Diese Russen waren auch bei unseren Polen gewesen und hatten sich erkundigt, wie wir sie behandelt hatten. Daß Adam dopsche, dopsche sagte, das heißt gut, gut, war wohl unsere Rettung. Später erfuhren wir, wie es verschiedenen Großgrundbesitzern ergangen war, die ihre Gefangenen schlecht behandelt hatten: die Gefangenen bekamen von den Russen Gewehre in die Hand gedrückt und mußten ihre Peiniger auf der Stelle erschießen. Während des Ersten Weltkriegs waren meiner Familie auch russische Kriegsgefangene zum Arbeiten zugeteilt geworden, sie durften sich bei uns frei bewegen und waren Menschen wie wir. Aber dies war eine andere Generation, man merkte sofort den gravierenden Unterschied zwischen den zaristischen Soldaten und den von Stalin aufgehetzten Sowjets.

Schon am frühen Abend tauchten die Russen mit unseren Pferden und Wagen sowie mehreren Reitern erneut bei uns auf. Unsere Pferde, die genau den Weg kannten, steuerten geradeaus auf den Hof zu. Doch der Kutscher wollte offenbar vorbeifahren und hatte so alle Mühe, die rechten Zügel scharf genug anzuziehen, damit die Pferde den Weg um die Scheune herum nahmen. Die Reiter dagegen kamen wieder ins Haus, sie hatten wohl am Vormittag einiges entdeckt, was zu ihrem Vergnügen dienen konnte. Nämlich: Uhri, Uhri, und Frau komm. Sie vergewaltigten die sechzehnjährige Tochter von Schmidts und die Mutter der neun Kinder. Und wir mußten das alles völlig ohnmächtig miterleben.

Kein Tag, keine Nacht verging nun, ohne dieses Elend mit den Russen. Alles nahmen sie uns weg, auch unsere letzten Lebensmittel. Unsere Weckgläser mit dem eingekochten Obst, die Emil in der Scheune auf dem obersten Balken unter dickem Stroh versteckt hatte, fanden sie. Sie kamen mit meterlangen Säbeln und Lanzen, stachen damit den ganzen Garten ab und fanden aber auch jede Kiste, die wir vergraben hatten.

Strom gab es seit Anfang März nicht mehr. In den ersten Tagen schlossen wir des Nachts noch die Haustüren zu. Das nützte uns überhaupt nichts, sie schlugen mit den Gewehrkolben die Fensterscheiben ein, und schon waren sie im Haus. Also wurden die Türen nicht mehr verschlossen, um noch einige heile Fensterscheiben zu behalten. Mit großen Taschenlampen leuchteten sie uns ins Gesicht. Die neun kleinen Kinder fingen aus Angst immer derart laut zu schreien an, daß sofort junge Frauen vermutet wurden. Doch diese versteckten sich allabendlich, oder sie liefen zur Gartenseite hinaus, sobald die Russen von der Hofseite hereinkamen, und verkrochen sich unterhalb des Gartens am Bach im Gestrüpp.

Ich besaß ohnehin nichts anderes mehr als alte, schäbige Kleider. Diese beschmutzte ich noch, riß Löcher hinein. Gesicht und Haare verschmierte ich mir mit Ruß aus dem Schornstein, so daß ich aussah wie eine alte, verkommene Hexe. Gottlob hatte ich immer Glück, doch diese Bestien machten auch vor siebzig- und achtzigjährigen keinen Halt.

Ende März, Anfang April, genau zu Ostern, trieben uns die Russen mit Gewalt vom Hof. Wir rafften zusammen, was möglich war, und konnten so noch einiges retten. Mit einem Leiterwagen und dem abgemagerten Pferd von Frau Schiekopp, das schon den weiten Weg von Ostpreußen bis zu uns gemacht hatte, flüchteten wir zehn Kilometer weiter Richtung Südosten, nach Rüvolsdorf. Dort fanden wir das Haus leerstehend, das dem Schwager meiner Schwester Frieda gehörte. Es stellte sich heraus, daß die Familie zwei Tage vor uns vertrieben worden war, die Dörfer westlich von uns kamen wiederum zwei Tage später als wir dran. Also ein abgekartetes Spiel, um uns vollkommen auszuplündern. Hier in Rüvolsdorf trafen wir auch unsere drei Nichten Elsbeth, Lieselotte und die kleine Ilse. Ihr Vater, mein Bruder Fritz, war im Krieg, und Anna, ihre Mutter, hatten die Russen verschleppt, niemand wußte, wo sie sich befand. Als sie überfallen wurde, war sie mit den drei Mädchen gerade auf dem Weg zu uns nach Poldemin gewesen. Erst nach wochenlangen Torturen sollte es ihr gelingen, in der Nacht unter großer Gefahr heimlich zu fliehen und auf vielen Umwegen wieder nach Hause zu gelangen.

Ungefähr fünf Kilometer von Rüvolsdorf entfernt befand sich ein großes Gut von sechstausend Morgen Land, dessen Ländereien an Rüvolsdorf grenzten. Hier wollten nun die Russen einen Flugplatz errichten. Das Gelände war seit Ewigkeiten von breiten Grenzgräben durchfurcht, die nun zugeschaufelt werden sollten. In der ganzen Gegend wurden Männer und Frauen zusammengetrommelt, um mit

Schaufeln das Land zu ebnen. Bei dieser Arbeit hatten die Frauen am Tage vor den Russen Ruhe, doch des Nachts ging die Jagd auch hier weiter. Nacht für Nacht mußten wir uns in der Scheune auf dem obersten Balken verstecken.

Unsere Oma lag schwerkrank im Bett. Die täglichen Aufregungen hatten ihr furchtbar zugesetzt, und hinzu kam noch die Sorge um ihre anderen Verwandten, die Ungewißheit, wie es ihnen im Moment ergehen mochte. Keiner von uns allen wußte etwas von den anderen, und es war unmöglich, etwas zu erfahren. Eines Tages kreuzte auch Onkel Gramoll in Rüvolsdorf auf. Er war vollkommen abgemagert und krank, manchmal sprach er sogar schon wirres Zeug. Ich gab ihm von unserem wenigen Essen ab, er drückte nur meine Hand und sagte: „Anna, das werde ich dir mein ganzes Leben lang nicht vergessen." Ja, zwei Tage später war sein Leben schon zu Ende. Wir begruben, nein, verscharrten ihn im Garten. Ein so edler Mann, gutmütig und lebenslustig, mußte so unwürdig von der Welt scheiden.

Nach drei Wochen hatten wir die Schnauze gestrichen voll und hauten bei Nacht und Nebel ab, weil uns zuvor auch noch zu Ohren gekommen war, daß die Russen jüngere Leute nach Rußland verschleppten. Für Oma wäre der Weg zu beschwerlich gewesen, wir mußten sie zunächst in Rüvolsdorf zurücklassen. Aber Elsbeth, Lieselotte und Ilse gingen mit uns. Es war nun fast Ende April, das Korn, das noch im Herbst eingesät worden war, stand schon ziemlich hoch, so daß wir uns darin verstecken konnten, wenn Gefahr drohte. Ilse mit ihren fünf Jahren, die sie im April geworden war, konnte bald nicht mehr laufen, sie wimmerte und jammerte vor sich hin, und manchmal schrie sie ganz laut auf. Elsbeth schimpfte mit ihr: „Bist du still, uns können doch die Russen hören!" Als wir endlich nach vier Stunden Fußmarsch in Poldemin ankamen, schlichen wir uns erst einmal ganz vorsichtig ans Haus heran. Man konnte ja nicht wissen, wer und was da drin los war. Zu unserer Freude und Überraschung sahen wir aber Onkel Fritz, den Bruder unserer Oma, und mehrere Cousinen von Emil. Man hatte sie wie uns vor drei Wochen von ihrem Hof vertrieben.

Nach allem, was sie uns nun berichteten, mußte man glauben, der Teufel selbst habe hier sein Spiel getrieben. Unser Haus hatten sie in völlig verwüstetem Zustand vorgefunden. Alle Betten waren aufgeschlitzt, die Federn im ganzen Haus verstreut, Fenster eingeschlagen und zerschossen, Möbel beschädigt, Porzellan zerschlagen, die Wände mit Dreck beschmiert – sogar der Zuchteber hatte sein Geschäft hinterlassen. Der Eber war das einzige Tier, das uns geblieben war. Wir konnten jedoch nichts mehr mit ihm anfangen. Einen Zuchteber kann man nicht essen, das Fleisch ist ungenießbar. So lief er draußen frei herum, grunzte wie verrückt und ernährte sich vom Gras. Die Russen nahmen eines Tages auch ihn mit. Sie kamen eigens mit einem Kutschwagen angefahren und hievten ihn hinten auf den Sitz, wo er wie ein Pascha thronte. Trotz der schrecklichen und traurigen Situation mußten wir schallend lachen. Wir freuten uns diebisch und hatten wenigstens die eine Genugtuung, daß ihnen das stinkende Fleisch im Halse steckenbleiben würde.

Unsere Oma wurde von Onkel Fritz und Frau Schiekopp, die ihr Pferd in Rüvolsdorf zurückgelassen hatte, gleich am nächsten Tag nach Hause geholt. Frau Schiekopp verstand etwas Russisch und war daher nicht so ängstlich wie wir. Onkel Fritz, auch schon weit über siebzig, lief keine Gefahr mehr, verschleppt zu werden. Oma hatte die Heimfahrt auf dem Leiterwagen einigermaßen gut überstanden, doch sie war kränklich und sehr schwach. Wenn ich ihr das Essen ans Bett brachte, merkte ich, daß ihr aller Lebensmut genommen war; ich hatte das Gefühl, sie war eher lebensmüde als krank. Sie starb schon wenige Tage später, am 1. Mai. Emil zimmerte von Eichenbrettern einen Sarg, und noch am selben Tag gegen Abend setzten wir sie auf dem Friedhof bei. Anna, ihre Tochter, war trotz der gefährlichen Lage nach Poldemin gekommen. Onkel Fritz las aus der Bibel vor, und wir beteten gemeinsam das Vaterunser. So konnten wir von Oma wenigstens noch ein bißchen menschenwürdig Abschied nehmen.

Den 8. und 9. Mai erlebten wir zunächst nur als Schreckgespenst. Mit einmal gebärdeten sich die Russen wieder wie wahnsinnig. Total besoffen und mit Gegröle ritten und fuhren sie von einem Ort zum anderen und ballerten mit ihren Gewehren wild durch die Gegend. Wir wußten am Anfang keine Erklärung dafür, und konnten durch das besoffenen Lallen auch kein Wort verstehen. Bis dann einige doch ziemlich deutlich riefen: „Krieg kaputt, Hitler kaputt, Berlin kaputt, Deutschland kaputt."

Wir hatten es begriffen, der Krieg war also endlich vorbei. Andere Neuigkeiten drangen nicht an unser Ohr. Wir fragten uns, was wird jetzt weiter geschehen, was passiert hier mit uns, mit ganz Deutschland? Wer sollte uns wohl unsere Fragen beantworten? Es war niemand da, außer den Russen! Es gab kein Radio, keine Zeitung und – was zum Überleben am notwendigsten gewesen wäre – auch Nahrungsmittel gab es nicht. Aus den wenigen Weizen- und Roggenähren, die wir noch fanden, ribbelten wir mit Fingern und Handballen die Körner heraus. Mit einer alten Kaffeemühle mahlte ich sie zu Schrot, kochte etwas Suppe und versuchte, ein Brot daraus zu backen. Es war alles viel zu wenig, und wir wußten nicht, was für Tage uns noch bevorstehen würden. Aber die Hoffnung gaben wir nicht auf. Sie ist wohl jedem Menschen in die Seele gelegt worden, und solange noch ein kleiner Funke glimmt, gibt sie die Kraft, auch Schlimmstes zu überstehen. Jetzt müßte doch eine Wende eintreten, meinten wir. Wußten zwar nicht, auf welche Weise, aber irgendetwas müßte doch geschehen. Andere wiederum hofften, die Russen würden einfach abziehen, und alles könnte sich, wenn auch langsam, wieder normalisieren. Die Ostpreußen dagegen blieben ganz skeptisch und pessimistisch. „Wir trauen denen nicht!“ meinten sie, „die werden uns jetzt total ausbeuten und ganz zugrunderichten.“

Keine Wende trat ein, es änderte sich überhaupt nichts. Die Russen plünderten weiter, quälten, schlugen und erschossen oder verschleppten unschuldige Menschen wie vorher, und sie vergewaltigten Frauen. Dieser Zustand wurde von Tag zu Tag unerträglicher. Wir waren der Verzweiflung nahe. Keine junge Frau konnte mehr des Nachts im Haus schlafen. Jede Nacht schwärmten die Russen wie Bienen aus. Doch jede Nacht draußen im Gebüsch zu verbringen, war auf Dauer auch unmöglich. Die Nächte im Mai waren noch recht kühl, wir alle waren furchtbar erschöpft, und manche Frau hatte sich schon eine starke Erkältung zugezogen. Diphtherie und Typhus breiteten sich aus. Weit und breit gab es keinen Arzt, keine Krankenschwester, keine Medizin. Wer ernstlich erkrankte, dem konnte nicht mehr geholfen werden. So mußte auch mein Patenkind Anneliese, die Tochter meiner Schwester Emma, mit 22 Jahren elend zugrundegehen.

Wir mußten einen Ausweg finden und kamen auf die Idee, ein Versteck auf dem Heuboden einzurichten. Vieh besaßen wir ja nicht mehr, daher lagerte noch ziemlich viel Heu auf dem Boden. Mit Hilfe von Balken bohrten wir an einer Seite ein Loch, das weiter zu einem langen Schacht von mindestens zwei bis drei Metern ausgehöhlt wurde und hoch genug war, um sich hineinzukauern. Durch eine kleine Luke am Ende des Schachtes konnte auch genügend Luft und Sauerstoff eingelassen werden. Sollte trotz allem den Frauen hier oben von den Russen Gefahr drohen, hätten sie zur Luke hinausspringen können. Gottseidank ist es nie dazu gekommen, das Versteck war sicher.

Auch die Hühner mußten wir auf dem Heuboden verbergen. Auf Eier waren die Russen ganz scharf. Sehr oft kam es vor, daß sie schon am Vormittag bei uns aufkreuzten, etwa zwanzig Eier, *Jaika*, vor mir auf den Tisch legten und eine Andeutung zur Bratpfanne hin machten, damit ich sie ihnen briet. So verzehrte mancher Russe am Tag fünf bis sieben Eier. Noch hatten sie unsere Hühner nicht entdeckt. Fünf Hühner waren uns tatsächlich geblieben, weiß der Kuckuck, wo die sich während unserer Abwesenheit versteckt gehalten hatten. Höchstwahrscheinlich im Backelholz: zum Trocknen aufgestellte Äste von zwei bis vier Metern Länge, die wir beim Brotbacken zum Anheizen des Ofens verwendeten. Jedes Huhn legte täglich ein Ei. Da inzwischen weit über zwanzig Menschen im Haus waren und wir alle miteinander wie eine Großfamilie lebten, teilte ich die Eier generell auf. Im Hühnerstall, in einer Kiste im Schuppen oder in der Scheune war das Versteck schon lange nicht mehr sicher. Wir steckten die Hühner also in einen großen Sack und trugen sie am Abend auf den Heuboden.

Eines Tages Mitte Juni hatte Gerda es mit den Hühnern besonders gut gemeint und sie auch noch mit Heu zugedeckt. Das war aber ein bißchen zuviel des Guten. Als ich die Hühner am nächsten Morgen herunterholte, waren sie erstickt. Drei waren bereits tot, die übrigen zwei zappelten noch ein wenig. Diese beiden schlachtete ich sofort, und ich hatte Glück, sie bluteten noch aus. Ich steckte sie zum Braten in den Backofen. Es waren zwar alle enttäuscht, weil es nun keine Eier mehr geben würde, aber nach langer, langer Zeit der Entbehrung freuten wir uns auf ein Stück Fleisch. In dem Moment, als die Hühner gerade gar waren, kamen zwei Russen auf den Hof geritten, gingen schnurstracks in die Küche, holten die Hühner aus dem Backofen, setzten sich an den Tisch, und zurück ließen sie nur die Knochen.

Es gab Tage, an denen hatten wir überhaupt nichts zu essen. Der Körper hatte sich schon auf die wenige Nahrung eingestellt, was auch jedem anzusehen war. Wenn wir dachten, es geht nicht mehr weiter, wenn die Not am größten war, fanden wir noch immer irgendetwas zum Überleben. Was war eigentlich von uns übriggeblieben? Nur ein armer, elender und jämmerlicher Haufen.

Inzwischen neigte sich die zweite Julihälfte dem Ende entgegen. Angeblich sollte der Krieg nun seit über zwei Monaten beendet sein. Sollten wir und durften wir das glauben? Kein Zeichen, keine Nachricht drang zu uns hierher. Warum wurden seitens der Amerikaner und Engländer keine Schritte unternommen, irgendetwas hier für uns zu tun? Zählen sie nicht auch zu den Siegermächten, oder ist Rußland alleiniger Sieger? Schon lange vor unserer Zeit gab es Kriege, Sieger und auch Besiegte. Danach begann immer wieder, wenn auch langsam, eine Neuordnung, die sich in irgendeiner Weise, sei es politisch oder wirtschaftlich, kundtat. Hat man uns denn hier vergessen? Oder war man der Meinung, daß der Russe uns alle nach Rußland verschleppt hatte und es hier in Hinterpommern keine Menschen mehr gab? Fragen über Fragen, aber keine Antworten!

Stattdessen kamen die Polen und fielen wie Heuschrecken über uns her. Sie nisteten sich in unseren Räumen ein und zeigten sich noch von der humanen Seite, wenn sie uns in unserem eigenen Haus – großmütig, wie sie betonten – ein Zimmer überließen. Sie sprachen einigermaßen deutsch, man konnte sich verständigen, und so erklärten sie nun, dieses Haus, der gesamte Hof und das ganze Land gehöre nun ihnen. Ja, sogar ganz Pommerana bis hin zur Oder gehöre den Polen. Das hätten die Siegermächte beschlossen. Rußland habe einen Teil von Polen erhalten, und als Ersatz sei den Polen das Territorium bis zur Oder und Neiße übertragen worden. Wir konnten und wollten das nicht glauben. Emil sagte: „So einfach geht das aber nicht, dazu benötigt man doch ein Dokument, eine Proklamation.“ „Nix Dokument, nix Proklamation, ich jetzt Chef, und du jetzt arbeiten.“

Dies war innerhalb von fünf Monaten die zweite Botschaft in Bezug auf Deutschland und uns, die wir übermittelt bekamen, einmal von den russischen Soldaten und nun von einem polnischen Wachtmeister. Sie wirkte wie ein Blitzschlag, der alles zerstörte. Das konnte doch nicht wahr sein! Doch wir hatten den Krieg verloren. Und das hatten wir nur diesem verdammten Adolf Hitler zu verdanken. Was erwarteten wir denn eigentlich, jetzt rächte sich wohl die ganze Welt an uns. Emil war so niedergeschlagen, daß man ihn mehrere Tage kaum ansprechen konnte. Ich versuchte, ihn zu ermutigen, indem ich ihm immer wieder meinen Lebens-Leitspruch vorsagte:

Im Leben geht's nicht ohne Kampf,
denk nicht, ihn zu vermeiden,
ring mit der Welt um deinen Platz
und lerne dich bescheiden.
Und wenn im Kampf der Leidenschaft
das Herz dir droht zu springen,
dann laß nicht ab, bis dir's gelingt,
dich selber zu bezwingen.

Die Hiobsbotschaft ließ uns nicht mehr los, wir redeten den ganzen Tag und diskutierten die halbe Nacht. Emil sagte immer wieder: „Ich kann das einfach nicht glauben, wo leben wir denn, leben wir im Mittelalter bei den Raubrittern? Und soll denn alles umsonst gewesen sein, unsere Arbeit, die unserer Väter, Großväter und Urgroßväter? Ich kann den Polen keinen Glauben schenken." „Aber denk doch einmal nach" wandte ich ein, „und blättere in der Geschichte einige hundert Jahre zurück, da findest du, daß schon immer um unser Pommernland gestritten und gekämpft wurde. Und noch weiter zurück, 1100, da versuchten die Polen, Kolberg bei der Nacht von der Ostsee aus zu überfallen, was gottlob ihnen damals nicht gelang. Ich glaube das schon! Deutschland wird wohl total vernichtet sein. Dieser Krieg war doch nur ein Vernichtungskampf, ein sinnloses und skrupelloses Morden. Auch als schon längst abzusehen war, daß Deutschland ihn nicht mehr gewinnen konnte, hat dieser gierige, schnurrbärtige Braune ihn weiterführen lassen. Wieviele Tausende unschuldige Menschen haben wohl noch in den letzten Monaten ihr Leben lassen müssen. Dies ist nun die Quittung. Glaubst du, da hat noch jemand Mitleid mit uns? Bestimmt nicht. Ist doch klar, mich würde es nicht wundern, wenn uns die ganze Welt haßt. Der kleine Mann hat immer am schwersten darunter zu leiden. Erinnerst du dich noch, wie die Ostpreußen meinten, den Russen trauen sie nicht, die werden uns jetzt total ausbeuten? Herrn Schmidt haben sie sogar erschossen. Was hatte er denn verbrochen?"

Im Dorf gab es nun einen polnischen Bürgermeister und einen

Wachtmeister. Letzterer war der Pole, der unseren Hof besetzt hatte. Er war bei der polnischen Miliz und sollte im Dorf für Ordnung sorgen, denn nun kam es von polnischer Seite zu zahlreichen Plünderungen, von denen nicht nur die deutschen Familien betroffen waren. Von den Russen wurden wir nun nicht mehr schikaniert. Es gab zwar noch einige russische Kommandaturen im Umkreis, doch die hatten sich auf den großen Gütern einquartiert. Auch die Belästigungen, denen die Frauen ausgesetzt waren, hörten endlich auf. Stattdessen begannen jetzt die Polen, uns zu thyrannisieren.

Die Ostpreußen blieben bei uns, denn wohin hätten sie auch sonst gehen sollen. Wir mußten für die Polen arbeiten und wußten kaum, wovon wir uns ernähren sollten. Weil im Frühjahr nichts eingesät oder angepflanzt worden war und außerdem weder Maschinen noch Pferde zur Verfügung standen, konnte auch nichts geerntet werden. Wir hatten im Mai nur noch einige Kartoffeln gepflanzt. Im Garten reiften die Pflaumen, Birnen und Äpfel, und so ernährten wir uns hauptsächlich von Obst. Den Roggen und Weizen, den wir noch im Herbst des vergangenen Jahres gesät hatten, konnten wir in ganz begrenzten Mengen mit der Handsense mähen. Insgesamt kamen dabei höchstens fünf Zentner zusammen – gerade so viel, daß es für die Polenfamilie, die Ostpreußen und uns ausreichte. Das übrige Korn, einhundert und mehr Zentner, blieb auf dem Felde. Der Wachtmeister hatte von irgendwoher einen Dreschflegel organisiert, mit dem wir die Roggen- und Weizenkörner aus den Ähren schlugen. Inwischen war auch die alte Mühle von Polen besetzt und wieder in Betrieb genommen worden. Mit dem alten, ostpreußischen Gaul, der einmal Frau Schiekopp gehört hatte, fuhr unser Wachtmeister zur Mühle und ließ das spärliche Korn zu Mehl mahlen. Zum Brotbacken wurde ich abkommandiert, worein ich mich sogar gerne fügte. Wir erhielten die Brote zwar vom Wachtmeister zugeteilt, doch das eine oder andere konnte ich für uns heimlich beiseiteschaffen.

Eines Vormittags kam eine Kuh auf den Hof marschiert. Ohne lange zu überlegen, führten wir sie in einen Stall und fütterten sie mit Heu und Gras so voll, daß sie nur nicht zu brüllen anfing. Als am Abend der Wachtmeister nach Hause kam, berichteten wir ihm von der Kuh. Er war so erschrocken, daß er fast in Ohnmacht gefallen wäre. „Um Gotteswillen!“ stöhnte er nur, und die Angst stand ihm ins Gesicht geschrieben. Wir brachten schließlich aus ihm heraus, daß die Kuh den Russen gehörte und von der Kommandantur entlaufen war. Zwei Russen hätten schon den ganzen Tag das Dorf und die Umgebung nach ihr durchsucht. „Was jetzt machen mit Kuh?“ fragte er uns. Emil und ich sagten beide zugleich, und unsere Worte kamen wie aus einer Pistole geschossen: „Na schlachten.“ „Ich nix kann schlachten“ jammerte der Wachtmeister. „Kann du schlachten?“ – Ja, natürlich konnten wir das! „Aber, Wachtmeister!“ ermahnte ich ihn, „ganz reell teilen, halbe, halbe.“

Die Kinder stellten wir zum Schmierestehen auf, und mit vereinten Kräften schlachteten wir in der Nacht die Kuh. Nach langer Zeit gab es endlich wieder einmal einen Braten. Und eine kräftige Rindersuppe! Den Rest des Fleisches verarbeiteten wir zu mindestens fünfzig bis siebzig prallen, langen Würsten.

Von den vier bis fünf Reihen Kartoffeln, die wir im Frühjahr gepflanzt hatten, ernteten wir gerade vier bis fünf Zentner. Wie sollten die für uns alle den ganzen Winter hindurch, ja sogar bis zur Neuernte im nächsten Jahr reichen, zumal auch noch einige zur Aussaat zurückbleiben mußten? Im Mai hatte Emil auf dem Kornboden noch drei bis vier Hände voll Zuckerrübensamen gefunden und gesät. Davon ernteten wir nun knapp einen Zentner, den ich sofort zu Sirup kochte. Das war auch das einzige, was wir als Brotaufstrich und für die Schrot- und Mehlsuppen zum Süßen verwenden konnten.

Mittlerweile war es Herbst geworden, der Oktober ging dem Ende zu. Es gab noch immer keinen Strom, und die Kerzen waren uns schon lange ausgegangen. Das Holz vom letzten Jahr war verbraucht, an Briketts und Steinkohlen war überhaupt nicht zu denken, geschweige denn, daß sie zu beschaffen gewesen wären. Unser Wachtmeister fing an, im Garten die ersten Obstbäume abzuholzen. Unsere schönen großen Bäume! Wir waren schockiert und entsetzt – also war im nächsten Jahr an Obst auch nicht mehr zu denken.

Unseren Ort durften wir nicht verlassen. Zu unseren Geschwistern hatten wir deshalb keinen Kontakt mehr, wir wußten nicht einmal, ob sie noch am Leben waren, obwohl sie nur drei und neun Kilometer von uns entfernt wohnten. An den Abenden, die wir im kalten und dunklen Zimmer sitzen mußten, das nur erhellt wurde, wenn der Vollmond schien, diskutierten wir bis in die späte Nacht hinein. Unser Thema und unsere Fragen waren immer wieder die gleichen: sollen wir, können wir das glauben, daß unser Pommernland nun den Polen gehören soll? „Nein,“ sagte Emil, „ich glaube es immer noch nicht, dann müßte doch wohl sechs Monate nach Kriegsende einmal ein Zeichen gesetzt werden oder zumindest ein kleiner Aufschwung seitens der Polen sichtbar werden.“ Wir erhielten von nirgendwo eine Nachricht, es gab keine Zeitung, kein Radio, keinen Verkaufsladen mit irgendwelchen Informationen, nicht einmal ein Gerücht war zu hören. Unser Dasein und unsere Zukunftsaussichten waren von solch erbarmungsloser Trostlosigkeit, wie wir es in unserem Leben bisher nicht erfahren hatten, ja, alles erschien uns völlig sinnlos. Nach dem Ersten Weltkrieg war auch eine schwere Zeit mit Revolution, Inflation und Währungsreform gefolgt, aber es hatte immer wieder einen neuen Anfang gegeben. Doch in unserer hoffnungslosen Lage jetzt und hier konnte man fast glauben, die ganze Welt wäre untergegangen.

Anfang November wurden Emil und ein anderer Dorfbewohner von den Polen abgeholt und in das vier Kilometer entfernte Dorf Fritzow gebracht. Man warf ihnen Propaganda vor – es war absurd, denn was hätten sie noch propagieren sollen! Fünf Tage lang sperrte man sie in den eiskalten Feuerwehrschuppen und malträtierte sie mit Schlägen und Folter. Krank, elendig und ausgelaugt, den ganzen Körper voller Striemen, Wunden und blauer Flecken, mit großen eitrigen Löchern im Kopf, kamen sie wieder zu Hause an. Ich steckte Emil sofort ins Bett, versorgte die Verletzungen, machte Umschläge und verband die Kopfwunden. Die ganze Nacht über legte ich ihm eine Wärmflasche nach der anderen ins Bett, und glücklicherweise kam er ohne eine Lungenentzündung davon. Die fünf Narben am Kopf behielt er jedoch für den Rest seines Lebens.

Fünf Tage, nachdem Emil in so desolatem Zustand aus Fritzow zurückgekehrt war, jagten der polnische Bürgermeister und unser Wachtmeister uns regelrecht vom Hof. Betten und das Notwendigste durften wir noch zusammenklauben, dann mußten wir aus unserem Haus und von unserem Hof verschwinden. Wir zogen mit ein paar Habseligkeiten ins Deputantenhaus; dort waren wir vorerst noch geduldet.

Nach weiteren fünf Tagen, am 15. November 1945, wurden wir alle, das ganze Dorf, wie eine Schafherde zusammengetrieben und ausgewiesen. Wir empfanden es wie eine Erlösung. All die vielen, vielen Menschen, die das gleiche Schicksal erleiden mußten und wissen, wie schwer es ist, alles zu verlieren und die Heimat zu verlassen, wissen auch, was es heißt, täglich fühlen und denken zu müssen, das Leben hier ist nicht mehr zu ertragen. Sie werden dieses Gefühl von 'Erlösung' sicherlich würdig verstehen!

Der 15. November 1945 ist für uns persönliche Geschichte geworden. Nichts ahnend, hatten wir am Vormittag Brot gebacken. Um zwölf Uhr mittags eröffneten uns unser Wachtmeister und seine Frau: „Nun werden alle Deutschen in die Gebiete westlich der Oder-Neiße-Linie vertrieben. Noch heute beginnen Zusammentreibung und Abtransport." Weil wir auf einer kleinen Anhöhe zwischen Dorf und Bahnhof wohnten, konnten wir sehen, wie die Menschen aus ihren Häusern getrieben wurden und sich in unsere Richtung bewegten. Diese halbe Stunde, die zwischen ihnen und uns lag, war unser Glück.

Es war kaum zu fassen, aber in diesen letzten Minuten zeigten sich unser Wachtmeister und seine Frau von einer ganz neuen, menschlichen Seite. Sie halfen uns beim Packen – wenn man das hastige Zusammensuchen des Allernotdürftigsten Packen nennen kann. Ja, sie überließen uns sogar die gesamten dreizehn frischgebackenen Brote und steckten sie persönlich in einen großen Sack. In einen weiteren Sack stopften wir zwei Federbetten und zwei Kopfkissen. Den dritten füllten wir mit dem Rest unserer Kleidung, Jacken, Pullovern und der verbliebenen Leibwäsche, sowie den acht Rinderwürsten von der Kuh, die wir im Sommer gemeinsam geschlachtet hatten. Unsere Nachbarn brachten uns einen geräucherten Schweineschinken und einen drei-Liter-Topf voller Schweineschmalz. Weil sie krank waren, mußten sie vorerst zurückbleiben. Woher sie den Schinken und das Schmalz nahmen, war uns schleierhaft, aber darüber nachzudenken, war in diesem Moment überflüssig. Ich besaß noch eine alte Reisetasche, in die ich eine mit Sirup gefüllte drei-Liter-Kanne und für jeden einen Teller, eine Tasse, ein Besteck und eine Schüssel tat.

Der Wachtmeister hatte uns einen Wagen mit dem alten ostpreußischen Pferd bereitgestellt und die drei Säcke mit dem letzten Hab und Gut aufgeladen. Es mußte sich alles in höchster Eile vollziehen, uns blieb kaum Zeit, die Schuhe anzuziehen und den Mantel überzuwerfen.

Die anderen Dorfbewohner waren inzwischen bei uns angelangt, und wir gliederten uns hinten an. Von unseren Nachbarn konnten wir uns nur im Vorbeigehen und mit Winken verabschieden. Als ich mich noch ein letztes Mal umdrehte, sah ich unseren Hund, der uns weit über einen Kilometer gefolgt war. Nun aber blieb er stehen, schaute uns mit seinen treuen Augen noch einmal fragend an, dann drehte er sich um und trottete langsam zurück.

Im Vergleich zu den anderen Dorfbewohnern besaßen wir noch viel. Die meisten trugen nur eine Handtasche oder einen Spazierstock bei sich. Man hatte ihnen keine Zeit, nicht einmal eine Minute gelassen, um noch etwas mitzunehmen.

Den alten Leuten, die nicht gut zu Fuß waren, stellte man einen Wagen zur Verfügung. Man brachte uns nicht etwa zu unserem Bahnhof, der nur zwei Kilometer entfernt lag, oh nein, wir wurden zum Bahnhof der Kreisstadt Körlin geführt, und das waren fünfzehn Kilometer. Zuerst wunderten wir uns, welchen Zweck verfolgte man damit? Als wir Körlin erreicht hatten, wußten wir es!

Auf der gesamten Strecke, die unser jämmerlicher Troß durch die verschiedenen Dörfer zurücklegen mußte, standen zu beiden Seiten des Weges Polen bereit, die versuchten, uns noch das Letzte zu nehmen. Gerda hatten wir breitbeinig auf zwei Säcke gesetzt, den dritten und die Tasche hielten Emil und ich mit vereinten Kräften so fest, daß sie es nicht schafften, uns etwas zu entreißen. Bei jedem Überfall schrien wir lauthals und versetzten ihnen damit wohl einen gehörigen Schrecken. Ich verteilte Tritte ans Schienbein, und Emil gab so manchem Polen einen Kinnhaken. So konnten wir jedenfalls unsere letzte Habe retten.

Nach vier Stunden kamen wir am Körliner Bahnhof an. Inzwischen war es schon vollkommen dunkel geworden, und Strom gab es auch hier nicht. Wir – das waren mehrere tausend Menschen – wurden mit Stallaternen in Viehwaggons verladen. Unser Waggon war voll von Schweinescheiße – es läßt sich nur so drastisch ausdrücken; die Männer mußten ihn erst säubern und Stroh hineinlegen, bevor wir einsteigen konnten. Einer hing fast auf dem anderen, der Geruch war bestialisch. Wir fuhren die ganze Nacht hindurch, zusammengepfercht und entsetzlich stinkend. Unwillkürlich mußte ich an die Worte Hitlers denken, die er in Bezug auf die Attentäter des 20. Juli geäußert hatte:

„Ich will, daß sie erhängt werden, aufgehängt wie Schlachtvieh." – So wurden auch wir nun wie Schlachtvieh transportiert!

Als wir am nächsten Morgen die Türe des Waggons öffneten, bot sich unseren Augen ein Bild des Grauens. Eine Trümmerwüste lag vor uns. Ich schaute Emil mit hochgezogenen Augenbrauen fragend an. Leise, nur für ihn verständlich, sagte ich: „Erinnerst du dich noch, vor knapp drei Wochen, was wir gesprochen haben in unseren langen schlaflosen Nächten?" Und ich zitierte seine Worte: 'Ich kann es immer noch nicht glauben, es müßte doch sechs Monate nach Kriegsende ein Zeichen gesetzt sein!' Hoffst du immer noch, oder glaubst du es jetzt?" „Ja" antwortete er, und ich merkte, wie schwer er mit dieser Tatsache, dieser Enttäuschung, zu kämpfen hatte. „Ja, ich habe lange gehofft und nun doch verspielt!" Wie in einem Atemzug sprach er weiter, indem er mit der Hand in Richtung Osten deutete: „Das war unser Leben, Anna. Denk immer daran zurück. Was jetzt kommt und uns noch bevorstehen wird, denk immer an das zurückliegende Schöne, das wird uns die Kraft geben, dem Neuen entgegenzutreten. Ein Neues wieder aufzubauen!" „Ja!" sagte ich, „So wollen wir es halten!"

Keiner wußte, wo wir uns befanden. Polnische Miliz und Soldaten patrouillierten auf und ab. Die Ostpreußin Frau Schiekopp war bei uns geblieben. Sie sprach leidlich gut Polnisch und erkundigte sich bei den Soldaten. Die Ruinenwüste vor uns war Stettin!

Wir kletterten aus dem stinkenden Waggon, um uns ein wenig die Beine zu vertreten. Und als sich am nächsten Waggon, ich weiß heute nicht mehr, war es der vor uns oder der hinter uns, ebenfalls die Türe öffnete, stiegen meine Schwester Hedwig, Schwager Albert und Nichte Regine aus. Gleich hinterher kamen mein Bruder Reinhardt, Schwägerin Alma und Nichte Thea. Dieses Treffen war weiß Gott kein Anlaß zur Freude, doch wir fielen uns wie Ertrinkende in die Arme, weinten und freuten uns zugleich. Auch sie hatten in einer Minute das Haus verlassen müssen, sie besaßen absolut nichts, kein Stück Brot, überhaupt nichts zu essen. Alma erzählte, in der vorletzten Nacht wäre ihre Mutter gestorben, man hätte ihnen nicht einmal erlaubt, sie zu beerdigen.

Wir teilten mit ihnen unser Brot, gaben ihnen von dem Schinken, von dem Schmalz, von der Wurst und von dem Sirup ab. Dabei mußten wir aber ganz vorsichtig sein und durften nicht von zu vielen beobachtet werden, sonst könnte in der Nacht alles ganz schnell verschwunden sein. Die Miliz und die Soldaten patrouillierten nur am Tage. Frau Schiekopp unterhielt sich mit ihnen, um in Erfahrung zu bringen, was mit uns weiter geschehen sollte. Die Soldaten verlangten Gold und Uhren, verbürgten sich aber, wenn wir ihnen das gäben, würden sie Sorge tragen, daß unser Waggon in der Nacht nicht von den Zivilisten geplündert werde. Meine Gedanken schwirrten nur um unsere Lebensmittel. Wir zogen unsere Eheringe ab, Emil gab seine goldene Taschenuhr her, ich meine letzte Halskette. Ja, ich animierte sogar die anderen, alles abzugeben, falls sie noch etwas bei sich trugen, damit wir nicht noch des Notwendigsten beraubt würden. Was zählten denn jetzt und zu dieser Zeit Schmuck und Gold. Davon bekam man keinen vollen Magen, das stillte keinen Hunger. Und wahrhaftig, in den beiden folgenden Nächten blieb unser Waggon von Plünderungen verschont. Von den anderen Waggons hingegen drangen in den Nächten Schreie, Schläge und Tumulte zu uns herüber. Man raubte ihnen das Letzte, zog ihnen sogar die Mäntel und Jacken aus, die sie bei diesem kalten, feuchten Novemberwetter dringendst brauchten. Auch Hedwig, Alma und ihre Töchter standen am nächsten Morgen nur noch mit Pullovern bekleidet da. Damit sie wenigstens ein bißchen Schutz vor der Kälte hatten, teilten wir die uns verbliebenen Kleidungsstücke auf.

Mittlerweile waren schon drei Tage vergangen, ohne daß wir erfahren hätten, was mit uns weiter geschehen sollte. An diesem Vormittag sagte Frau Schiekopp zu mir: „Frau Tessmer, schneiden Sie mir doch bitte ein kleines Stück von dem Schinken ab. Der eine Pole scheint noch ganz menschlich zu sein, ich will versuchen, ihn zu bestechen, er soll mal spionieren, wie wir hier fortkommen. Bei diesem Wetter, dem Gestank und ohne etwas Warmes zu trinken, überhaupt etwas zu trinken, halten wir alle das hier nicht mehr lange durch."

Ich gab ihr also ein Stück von dem Schinken, und sie beredete sich eine Weile mit dem Polen. Etwa vier Stunden später berichtete der uns, daß am nächsten Tag, höchstwahrscheinlich am Nachmittag, ein Zug mit Briketts auf das gegenüberliegenden Gleis käme, der über die Oder nach Deutschland fahren sollte. – Nach Deutschland, wie sich das anhörte, als wären wir im Ausland –

In der Tat, der prophezeite Zug mit den offenen Waggons, vollbeladen mit Briketts, traf am angekündigten Tag ein. Wir zögerten nicht lange und kletterten hinauf, und als die anderen es sahen, taten sie es uns nach. Unsere Männer schichteten die Briketts um und ordneten sie so an, daß wir einigermaßen sicher sitzen konnten, ohne abzurutschen. Bei dem Gedanken, mit so einem offenen und bis obenhin voller Briketts beladenen Zug über die Oder zu fahren, kam schon ein ziemlich beklemmendes Gefühl in der Brust auf. Aber jeder dieser vielen tausend Menschen hatte nur den einen Wunsch: Weg hier von den Polen. Egal, was da kommen mag. Viel schlimmer konnte es wohl nicht mehr werden. Als sich der Zug in Bewegung setzte, dunkelte es bereits. Gerda hatte ich vor mir fest im Arm. Emil saß hinter mir, stützte mich und hielt einen Sack fest. Um die anderen beiden Säcke kümmerten sich mein Bruder und mein Schwager. Mit den Füßen stemmten wir uns ganz fest in die Kohlen hinein. Nach geraumer Zeit erreichten wir die Oder. Als der Zug ratternd über den Fluß fuhr, Nebelschwaden uns umhüllten und wir das Wasser der Oder unter uns schimmern sahen – Gerda in meinem Arm zitterte und begann zu weinen – dachten wir doch, unser letztes Stündlein hätte geschlagen.

Halb steifgefroren kamen wir nach drei Stunden Fahrt in Löcknitz an, wo wir in einem Lager vom Roten Kreuz mit heißem Tee, Milch und einer warmen Mahlzeit versorgt wurden. Vor Müdigkeit und Erschöpfung schliefen wir in dieser Nacht wie die Murmeltiere. Sobald wir alle mit dem Frühstück versorgt waren, ging unser Transport weiter, doch dieses Mal in Personenzügen, die sogar beheizt wurden. Der Zug endete in Stralsund. Man brachte uns zum Hafen in einen Werftschuppen. Der Fußboden war aus Beton und eiskalt. Wir verbrachten die ganze Nacht nur im Stehen. Am nächsten Morgen stand ein Kutter bereit, der mit uns in See stach. Er war so gedrängt voller Menschen, daß wir schon bald fürchten mußten, er würde absacken. Wieder wußten wir nicht, wohin man uns brachte. Einer von den Kutterfischern erklärte: „Wir fahren jetzt zwischen zwei Küstenstreifen längs. Zur Linken, das ist die Insel Hiddensee, zur Rechten die Insel Rügen.“ Auf dieser sollten wir vorerst bleiben.

Wir legten an der Halbinsel Bug an, die nordwestlich an Rügen grenzt. Hier quartierte man uns in den Kinosaal ein. Für jeden gab es einen Klappstuhl, der uns zehn volle Tage rund um die Uhr zur Verfügung stand. Wir holten unsere Betten aus dem Sack, legten eines seitlich auf den Fußboden, die zwei Kopfkissen darauf, und mit der zweiten Decke deckten wir uns zu. So wechselten wir uns jeweils zu dritt und alle drei Stunden ab. Ich weiß nicht genau, wofür diese Halbinsel Bug genutzt wurde, entweder hatte sie als Truppenübungsplatz für die Wehrmacht gedient oder als Hitlers sogenanntes KDF. Die Sanitäranlagen, wenn man sie so nennen konnte, waren jedenfalls miserabel. Es gab nur Waschräume, und als Toilette dienten draußen in einhundert bis zweihundert Metern Entfernung mehrere Donnerbalken. Essen gab es nur zweimal am Tag: pro Person eine Kelle Wassersuppe, die mit nichts als Steckrüben gekocht war, und für die man vorher noch ein bis zwei Stunden anstehen mußte. Welch ein Gottesglück, sagte ich mir immer wieder, daß wir die Brote, den Schinken, die Wurst, das Schmalz und den Sirup mitnehmen konnten. Jedesmal, wenn wir an der Reihe waren zum Schlafen, betete ich das Vaterunser. Viele ältere und kranke Menschen haben diese Qualen und Anstrengungen nicht überlebt. An manchen Tagen wurden schon in den frühen Morgenstunden mehrere Tote aus dem Saal getragen. In viel, viel späteren Jahren, als es uns allen schon wieder gut ging, hörte ich oftmals sagen: „Ja, wäret ihr damals nicht dagewesen, wir wären alle verhungert und erfroren."

Nachdem wir unsere zehn vollen Tage im Kinosaal ohne Filmvorführung abgesessen hatten, schipperte man uns von dieser Halbinsel wieder herunter. Dann ging es mit der Bahn quer über Rügen. Unser Transport war für Garz bestimmt, die älteste Stadt der Insel. Insgesamt zählten wir ungefähr vierhundert bis fünfhundert Menschen, vielleicht waren es auch mehr. Von der Bahnstation Samtens, sechs Kilometer von Garz entfernt, wurden wir mit Leiterwagen abgeholt. Man brachte uns zunächst auf den Schulhof, wo von den Magistratsangestellten die Verteilung vorgenommen wurde. Ich weiß nicht mehr genau, wie lange wir warten mußten, waren es zwei, drei oder vier Stunden. Jedenfalls bekamen wir irgendwann einen Zettel in die Hand gedrückt, mit der Aufschrift: 'bei Herrn und Frau Simon, Lange Straße 4'.

Den Weg vom Schulhof dorthin werde ich mein ganzes Leben nicht vergessen. Es waren nur hundertfünfzig Meter, aber jeder Schritt fiel uns entsetzlich schwer. Es war ein deprimierender, schmerzlicher Gang, schrecklich verlassen kamen wir uns vor. Vertriebene aus der

Heimat, vertrieben von Hab und Gut, die hier nun bei fremden Menschen um Asyl ansuchen und quasi betteln mußten, um etwas Essen und Trinken zu bekommen.

Als wir mit unserem Gepäck – zwei Säcken und einer kleinen Tasche – bei den Simons ankamen, wurden wir nur mit „Gauden Dag ock" und keinem Wort mehr begrüßt. Zugegeben, wir sahen alles andere als gut und ordentlich aus. Sie wiesen uns in ein kleines Zimmer, das zum Hinterhof hinausführte, mit Blick auf Scheune und Kuhstall. Es war der 30. November 1945, ein neblig-trüber, naßkalter Tag, und genau so war uns dreien ums Herz zumute. In dem Zimmer herrschte Eiseskälte. Uns war nicht nur äußerlich kalt, auch innerlich fror uns. Nicht einmal eine Tasse heißen Kaffees oder Tees bot man uns an. Im ersten Moment konnten wir drei kein Wort miteinander sprechen, wir setzten uns still auf die Bettkante. Ich verspürte nur ein schreckliches Würgen im Hals und einen bitteren Geschmack auf der Zunge. Erst unser Weinen und unsere Tränen halfen uns, wieder ein bißchen innere Ruhe zu finden. Nach einer Weile, als ich mich wieder etwas gefangen hatte, fragte ich Emil: „Was machen wir jetzt?" Er zuckte mit den Schultern und schüttelte den Kopf: „Ich weiß es auch nicht, aber vielleicht sollten wir erst einmal richtig ausschlafen."

In der Fremde

Wir waren also bei einem Ackerbürger – so nennen sich die kleinen Bauern auf der Insel – mitten in der Stadt untergebracht. Garz, die älteste Ortschaft Rügens, ist ein kleines Landstädtchen im südlichen Teil der Insel. Bis nach Putbus, einer Kleinstadt, die an den Greifswalder Bodden grenzt, sind es nur neun Kilometer. Zum Festland hinüber nach Stralsund, das mit der Insel durch den Rügendamm verbunden ist, zeigte der Wegweiser zwanzig Kilometer an. Dem Charakter und Stadtbild nach ist Garz eine typische Ackerbürgerstadt; dichtgedrängt stehen die Bauernhöfe zwischen Wohn- und Geschäftshäusern. Manche der Häuser waren so klein, daß man beim Betreten auf der Türschwelle den Kopf einziehen mußte. Dementsprechend waren auch die Fenster so niedrig gehalten, daß man schon mit den Füßen hätte einsteigen können. Die Straßen sind noch alle mit Kopf- und Feldsteinen gepflastert, die der Stadt ihr typisches, uraltes Gesicht verleihen. So fühlte sich mancher bei ihrem Anblick um Jahrhunderte zurückversetzt. Auch wir hatten in unseren ersten Tagen oftmals das Gefühl, in dieser Stadt sei irgendwann die Zeit angehalten worden. Es war für uns unvorstellbar, hier für immer bleiben und leben zu müssen.

Das Haus der Simons wirkte wie der gesamte Hof sehr altertümlich. Im Parterre befanden sich vier Zimmer und zwei Küchen, wovon ein Zimmer und eine Küche Herrn Simons Eltern gehörten. Auf dem Hausboden gab es noch ein größeres Zimmer mit Blick zur Straße, das zur Zeit aber leerstand. Uns hatte man ein Zimmer von zwölf Quadratmetern mit Küchenbenutzung zur Verfügung gestellt. An jeder Seitenwand des Zimmers stand ein Bett, in einer Ecke der Kachelofen, und die Mitte des Zimmers wurde von einem Tisch mit zwei Stühlen ausgefüllt. Zum täglichen Waschen diente uns ein uralter Waschständer mit Schüssel und passender Kanne, wie er bei uns in Hinterpommern schon vor fünfzig Jahren in Gebrauch gewesen war. Dieses rostige, scheußliche Ungetüm sah ganz danach aus, als wäre es aus der hintersten Ecke eines Dachbodens hervorgekramt worden.

Nebenan beim Bäcker wohnten Reinhardt, Alma, Thea und Frau Schiekopp. Die vier mußten ein Zimmer teilen. Meine Schwester Hedwig, Schwager Albert und Regine wurden in einem kleinen Dorf neun Kilometer von Garz entfernt untergebracht, was wir sehr bedauerten. Aber schon Anfang Januar 1946 packten sie ihr kleines Bündel und fuhren nach Bochum ins Ruhrgebiet, zu der Familie, die in der Zeit von 1943 bis Anfang 1945 bei ihnen evakuiert gewesen war.

Die Winter auf Rügen sind nicht weniger kalt und verschneit als bei uns in Hinterpommern. So war es wiederum ein Glück, daß wir nur ein winziges Zimmer bewohnten – es wurde schnell warm, und der Verbrauch an Holz blieb gering. Holz oder Kohlen gab es nirgends zu kaufen. Wir drei gingen in den Wald, sammelten das auf der Erde liegende Holz und trugen es zusammengebunden auf dem Rücken nach Hause.

Verpflegung erhielten wir zunächst in der Schule, wo man eine sogenannte Volksküche eingerichtet hatte. Dort fand nun aus Gulaschkanonen die dreimal tägliche summarische Abfütterung statt. Morgens und abends bestanden die Mahlzeiten aus Wasser-, Magermilch- und Schrotsuppe, dazu bekam jeder ein Stück trockenes Brot.

Als Mittagessen gab es im Wechsel Steckrüben-, Weißkohl- und Erbsensuppe, immer mit Pferdefleisch gekocht, was einen sonderbaren, süßlichen Geschmack entfaltete; an manchen Fleischstücken hingen sogar noch die Pferdehaare.

Weil die Bevölkerungszahl der Insel mit dem Flüchtlingsstrom wie fast überall kontinuierlich zugenommen hatte, waren auch hier die Wohn- und Lebensbedingungen katastrophal. Zudem sagte man den Rüganern Schwerfälligkeit und Sturheit offenbar nicht nur nach, jedenfalls kam anfänglich zwischen ihnen und uns kaum ein persönliches oder gar herzliches Gespräch zustande. Die Mehrzahl der Insulaner ließen uns vielmehr ihre ganze Abneigung spüren. Oft, sehr oft sogar, wurden wir als dahergelaufenes Flüchtlingspack und Polackenvolk bezeichnet. War dabei vielleicht eine psychologische Erwägung mit im Spiele, hoffte man, uns auf diese Art und Weise wieder loszuwerden? Doch wo sollten wir hin, anderswo waren die Lebensmöglichkeiten genauso schlecht. Lange Zeit lief diese Wirklichkeit, die unser Leben hier vorstellte, nur wie ein Alptraum und Schatten vor unseren Augen ab. Wir hatten Heimweh nach Zuhause, nach unserem Hinterpommern, der endlosen Weite mit der grenzenlosen Freiheit.

Nach ungefähr drei Wochen waren die An- und Einweisungen sowie die Registrierungen im Rathaus abgeschlossen. Wir bekamen Lebensmittelmarken zugeteilt und konnten uns, welch ein Glück, wieder selbst verpflegen. Die Rationen der Lebensmittelmarken waren jedoch so spärlich, daß sie kaum ausreichten. Unser Ackerbürger verkaufte uns nur Magermilch, während er an seine drei Katzen und zwei Hunde täglich mehrere Liter Vollmilch verfütterte. Doch es gab unter den Insulanern auch einige gutmütige und freigebige Menschen, wie die Bäckersfrau von nebenan, die uns so manches Brot ohne Lebensmittelmarken verkaufte. Auch die Besitzerin der Garzer Mühle hatte ein gutes Herz, jedesmal, wenn ich Gerda zu ihr schickte, verkaufte sie uns ein schönes, großes Beutelchen Mehl. Somit mußten wir gottseidank keinen Hunger leiden, wenn wir auch so manches Mal gern ein Stückchen Brot oder einen Teller Suppe mehr gegessen hätten.

In anderen Orten hingegen, in den Badeorten Binz, Sellin, Baabe und Göhren etwa oder in Bergen, Putbus und Saßnitz, hungerten sehr viele Menschen ganz fürchterlich. Da bestand kein Unterschied zwischen Einheimischen oder Flüchtlingen. Sie tauschten für Lebensmittel ihre letzten Wertgegenstände ein, und der Schwarzhandel blühte. Das Agrarland Hinterpommern war den Deutschen von den Siegermächten abgesprochen worden. Die Kartoffel- und Getreidevorräte waren aufgebraucht. An Fleisch und Milch war gar nicht zu denken, weil die Russen sämtliche Viehbestände nach Rußland transportiert hatten. Als auch noch die vielen Millionen Menschen aus Hinterpommern, Ostpreußen, Westpreußen und Schlesien nach Restdeutschland hineingetrieben wurden, da war jeder froh, wenn er nur ein paar Kartoffeln zum Überleben hatte. Welch ein Glück, daß Friedrich der Große in Preußen die Kartoffel eingeführt hatte! Skeptischen Landbesitzern in Hinterpommern soll er den Anbau sogar befohlen haben. Dank an den Alten Fritz! In diesen schlechten Zeiten konnten viele, viele Menschen nur mit Hilfe von Kartoffeln und Kartoffelschalen die Hungersnot überstehen.

Das Weihnachtsfest war da, das erste und traurigste in der Fremde. Es gab keinen Tannenbaum, keine Kerzen, keine Geschenke, aber dafür ein großes Weißbrot, ein großes Blech Streuselkuchen und eine riesengroße Schüssel voller Plätzchen. Dies alles hatten wir Frau Schiekopp zu verdanken. Sie führte den Haushalt beim städtischen Wirtschafts- und Ernährungsdirektor, der ebenfalls im Haus der Bäckerei wohnte, allerdings allein in vier großen Zimmern. Die Feiertage wollte er mit seiner Familie in Berlin verbringen. Und wie schon ein altes Sprichwort besagt, daß Fett gewöhnlich immer oben schwimmt, so hatte auch dieser Direktor alles in Hülle und Fülle.

Am späten Abend des 23. Dezember gegen zweiundzwanzig Uhr holte mich Frau Schiekopp hinüber, und wir beide backten die ganze Nacht hindurch, Weißbrot, Kuchen und Plätzchen. Am Heiligen Abend morgens um sechs Uhr, Emil und Gerda schliefen noch, kam ich dann bepackt wie ein Nikolaus in unserem kleinen Zimmer an. Mehr konnten wir in dieser schrecklichen Zeit nicht erwarten, wir waren voll und ganz zufrieden. Dies alles war hundertmal mehr wert als ein glitzernder Tannenbaum mit Kerzen und Geschenken darunter. Nur ein Geschenk hätten wir uns sehnlichst gewünscht: endlich etwas von Günter zu erfahren. Wir wußten nichts von ihm, nicht, wo er war, nicht einmal, ob er noch lebte.

Ab Januar ging Gerda wieder zur Schule. Zehn Monate lang hatte sie keinen Unterricht gehabt. Wir waren anfangs in großer Sorge, ob sie den Lehrstoff bewältigen würde, aber nach einigen Tagen teilte sie uns mit: „Was die Lehrer hier durchnehmen, haben wir zu Hause schon vor eineinhalb Jahren gelernt.“

In mehrfacher Hinsicht stellten wir fest, wie wenig es der Wahrheit entsprach, was man uns Hinterpommern immer nachsagen wollte: wir wären ein schwerfälliges Volk, das hinter allem Geschehen weit zurückliege. Wir machten im Gegenteil die Erfahrung, daß wir den Insulanern in fast jeder Beziehung um mindestens fünfzig Jahre voraus waren. Insbesondere was die landwirtschaftlichen Geräte anbelangte, hinkten die Rüganer der Zeit stark hinterher – was aber sicherlich nicht zuletzt an ihren kleineren Höfen lag. Ohne Übertreibung läßt sich sagen, daß in Hinterpommern, zumindest in unserer Region, jeder Hof über seine eigenen Maschinen verfügte, die immer auf dem neuesten Stand gehalten wurden und damit auch ein viel schnelleres und wirtschaftlicheres Arbeiten ermöglichten. Aber nicht allein die Ausrüstung mit Maschinen war auf Rügen wesentlich dürftiger, sondern die gesamten Hofanlagen – Stallungen, Scheunen und Wohnhäuser – konnten einem Vergleich mit den unseren nicht standhalten.

Ende Januar tauchten auch hier wieder die Russen auf. Mit großen Lastwagen fuhren sie von Haus zu Haus und trommelten Männer aller Altersschichten zusammen, so auch Emil und meinen Bruder Reinhardt. Wir waren sehr beunruhigt und hatten panische Angst, man könne sie nach Rußland verschleppen. Eine ganze Woche lang blieben wir ohne Nachricht, doch am Samstag nachmittag brachte derselbe Lastwagen alle Männer wieder zurück. Nun erfuhren wir, daß man mit ihnen wieder auf die Halbinsel Bug gefahren war, um sie dort sämtliche sanitären Anlagen, Türen, Fenster, Öfen, Mobiliar, einfach alles, ausbauen, beziehungsweise abmontieren zu lassen. Die Einzelteile wurden in transportable Kisten verpackt und von unseren Befreiern, der Roten Armee, nach Rußland verschickt. Mindestens drei bis vier Monate lang holte nun jeden Montag ein LKW die Männer zum Arbeiten ab und brachte sie am Samstag abend nach Garz zurück.

Emil und Reinhardt erzählten, manche Russen wären völlig blöd und dusselig. Sie glaubten sogar, wenn sie einen hier ausgebauten Wasserhahn in Rußland in die Wand steckten, dann würde auch dort das Wasser herausfließen. Einige von ihnen benutzten die Toilettenbecken, um ihre Kartoffeln zu waschen; wenn sie dann an der Wasserspülung zogen und die Knollen verschwanden, waren sie so erschrocken und perplex, daß sie schimpften: „Deutschland nix gut, Deutschland Zapzarapmaschine.“

Der Winter war sehr kalt, es lag hoher Schnee. Wollten wir nicht frieren, mußten Gerda und ich nun jeden Tag alleine in den Wald gehen, um Holz zu holen. Wie erwähnt, war Garz eine uralte Stadt. Stallungen, Scheunen und Schuppen der Ackerbürger und der Handwerksbetriebe bestanden aus altem, brüchigen Gemäuer, das eine ideale Behausung für Ungeziefer bildete, an erster Stelle für Ratten.

Ebenso marode war das Haus, in dem wir wohnten. Zur Hofseite, wo unser Zimmer lag, lösten sich an manchen Stellen schon Steine und Mörtel aus den Mauern. Die Innenseite des Zimmers war vom Fensterbrett bis zum Fußboden mit Holz verkleidet. In der Nacht hörten wir des öfteren huschende Geräusche von draußen und ein merkwürdiges Gequietsche. Bei uns kamen schon Befürchtungen auf, eines Tages könnten sich die Ratten durch das Holz hindurchfressen. Und eines Nachts war es tatsächlich so weit. Gerda rief ganz laut: „Mutti, Papa, habt ihr mich gekniffen?“ Wir waren im ersten Tiefschlaf und verstanden gar nicht richtig, was sie meinte. „Schlaf weiter,“ sagten wir, „du hast sicherlich nur geträumt.“ Doch nun begann sie zu schreien, so laut sie nur konnte, sprang wie vom Blitz getroffen mit einem Satz aus dem Bett und schaltete das Licht ein. Wir sahen, wie an ihrem kleinen linken Finger eine Wunde klaffte, aus der das Blut heraustropfte. Gerda ließ sich überhaupt nicht beruhigen, sie schrie eine halbe Stunde und ging nicht wieder in das Bett. Nach genauer Untersuchung entdeckten wir in einer Ecke in der Holzverkleidung ein genagtes Loch, mit dem sich die Ratten Zugang zu unserem Zimmer verschafft hatten.

Nun wurde es von Tag zu Tag schlimmer. „Mein Gott,“ stöhnte ich, „wo sind wir nur hingeraten.“ Dieses Mal wußte Emil sogleich das passende Zitat von Hitler: „Deutschland wird schöner denn je!“ Ich formulierte den Satz zu Ende: „Ja, so schön, daß uns nachts schon im Schlaf die Ratten beißen.“ Unser Hauswirt gab uns eine Falle, andere Mittel hatte auch er nicht zur Verfügung, um die Ratten zu fangen.

Nach drei oder vier Nächten hatte ich genug, mich packte eine solche Wut, daß ich Herrn Simon laut und grob anschrie: „Wenn Sie uns nicht sofort das leere Zimmer oben geben, legen wir uns heute Abend in Ihre Betten – dann können Sie ja einmal die Bekanntschaft mit den Ratten machen!“ Das hatte gewirkt, prompt am selben Tag durften wir nach oben ziehen.

Im Laufe dieses Winters, beim Schlittenfahren, freundete sich Gerda mit einem Mädchen an, das wie wir aus Pommern stammte. Anneliese kam aus Stargard und wohnte nun mit ihrer Familie ebenfalls in Garz, wo ihr Vater als Tanzlehrer arbeitete. Bald verging kein Tag mehr, an dem die beiden einander nicht sahen. Innerhalb kürzester Zeit waren sie ein Herz und eine Seele.

Wenn Anneliese am frühen Abend zu uns kam, um Gerda zum Spazierengehen abzuholen, ging ihr erster Blick seitlich zum Kochtopf, der auf dem Ofen seinen Stammplatz hatte. Wir hatten meist schon gegessen, aber etwas Milchsuppe hatte ich immer übrig. Sagte ich dann: „Na, Anneliese, es ist noch etwas übrig, hast du noch Hunger?“, antwortete sie sogleich: „Oh ja, gerne!“ Und schwuppdiwupp war die Milchsuppe schon verspeist.

Zu dieser Zeit gab es noch alles auf Lebensmittelmarken, und dementsprechend knapp waren die Rationen bemessen. Im Juli und August, nach der Roggen- und Weizenernte, fand auf den Feldern ein regelrechtes Ährensammeln statt, denn ein paar Ähren waren immer liegengeblieben. Auch Anneliese und Gerda gingen zum Ährensammeln. Da Anneliese ein Stadtkind war, das kaum Roggen von Weizen unterscheiden konnte, gingen ihr solche Arbeiten überhaupt nicht von der Hand, und ihr Sack wäre nie voll geworden, hätte Gerda ihr nicht geholfen. Das gleiche spielte sich im September ab, wenn auf den Feldern viele Menschen nach den liegengebliebenen Kartoffeln stocherten. Um fündig zu werden, mußte man schon mit den Händen die Erde durchwühlen. Gerda zeigte ihrer Freundin anfangs, wie sie es zu machen hätte. Doch während Gerda in kurzer Zeit ihr Säckchen gefüllt und es schon zum Handwagen gebracht hatte, waren bei Anneliese nur ein paar winzig kleine Knollen im Sack zu finden.

Im Sommer gingen die beiden, oftmals noch nach Feierabend, häufig zum Baden nach Rosengarten. Dieses kleine Dorf, nur fünf Kilometer von Garz entfernt, liegt direkt an der Ostsee. Sonntags, wenn mehr Zeit war, fuhren sie mit geliehenen Fahrrädern auf dem schmalen, grasbewachsenen Weg entlang der Kleinbahnschienen ins fünfundzwanzig Kilometer entfernte Ostseebad Binz. Und wenn die Badesaison zuende ging, wurde keine Kinovorstellung ausgelassen, vorausgesetzt, der Film war auch für Jugendliche freigegeben. Gewiß wurden da noch so manche Unternehmungen und Streiche ausgeheckt, von denen wir Mütter nichts erfuhren. Die beiden hielten nämlich zusammen wie Pech und Schwefel. Ihre Freundschaft hat bis zum heutigen Tag angehalten, obwohl Anneliese und Gerda inzwischen an verschiedenen Orten ihr Leben führen und sich nur von Zeit zu Zeit besuchen können.

Am Palmsonntag 1946 wurde Gerda konfirmiert. Zu diesem Anlaß gab es Bezugsscheine für Schuhe, Stoffschuhe zwar, aber doch immerhin Schuhe. Das Deutsche Rote Kreuz war sehr aktiv. Spenden von den Amerikanern, wie es hieß, waren eingetroffen. Wollten die nun, nachdem sie unser Land total zerbombt hatten, mit diesen Spenden ihr Gewissen erleichtern? Jedenfalls erhielten wir ein schwarzes, noch recht gut erhaltenes Seidenkleid Größe sechsundvierzig. Die Schneiderin wandelte es um in ein sehr schönes und passables Kleid mit spitzem Ausschnitt, der mit weißer Spitze abgesetzt war. Von meinem Bruder Reinhardt, dem Patenonkel, erhielt Gerda als Konfirmationsgeschenk das Gesangbuch. Alma hatte das Gesangbuch mit einer langen weißen Taftschleife dekoriert, die mit einem Myrtenkreuz auf dem Buch befestigt war. Zwei runde Myrtenkränze zierten die Schleifenenden.

Frau Schiekopp legte bei ihrem Wirtschafts- und Ernährungsdirektor ein gutes Wort ein, so daß wir ein paar Sonder-Lebensmittelmarken bekamen. Kuchen und sogar eine Torte mußte sie in seinem Auftrag für uns backen. Als sie am Tag der Konfirmation damit zu uns herüberkam, sagte sie: „Nun kann ich mich auf diesem Wege ein kleines bißchen revanchieren.“ Ich sah sie ungläubig an, aber sie fuhr fort: „Für das, was Sie für uns alle vor fünfzehn Monaten getan haben, als wir von Ostpreußen zu Ihnen nach Pommern kamen.“ Sie nahm mich in den Arm, drückte mich ganz fest, und wir weinten beide.

Die Kirchengemeinde hatte mit Herrn Friedrich einen sehr sympathischen Pfarrer, der von jedem in der Stadt geehrt und hochgeachtet wurde. Fünfzig Kinder wurden an diesem Palmsonntag konfirmiert.

Pfarrer Friedrich gestaltete die Konfirmationsfeier so ausnehmend schön und feierlich, daß man unsere miserable Lage für zwei Stunden vollkommen vergessen konnte. Zum Abschluß sangen wir: *So nimm denn meine Hände, und führe mich, bis an mein selig Ende und ewiglich.* Ja, dachte ich, und mit vollem Gottvertrauen betete ich, daß er uns den richtigen Weg immer führen möge. Wir waren ja nicht die einzigen, denen es schlecht ging, es betraf ja fast alle Deutschen, ja sehr, sehr viele Menschen auf dieser Welt. Ich mußte an Günter denken – wie mochte es ihm gehen, wohin hatte es ihn verschlagen? Wenn wir nur bald etwas erfahren würden! Die Suchmeldung nach ihm und allen unseren Verwandten hatten wir vor kurzem eingeleitet. Ich war ganz fest davon überzeugt, daß unser Sohn noch lebte.

Auf dem Heimweg von der Kirche, kurz bevor wir das Haus der Simons erreichten, schaute ich Emil fragend von der Seite an: „Der Krieg ist zwar vorbei, aber wo findet nun die Feier statt, und wie groß ist die Musikkapelle, die du uns vor sechs Jahren auf Günters Konfirmation versprochen hast?" Er sah mich einen Augenblick völlig sprachlos an, doch dann mußten wir beide ganz laut lachen. „Vor zehn Minuten hast du noch in der Kirche geweint, und nun hast du schon wieder den Schalk im Nacken." „Ja", war meine Antwort, „so formt uns das Leben, Humor ist, wenn man trotzdem lacht. Wir werden uns doch nicht unterkriegen lassen!"

Seit dem Zusammenbruch des Dritten Reiches war nun schon mehr als ein Jahr vergangen. Doch wenn wir meinten, wir wären durch den Untergang der Naziherrschaft von der Tyrannei befreit, so hatten wir uns ganz gehörig getäuscht. Es schien, als habe nur ein Farbenwechsel von Braun auf Rot stattgefunden. Alles lief fast im gleichen Ton weiter, für uns hieß es wieder: Schnauze halten, in der Öffentlichkeit keine eigene, aufrichtige Meinung vertreten und bloß nicht jemandem widersprechen. Statt Hitler nun Stalin, Pieck, Grotewohl, Ulbricht und Genossen huldigen. Uns kam täglich mehr zum Bewußtsein, daß wir eigentlich nur vom Regen in die Traufe geraten waren. Schloß man für einen Moment die Augen um nachzudenken, hatte man das Gefühl, in einem Labyrinth verirrt zu sein. Wir mußten wohl umlernen und umdenken, aber mit diesen Wölfen heulen, nein, das konnten und wollten wir auch nicht.

Der Sommer kam, Emil arbeitete bei der Stadt im Außendienst. Das hieß: Straßen ausbessern, Parkanlagen säubern, Hecken schneiden und ähnliches. Ich half bei unserem Ackerbürger in der Ernte, und Gerda ging nach ihrer Schulentlassung im Juli bei einer Lehrerfamilie als Kindermädchen in Dienst. Wenn wir drei nach vollendetem Tagewerk abends in unser Zimmer heimkehrten, war es eigentlich nicht die Arbeit, die uns zu schaffen machte, sondern der Zwang, sich unterzuordnen, sich Befehle erteilen zu lassen, niemals selbständig und mit eigener Verantwortung arbeiten zu dürfen – eben immer nach der Pfeife anderer tanzen zu müssen. Hinzu kam der winzig kleine Wohnraum ohne eigene Küche. Wir durften die Küche der Simons zwar mitbenutzen, aber weil sie in der Küche auch ihre Mahlzeiten einnahmen, zögerte es sich oftmals sehr lange hinaus, bis ich endlich an den Kochherd kam.

Emil kehrte oft ganz verzweifelt heim: „Hat uns doch heute wieder so ein Grünschnabel, der von Tuten und Blasen keine Ahnung hat, mit der Trillerpfeife und *hopp hopp* zur Arbeit angetrieben, dabei leisten wir schon regelrechte Akkordarbeit.“ Es kam auch vor, daß ein russischer Offizier bei der Stadtverwaltung erschien und mehrere Männer für bestimmte Arbeiten anforderte. Was die Arbeiter davon hielten, ob sie wollten oder nicht, war gleichgültig; ohne weiter zu fragen, wurden sie abkommandiert, um mehrere Tage oder Wochen irgendwo auf der Insel für die Russen zu arbeiten. Meist mußten sie Gebrauchsgegenstände abmontieren und in Kisten verpacken, damit wieder etwas nach Rußland abtransportiert werden konnte.

Das alles war reichlich entwürdigend und deprimierend. Ich versuchte Emil zu trösten. „Du, wir haben den Krieg verloren!“ sagte ich. „Das ist nun unsere Quittung. Und außerdem ist der Mensch ein Gewohnheitstier, er kann sich an vieles gewöhnen.“ „Das werde ich wohl nie werden!“ antwortete er mir dann sogleich. „Weißt du, was mich tröstet und aufrecht erhält?“ sagte ich zu ihm: „Deine Worte an jenem Morgen vor noch gar nicht langer Zeit, als wir aus dem Viehwaggon kletterten und Stettin in Schutt und Asche liegen sahen. ‘Das war unser Leben, Anna’, sagtest du damals zu mir, indem du mit der Hand nach Osten zeigtest. ‘Denk immer daran zurück! Was immer jetzt kommt und uns noch bevorstehen mag, denk immer an das zurückliegende Schöne, das wird uns die Kraft geben, dem Neuen entgegenzutreten. Ein Neues wieder aufzubauen!'– 'Ja', sagte ich damals, 'so wollen wir es halten'..." „Womit denn hier etwas aufbauen?" fragte er resigniert. „Nur uns persönlich aufbauen, Emil, und uns das Leben so erträglich und angenehm wie möglich machen!"

Gerda hatte es da leichter, für sie begann ja erst hier der Arbeitsalltag. Sie hatte in Pommern nur ihre Kindheitsträume zurücklassen müssen. Ihre erste Arbeit gestaltete sich recht angenehm. Seit jeher konnte Gerda gut mit kleinen Kindern umgehen. Sie hatte ja, selbst noch ein Kind, bereits auf die Kleinen der Familie Thom aufgepaßt. Der kleine Werner, auf den sie nun achtgeben sollte, war gerade zwei Jahre alt und mit seinen blonden Locken und blauen Augen ein ganz niedliches Kerlchen. Weil beide Elternteile an der Garzer Schule unterrichteten, hatten sie Gerda mit der Betreuung beauftragt. Dazu gehörten selbstverständlich auch das Baden, Wickeln und Fläschchengeben. Hauptsächlich fuhr sie ihn aber spazieren, vormittags und nachmittags.

Wenn besondere Formalitäten zu erledigen waren, mußten wir in die Kreisstadt Bergen fahren. Mittlerweile leisteten wir uns auch schon ein- bis zweimal im Sommer eine Fahrt nach Stralsund. Wir besorgten uns Zeitungen, trafen mit anderen Heimatvertriebenen zusammen, und durch diese Umgänge erfuhren wir so nach und nach, was aus unserem schönen Land, aus Deutschland, geworden war. Die Groß- und Mittelstädte, von Nord bis Süd, von West bis Ost, alle total zerbombt und zerschossen. Ein gespenstisches Trümmermeer, in dem Millionen von Heimatvertriebenen und Flüchtlingen hausen. Hungersnot herrschte im ganzen Land. Von Reparationsleistungen ist die Rede. Wovon und womit sollten wir bezahlen? Es war die Stunde Null! Deutschland liegt in Schutt und Asche! Aufgeteilt in vier Besatzungszonen. Nordostpreußen mit Königsberg ist an Rußland gefallen. Die Gebiete östliche von Oder und Neiße stehen bis zur endgültigen Festlegung der Westgrenzen Polens unter polnischer Administration. Also ist noch nichts Endgültiges entschieden, sagten wir uns. Es sprühten wieder Funken der Hoffnung in unserer Brust, doch noch eines Tages in die Heimat zurückkehren zu können.

Endlich erhielten wir auch Nachricht vom Deutschen Roten Kreuz auf unsere Suchmeldung. Günter lebte! Uns wurde mitgeteilt, daß er bei Augsburg in amerikanische Gefangenschaft geraten war, im Laufe des Sommers entlassen wurde und jetzt in Natternberg in Niederbayern lebte. Bayern – das erschien uns entsetzlich weit weg. Aber wie glücklich waren wir, zu wissen, daß es ihm gut ging, und daß wir ihn eines Tages wiedersehen würden!

Nach und nach kamen auch die Söhne unserer Geschwister aus der Gefangenschaft frei, und ganz allmählich, dank der Hilfe des Roten Kreuzes, fanden die Familien wieder zusammen. Zwei meiner Brüder kehrten nicht mehr zurück. Fritz galt als vermißt, und Franz, unser Draufgänger mit den schwarzen Locken, war auf der Flucht gestorben. Meine Schwester Frieda war ganz allein auf der Insel Usedom gelandet. Sie litt mächtig unter Heimweh, und wir luden sie ein, so oft wie möglich zu uns nach Garz zu kommen. Schwester Emma und Schwägerin Anna wohnten mit ihren Töchtern in Westfalen am Niederrhein. Unsere Nachbarn Mallwitz hatte es nach Holstein an die Nordsee verschlagen. Emils Schwester Grete und Schwager Karl lebten ebenfalls auf Rügen, sie wohnten in Sellin. So waren wir in alle Windrichtungen verstreut. Ein reger Schriftwechsel begann, nur gegenseitige Besuche waren nicht möglich.

Aus Natternberg erfuhren wir, daß Günter bereits verlobt war und die Hochzeit bevorstand. Am 21. Juli 1947 sollte geheiratet werden. Nach so langer Trennung wollte ich ihn endlich wiedersehen und auch unsere Schwiegertochter Maria kennenlernen. Dreimal hatte ich bereits versucht, in den Westen zu fahren, aber immer wurde ich an der Grenze geschnappt, eine Nacht eingesperrt, bestraft und zurückgewiesen. So erging es mir auch dieses Mal, und die Hochzeitsfeier fand ohne mich statt.

Ja, das war jedesmal eine abenteuerliche Fahrt. Es mußte ja alles heimlich geschehen. Emil und Gerda begleiteten mich zur Bahnstation in Stralsund, und bei Einbruch der Dunkelheit ging es los. Die Fahrzeit zur Grenze und den günstigsten Zeitplan hatten wir uns vorher genauestens ausgerechnet. Vor dem Morgengrauen mußte man im Grenzgebiet, das heißt etwa zehn Kilometer entfernt von der Grenze, angelangt sein. Am Tage die Grenze zu passieren, war aussichtslos, dann hätte überhaupt keine Chance bestanden, hinüberzukommen.

Die Züge waren total überfüllt, teilweise gab es kein Herein- oder Herauskommen mehr. Viele kletterten schon durch die Fenster. Selbst auf der Plattform und auf den Trittbrettern hingen Menschentrauben, insbesondere junge Menschen wagten auf diese Weise die Fahrt. Viel Gepäck durfte man nicht dabeihaben. Ich trug nur eine kleine Reisetasche bei mir; einen Koffer besaßen wir zu dieser Zeit ohnehin nicht. Als sich der Zug der Grenze näherte, etwa fünfzehn bis zehn Kilometer vorher, stiegen die Menschen so nach und nach an den gewissen kleinen Bahnstationen aus. Ich begann zu zittern, mein Herz raste. Meine Güte, dachte ich, auf was habe ich mich da eingelassen, was soll ich nun hier in der Dunkelheit tun? Aber den anderen ging es ähnlich. Die Menschen schlossen sich zusammen, und die stille Wanderung in Richtung Westen begann. Über Stock und Stein, durch Wiesen, Felder und Wälder marschierten wir gemeinsam in einer Gruppe von fünfzehn bis zwanzig Personen. Viele kannten schon die Wege, sie waren bereits mehrmals im Westen gewesen, allerdings auch schon mehrfach ertappt worden. Sie versuchten es aber immer wieder, und manchmal glückte es ja auch. Gesprochen wurde kaum ein Wort, und wenn, dann nur geflüstert. Die ersten hatten ein hohes Tempo vorgelegt, wir mußten fast laufen, die Zeit hing uns im Nacken, bald wurde es hell. Als wir uns schon fast am Ziel unserer Wünsche wähnten, nur ein- bis zweihundert Meter von der Grenze entfernt, blitzten aus einem Gebüsch Taschenlampen auf, und wir wurden von den Grenzsoldaten der DDR geschnappt.

Also aus war's mit dem Besuch im Westen, mit dem Wiedersehen von Günter und meinen Geschwistern. Stattdessen ging es nun auf eine Polizeistation, wo wir stundenlang verhört wurden. Wir wurden beschimpft, der Westen allgemein wurde beschimpft. Man warf uns Ungehorsam vor und ging auch gar nicht zimperlich mit uns um. Sechs, sieben Stunden hielt man uns fest, eingesperrt in vergitterten Räume. Immerhin brachte man uns noch ein Glas Wasser. Nach weiteren sieben bis acht Stunden kreuzte ich dann wieder in Garz bei meinen beiden Lieben auf. Drei Monate später versuchte ich es erneut. Es passierte das gleiche Dilemma, wieder wurde ich geschnappt, wieder eingesperrt, verhört und am nächsten Tag zurückgeschickt.

Weil ich nun schon Übung in der Sache hatte, dachte ich mir so nach sieben, acht Monaten, versuch es noch einmal, vielleicht hast du ja diesmal mehr Glück. Aber auch dieser Versuch verlief erfolglos. Schlimmer noch, die Gruppe, der ich mich angeschlossen hatte, war regelrecht vom Pech verfolgt, wir fielen ganz rabiaten Grenzern in die

Arme. Man sperrte uns alle vierundzwanzig Stunden lang in einen Keller. Wie üblich mußten wir mehrer Verhöre über uns ergehen lassen, aber diesmal wurde uns auch noch der Personalausweis abgenommen. Der landete dann bei unserem Garzer Polizeirevier, wo ich noch eine Geldbuße von dreißig Mark zahlen mußte. Mein Groll steigerte sich immer mehr zu einer unbändigen Wut auf diesen Staat. Und im tiefsten Winkel meines Herzens hegte ich die Hoffnung, daß wir es nun eines Tages erst recht schaffen möchten, diesem widerlichen kommunistischen Regime für immer den Rücken zu kehren.

Am 20. Oktober 1947 feierten wir unsere Silberhochzeit, die kleinste Feier unseres Lebens, mit sieben Personen an der Zahl. Vor fünfundzwanzig Jahren hatten wir uns dieses Dasein noch nicht träumen lassen. Zwei Monate später, am 21. Dezember wurden wir Großeltern, in Bayern war eine kleine Edeltraud angekommen.

Das neue Jahr brachte wieder einige Veränderungen mit sich. Frieda hatte wie ich schon mehrere Male versucht, zu ihrem Sohn in den Westen zu gelangen. Auch sie wurde an der Grenze ertappt und mit einem Strafmandat ausgestattet zur Insel Usedom zurückgeschickt. Schließlich aber packte sie endgültig ihre Koffer, und tatsächlich glückte es ihr, zu ihrem Sohn Ewald nach Frankfurt am Main durchzukommen.

Im Juni 1948 wurde wieder einmal eine Währungsreform durchgeführt. Diesmal traf es uns nicht sonderlich. Die Entwertung der paar Reichsmark, die uns noch im Portemonnaie verblieben waren, machte uns auch nicht ärmer als wir ohnehin schon waren. Vierzig Mark gab es für jeden Bürger. Die Spareinlagen und Guthaben unserer Sparbücher wurden im Verhältnis zehn zu eins umgewertet. Auch dies berührte uns nicht im geringsten, die Bücher waren sowieso gesperrt.

Emil hatte inzwischen seine Arbeit im Straßendienst aufgegeben. Auf der Insel Rügen gab es neben den kleinen Ackerbürgern wie bei uns in Hinterpommern auch viele große Güter. Der Staat hatte die Besitzer enteignet und ihre Ländereien zu Siedlungsstellen à vierzig Morgen Land parzelliert. In Renz, zwei Kilometer von Garz entfernt, gab es auch so ein Gut. Hier hatte nun Frau Marquardt, ehemals Besitzerin eines Gutes 1250 Morgen Land, zusammen mit ihrer Schwiegertochter Lisa zwei Parzellen gepachtet. Diese beiden Frauen suchten für die Bewirtschaftung einen Mann, der ihnen sowohl mit Rat und Tat zur Seite stehen als auch kräftig zupacken konnte. Ich bin überzeugt, mit Emil hatten sie den richtigen Mann gefunden.

Lisa war eine bildhübsche, rassige junge Frau, groß und schlank, mit schwarzem Haar und Augen so leuchtend, wie ich noch keine gesehen hatte: bernsteinfarben und von einem grünlichen Schimmer umhüllt. In der ganzen Stadt, wo immer sie ging und stand, gab es aber wirklich keinen Mann, der nicht stehenblieb, um ihr nachzuschauen. Sie hatte zwei kleine Kinder, ein Mädchen und einen Jungen. Ihr Mann war in russische Gefangenschaft geraten und zu vielen Jahren Zwangsarbeit verurteilt. Zwischen Lisa und uns entspann sich schnell ein sehr freundschaftliches Verhältnis, mit Gerda war sie sofort per du. Wenn sie zum Einkaufen oder wegen sonstiger Besorgungen nach Garz kam, führte ihr Weg jedesmal auch zu uns, um bei einer Zigarette und einer Tasse Bohnenkaffee zu plaudern. Manchmal brachte sie Kaffee mit, oftmals hatten wir aber auch selbst noch ein paar Bohnen da, denn meine Schwester Hedwig schickte uns aus Witten regelmäßig Päckchen, in denen nie der Bohnenkaffee fehlte.

Das Leben fing nun ganz langsam an, sich zu normalisieren. Doch etwas Neues hier aufzubauen war ganz unmöglich. Wovon? Es reichte gerade für den Lebensunterhalt, die Bekleidung und einen kleinen Ausflug hin und wieder.

Gerda fand nach drei Jahren langen Wartens endlich eine Lehrstelle als Damenschneiderin. Als die Hälfte der Lehrzeit um war, schloß ihre Meisterin den Betrieb, Gerda konnte aber sofort in der Kreisstadt Bergen bei einer neuen Meisterin unterkommen. Der Weg nach Bergen war allerdings umständlich und mühsam. Am Morgen fuhr sie mit der Kleinbahn bis Putbus, wo sie über eine Stunde Aufenthalt hatte, und von dort dann mit der Großbahn weiter bis Bergen. Weil die Kleinbahn am Abend nicht mehr verkehrte, mußte sie zurück mit der Großbahn von Bergen bis Samtens fahren und die restlichen sechs Kilometer bis Garz zu Fuß zurücklegen. So war sie nun jeden Tag von morgens fünf bis zum Abend um zwanzig Uhr unterwegs. Im Herbst und Winter, wenn es um diese Zeit längst stockdunkel war, gingen Emil und ich mit einer Laterne in der Hand ihr bis weit über den halben Weg hinaus entgegen. Oft flossen bittere Tränen. Ich versuchte, meine Tochter aufzumuntern: „Lehrjahre sind keine Herrenjahre, Gerda, auch nach dieser Zeit kommt wieder eine andere!“

Irgendwie fand sie trotz des langen Arbeitstages noch genügend Zeit, ihrer Leidenschaft, dem Sport, nachzugehen. Sie spielte ebenso begeistert Handball wie Tischtennis, und in der Turnhalle war sie an allen Geräten zu finden. Weil der Vater ihrer Freundin Anneliese Tanzlehrer war und überall auf der Insel und in Vorpommern Kurse gab, durften die beiden Freundinnen hin und wieder zu den Abschlußbällen mitfahren. Das Tanzen war inzwischen zum Lieblingssport geworden.

Überall in den Städten und Dörfern fanden nun regelmäßig Bälle statt. Nach fünfeinhalb Jahren Krieg und dem Elend der Nachkriegszeit bestand verständlicherweise ein großes Nachholbedürfnis an Vergnügen und Geselligkeit. Unser Fräulein war auch nicht mehr zu bremsen. Wenn wir ihr bis zweiundzwanzig oder dreiundzwanzig Uhr die Ausgangserlaubnis erteilt hatten, kam sie garantiert eine Stunde später nach Hause. So manches Mal mußte ich wieder mit dem Waschlappen drohen.

Für Emil war es eine Strafe, sonntags zu Hause zu sitzen. Da er auch nicht mehr mindestens einmal in der Woche ins Städtchen fahren konnte, wie er es von früher her gewohnt war, hatte er sich eine Rügenkarte gekauft, die er nun mit Eifer studierte, um reizvolle Wanderstrecken für unsere Ausflüge auszutüfteln. Ab und an fuhren wir mit der Kleinbahn kreuz und quer über die Insel oder waren auf Schusters Rappen unterwegs, um unsere neue Heimat kennenzulernen und die Sehenswürdigkeiten zu entdecken. Auf unseren Fahrten und Wanderungen entdeckten wir, daß vieles auf dieser Insel, dem sogenannten Vorpommern, mit unserem Hinterpommern in Einklang zu bringen war. Das Meer, der Sand, die Dünen, der Wind und vor allem der hohe, weite Himmel mit seinen großen weißen, nach Norden ziehenden Wolken verbanden Rügen mit unserer Heimat.

Wenn man den Rugard bei Bergen bestiegen hat und auf dem Ernst-Moritz-Arndt-Turm steht, könnte man meinen, der Herrgott habe einen Klumpen Erde in die Ostsee fallen lassen. Der Anblick ist hinreißend, man blickt von oben herab auf ein wunderschönes Stück Land, das ringsherum von der Ostsee eingeschlossen ist. Einen noch weiteren und faszinierenden Ausblick bietet der Turm des Jagdschlosses Granitz auf dem 107 Meter hohen Tempelberg südlich von Binz. Wasser, ringsherum Wasser, so weit man sehen kann! Meerumschlungen ein Fleckchen Erde. Hat man sich nicht ringsum vom Meere umgeben gesehen, so hat man keinen Begriff von Welt und seinem Verhältnis zur Welt, soll Goethe einmal gesagt haben. Hier liegt einem die ganze Vielfalt einer Meereslandschaft zu Füßen, ein zerklüftetes Stück Land mit Halbinseln, Bodden und Wieken, tief eingeschnittenen Buchten, Binnenseen, Landzungen, Riffen, zerklüfteten Felsen, Steilküsten, Kreidefelsen und langen flachen Badestrände mit wuchtigen Dünen. Im Westen der Insel dominiert das Flachland, doch weiter zur Mitte und nach Osten erstrecken sich langgezogene Höhenrücken, kleine und größere Erhebungen, die zum größten Teil bewaldet sind. Bei gutem Wetter ist die Aussicht geradezu grandios. Der Blick reicht bis zur nördlichsten Spitze Kap Arkona, nach Stralsund, zur Insel Hiddensee, dem Greifswalder Bodden und manchmal sogar bis zur Insel Usedom.

Rügen ist die größte Insel Deutschlands, zirka vierzig Kilometer lang und dreißig Kilometer breit, mit einer Gesamtfläche von 926 Quadratkilometern. Große Buchenwälder dominieren die Landschaft, aber ihren romantischen Charakter verdankt die Insel vor allem uralten Eichen, Bergahorn, Weiden und Erlen, Ulmen und Eschen. Kiefernwälder auf Schwemmsandböden, Eiben und krummer Wacholder, die vielfältige Bodenflora von Blumen, Gräsern, Heide, Moos und Heidelbeeren, die bis in die Badeorte hineinwachsen, lassen die Schönheit einer unberührten Uferlandschaft erkennen.

Von Binz nach Sellin, von Bergen nach Putbus, auf der Halbinsel Mönchgut, im Süden nach Zudar und Poseritz führen die alten baumüberwachsenen Straßen, die berühmten Baumalleen, die mit ihren geschlossenen Baumkronen einen phantastischen Anblick bieten. Zu den schönsten Straßen der Insel zählte die von Kastanien, Eichen und Ulmen gesäumte, schnurgerade Chaussee von Garz nach Putbus. Diese älteste Allee ist mit ihren neun Kilometern zugleich auch die längste von Rügen.

Wer die Insel erreichen will, muß von der alten Hansestadt Stralsund aus über den Rügendamm, um den Strelasund zu überqueren. Der erste Ort direkt am Sund ist Altefähr. Bis nach Bergen hinauf sieht man links und rechts der Straße außer einigen kleinen Ortschaften nur große Felder, Äcker, Wiesen und Weiden.

Mit der kuriosen Insel-Kleinbahn ließen sich viele Orte entdecken. Sie stammte aus dem neunzehnten Jahrhundert, und jede Fahrt mit ihr ließ nostalgische Eisenbahnromantik aufkommen. Auf einer Schmalspur von 750 mm legte die Kleinbahn täglich die Strecke von Altefähr über Garz nach Putbus, Binz, Sellin, Baabe und Göhren zurück. Die Höchstgeschwindigkeit betrug dreißig Stundenkilometer. Wenn wir mitfuhren, sagten wir immer lachend: „Blumenpflücken während der Fahrt nicht verboten!" Im Sommer, wenn wir in einem der vier Badeorte Binz, Sellin, Baabe oder Göhren waren, und die Kleinbahn gleich hinter Binz den hohen Tempelberg zur Station des Jagdschlosses Granitz hinaufmußte, hörten wir schon von Weitem ihr Schnaufen und Stampfen. Der grelle Pfeifton schallte weit und breit durch Wald und Flur.

Das berühmte Jagdschloß Granitz ließ Fürst Malte zu Putbus Mitte des 18. Jahrhunderts erbauen. Mit seinen vier runden Ecktürmen und dem hohen runden Aussichtsturm im Innenhof ragt es imposant aus dem umgebenden Wald. Im Mittelturm führt eine filigran gearbeitete Wendeltreppe auf 154 eisernen Stufen in die Höhe zur Aussichtsplattform. Fürst Malte war auch der Begründer von Putbus, einer kleinen Residenzstadt und erstes Seebad von Rügen. Die glanzvolle Zeit ging 1945 zu Ende. Das einstige Schloß war schon 1865 abgebrannt, aber bis 1872 wieder neu erbaut worden. Den klassizistischen Bau umgab ein großer Park im englischen Stil mit exotischen Bäumen, idyllischen Anlagen, Teichen mit Seerosen und Schwänen, schwungvoll gebogenen Treppen, die zum Schloßteich herabführten, und einem angrenzenden Tierpark, in dem es nur so von Rot- und Dammwild wimmelte. Ein Großteil der Anlagen wie auch des Schlosses mit seinen Kunstschätzen fiel der Roten Armee zum Opfer.

Wir sind gerne nach Putbus gefahren. Die harmonisch aufeinander abgestimmten Häuser, die in klaren Formen angelegten Alleen und Plätze und das bezaubernde kleine Theater zeugten von der Tradition eines feudalen Badeortes. Man merkte, die Stadt hatte einmal bessere Zeiten gesehen, aber noch immer strahlte Putbus einen Glanz alter Aristokratie aus. Auch das Ostseebad Binz besuchten wir gern. Mit seiner über zwei Kilometer langen Strandpromenade gehört es zu den attraktivsten der Insel. Eingebettet in eine der schönsten Buchten der Insel liegt der feinsandige Strand, von dem aus der Blick hinüber zu den Kreidefelsen nach Saßnitz geht. Das ansehnliche Kurhaus mit seinen großzügigen Wandelhallen, der Musikpavillon, die kleinen schmucken Häuser und Villen mit ihren fein gegliederten Fassaden und filigranen Veranden ließen noch einen Hauch von alter, glanzvoller Vergangenheit und Kaiserzeit verspüren. Ihr Anblick erinnerte mich immer wieder an unser schönes Kolberg, das noch bis vor wenigen Jahren ebenfalls alle Attribute eines berühmten Ostseebades aufwies. Den Zauber seiner glänzenden, traditionsreichen Vergangenheit wird es nun für immer verloren haben, da es in Schutt uns Asche liegt; nur in meinem Herzen und in der Chronik ist das alte Kolberg noch vorhanden.

Wenn im Sommer die Quecksilbersäule Badetemperaturen anzeigte und Zeit und Geld es erlaubten, packten wir ein paar Sachen zusammen und machten uns auf den Weg in eines der Bäder. Oftmals wanderten wir von Binz aus entlang der Küste nach Sellin, zum zweitgrößten Ostseebad der Insel. Der Ort selbst, ringsherum umgeben von Buchen- und Kiefernwald, liegt auf einem Hochufer. Zum Strand führt eine steile Treppe hinab. Wenn wir in rechter Wanderlaune waren, marschierten wir noch ein paar Kilometer weiter, bis nach Baabe. Dieses kleine Seebad soll früher einmal ein slawisches Fischerdorf gewesen sein. Hier gibt es einen herrlich breiten Sandstrand. Der Pinienwald und die Heidelbeeren wachsen bis in den Ort hinein. So manches Mal pflückte ich uns hier einen großen Eimer Heidelbeeren. Mit den anderen Seebädern kann Baabe jedoch kaum konkurrieren. Wenn man von hier aus noch ein bißchen weiterwandert, gelangt man schon bald zu dem einstigen Fischerdorf Göhren, das sich im Laufe der Jahre, wie die Einheimischen hier erzählten, in ein angesehenes Seebad verwandelt hat. Die Häuser und Villen zeigen die Seebäderarchitektur aus der Zeit um die Jahrhundertwende bis zum Ersten Weltkrieg. Auch in Göhren fanden wir eine schöne Promenade; der breite Strand mit seinem feinen, weißen Sand bot gute Bademöglichkeiten.

Am besten gefiel es uns aber in Binz. Dort lebten auch unsere Nichte Thea und ihr Mann Kurt; sie hatten eine Bäckerei gepachtet. Thea und Kurt luden uns oft ein, und so konnten wir hin und wieder für ein verlängertes Wochenende in Binz bleiben. Gerda verbrachte alljährlich bei den beiden ihren Urlaub, aus dem sie dann nach zwei bis drei Wochen sonnengebräunt und ausgeruht nach Garz zurückkehrte.

Eine Erinnerung ist bis heute hellwach in mir geblieben, und wenn ich daran denke, muß ich noch immer schallend lachen. Wir fuhren also wieder einmal nach Binz, eine Freundin von Gerda war noch mit von der Partie. Dieses Mal wollten wir nicht Thea und Kurt besuchen, sondern den ganzen Tag nur baden und das Strandleben genießen. Ich hatte mehrere Wurst- und Käsebrote eingepackt und einen großen Sandkuchen gebacken. Nachdem wir ausgiebig gebadet und unsere Brote verspeist hatten, wollten die beiden Fräuleins ein bißchen auf der Kurpromenade flanieren. Nach etwa einer Stunde kehrten beide voller Elan und Begeisterung zurück, und die Worte sprudelten nur so über ihre Lippen: „Mutti, Papa, wir haben auf der Promenade ein Terrassencafé entdeckt, dort gibt es Obsttorte mit Schlagsahne und Bohnenkaffee. Bitte, bitte, laßt uns hingehen und dort Kaffee trinken!“

Emil war sofort einverstanden und lud uns großzügig ein. Ich reklamierte: „Und was mache ich mit meinem Kuchen?“ „Na, wieder mit nach Hause nehmen!“ war die Antwort. Also zogen wir los ins Terrassencafé. Die Obsttorte mit der Schlagsahne – übrigens die erste nach unserer Vertreibung – und der Bohnenkaffee mundeten uns vieren ganz vorzüglich. Im Hintergrund klimperte ein Klavierspieler leise vertraute, alte Weisen. Nach einer Stunde etwa rief Emil den Ober, um zu bezahlen. Als dieser ihm die Rechnung vorlegte, wurde er von einer Sekunde auf die andere blaß wie Kalk an der Wand. Ich bekam einen Heidenschreck, dachte, es wird ihm übel und schlecht. Doch als ich mich ein wenig vorbeugte und die Rechnung las, wußte ich, was los war: fünfundzwanzig Mark mußte er bezahlen! Und genau fünfundzwanzig Mark und keinen Pfennig mehr verdiente er in einer Woche. Ich brach in so lautes und schallendes Gelächter aus, daß uns die Gäste an den Nebentischen irritiert beäugten. Den Schalk im Nacken, sagte ich nur mit ironischem Lächeln: „Tja, Emil, das ist die Retourkutsche von damals, allerdings nur in Miniaturausgabe.“ Emil sah mich völlig verständnislos an, und ich mußte seinem Gedächtnis aufhelfen: „Ja damals, vor vielen, vielen Jahren, als ich so blaß wurde, weil du in Kolberg unser schwarzes Pferd gekauft hattest.“

Der markanteste Punkt auf Rügen ist das Kap Arkona im Norden der Insel. Mit seinen fast fünfzig Meter hohen Kreidefelsen, auch Kreidekliff genannt, ist es wohl neben der Stubbenkammer das sehenswerteste Naturmonument der Insel. Zwei Leuchttürme senden von hier 41 Meter weit ihre Lichtsignale über die Ostsee aus. Mehrere Quadratkilometer weit dehnt sich ein Wiesenplateau mit sanften Steigungen. Der Blick über die Ostsee geht von dort oben in so unendliche Fernen, daß man meinen könnte, er reiche noch über den Horizont hinaus. Die Kreidefelsen sind dem ewigen Kampf mit der See ausgeliefert. Bei starker Brandung werden sie oftmals eines großen Teils ihres stolzen Besitzes beraubt, massige Felsstücke stürzen dann hinab auf den Strand. Wer es wagt, bei schlechtem Wetter auf dem Kap auszuharren, dem wird ein ganz besonderes Naturschauspiel geboten: dröhnendes Wellengetöse, meterhoch spritzende Gischt und furchterregend heulender Wind mit Sturmstärken von neun bis zwölf.

Eines sonntags im Sommer 1950, das Wetter war vielversprechend, fuhren wir mit der Kleinbahn bis Altefähr. Zu Fuß marschierten wir über den Rügendamm zum Hafen nach Stralsund, und von dort ließen wir uns mit einem kleinen Dampfer zur Insel Hiddensee schippern. Schmal und langgestreckt liegt die knapp neunzehn Quadratkilometer große Insel westlich von Rügen in der Ostsee. Die beiden größten Orte oder Fischerdörfer sind Vitte und Kloster im Norden. Nachdem wir in Kloster den Dampfer verlassen und den Ort durchquert hatten, was ja nur fünfzehn Minuten dauerte, führte uns unser Weg nach Norden zum Steilufer und zum Leuchtturm hinauf. Die Wege dorthin, wechselnd zwischen Tälern und Höhenzügen, waren gesäumt von großen, sonnengelb blühenden Ginsterhecken und boten immerzu neue und immer schönere Ausblicke. Die höchste Erhebung der Insel ist die Steilküste mit dem 72 Meter hohen Bakenberg am Leuchtturm. Von hier reicht der Blick bis nach Rügen, zur Steilküste der dänischen Insel Moen und zur Silhouette Stralsunds. Die vereinzelten alten, reetgedeckten Häuschen passen sich so gut in die Inselwelt ein, als wären sie von jeher natürlicher Bestandteil dieses idyllischen Landschaftsbildes. Auch Gerhart Hauptmann muß Hiddensee verehrt und geliebt haben. Von 1885 bis zu seinem Tode im Jahre 1946 verweilte er sehr oft auf dieser Insel. Das Haus Seedorn in Kloster wurde für ihn eine Art zweite Heimat; es blieb nach seinem Tode als Gedächtnisstätte unverändert erhalten. Seine letzte Ruhestätte hat Hauptmann auf dem Friedhof in Kloster auf Hiddensee gefunden.

Mit dem Wetter hatten wir an diesem Sonntag großes Glück, die Sonne strahlte den ganzen Tag. Zur Mittagszeit setzten wir uns an die blühenden Ginsterhecken, verzehrten unsere Brote und ruhten uns ein wenig aus. Etwas später sagte ich zu den Mädchen – Gerda hatte wieder eine Freundin mitgenommen: „So, und nun habe ich Kaffeedurst. Ihr könntet dort unten im Ort einmal Umschau halten, ob es hier eventuell auch wieder so ein schickes Café gibt." Dabei sah ich Emil herausfordernd grinsend von der Seite her an. Erhaben wie ein Pascha grinste er zurück. Scheinheilig und mit einer Mimik des Bedauerns teilte er uns mit: „Heute habt ihr Pech, meine Lieben, hier kann ich euch leider nicht in ein so feudales Café wie in Binz führen. Aber vielleicht ließe sich mit ein bißchen Glück noch ein Heringsschwanz auftreiben. Wenn ihr damit zufrieden seid, will ich euch recht gerne dazu einladen." Dabei klatschte er mit der Hand auf seine Gesäßtasche, in der sein Portemonnaie steckte, das mehr Luft als Geld enthielt. Mit der Erinnerung an einen schönen Sonntag und einem anständigen Sonnenbrand kehrten wir am späten Abend wieder nach Garz zurück.

Am 19. August 1950 wurde in Binz ein kleiner Junge geboren, doch erst ein halbes Jahr später, am 11. Februar 1951, wurde er auf den Namen Egon getauft. Thea und ihr Mann Kurt hatten Gerda zur Taufpatin auserkoren. Als wir am nächsten Tag wieder in Garz ankamen, erwartete uns schon ein Telegramm von Günter: Ein kleines Mädchen hatte am 11. Februar 1951 in Bayern das Licht der Welt erblickt. Die kleine Edeltraud hatte also ein Schwesterchen bekommen, Ingeborg, und wir waren das zweite Mal Großeltern geworden. Wir freuten uns herzlich. Aber es blieb mir unfaßlich, daß ein paar hundert Kilometer von uns entfernt ein Teil unserer Familie lebte, den ich nicht einmal kennenlernen konnte. Ich war Großmutter, durfte aber meine Enkelchen noch keinmal im Arm halten.

Alma und Reinhardt waren nun sehr oft bei ihrer Tochter in Binz. Reinhardt versorgte den Garten, den Hof und verschiedenes mehr. Alma kümmerte sich um den kleinen Egon, fuhr ihn im Kinderwagen spazieren und genoß zugleich den Sommer und das in einem Seebad dazugehörige Strandleben. Wir drei waren ein bißchen traurig, wenn sie manchmal zwei Monate lang fortblieben. Mit den Insulanern, die sich – zumindest in unseren Altersschichten – reichlich stur und zurückhaltend verhielten, war es nicht möglich, irgendwelche freundschaftlichen Beziehungen zu knüpfen.

Gerda absolvierte mittlerweile schon das dritte Lehrjahr ihrer Ausbildung. Das Lehrlingsgehalt war zu dieser Zeit sehr gering. Im ersten Jahr bezifferte es sich auf zwanzig Mark, im zweiten auf dreißig, und im dritten Jahr war es auf fünfundvierzig Mark gestiegen. Davon mußte Gerda noch die zehn Mark für eine Monatskarte bestreiten. Weite Sprünge waren damit also nicht zu machen. Durch ihre vielen sportlichen Aktivitäten hatte sie jedoch viele junge Mädchen kennengelernt, für die sie so ab und an Kleider schneiderte. Rocksäume und Gürtel nähen wie auch das Versäubern der Nähte ward meine Arbeit. Auf diese Weise konnte sie ihr Taschengeld um einiges aufbessern.

Der Sommer versprach, wieder schön zu werden. Emil beschäftigte sich schon seit mehreren Abenden mit der Landkarte, und eines Tages sagte er: „Hört ihr zwei mir mal gut zu: was haltet ihr davon, wenn wir am Sonntag, vorausgesetzt das Wetter ist schön, mit dem Zug nach Saßnitz fahren und von dort die Stubbenkammer bis hoch zum Königsstuhl durchwandern?“ Wir waren sofort begeistert, aber bei mir kamen Bedenken wegen unseres Schuhwerks auf. „Halten denn unsere Schuhe den Weg über die Felsen und Steine aus?“ „Ja, ja, keine Sorge“, meinte Emil. „Die Felsen sind nur kahl zur Seeseite hin, die Landseite ist bewaldet, und wie hier in der Karte zu sehen ist, müßte es dort gute Wanderwege geben.“

Also fuhren wir am Sonntag schon um sieben Uhr in der Frühe mit dem Zug. Nach einer guten Stunde Bahnfahrt erreichten wir Saßnitz, eine kleine Hafenstadt im Südosten der Halbinsel Jasmund. Diese Halbinsel wird durch den Großen und Kleinen Jasmunder Bodden in zwei Abschnitte geteilt: im Norden die Große Stubbenkammer, im Süden die Kleine Stubbenkammer. Die acht Kilometer entfernte Große Stubbenkammer kann man auf verschiedenen Wegen erreichen. Da gibt es einmal die Asphaltstraße, dann den unteren Uferweg zwischen Ostsee und Kreidefelsen, der aber sehr viel Geröllschüttung aufweist, und den parallel zur Küste verlaufenden Hochuferweg, der auf schattigen Pfaden durch einen der ältesten und schönsten Buchenwälder der Insel führt. Wir entschieden uns für den letzteren. Nach einer guten halben Stunde Fußmarsch waren wir schon mittendrin in der Stubbenkammer. Unser Weg führte uns höher und höher, über mehrere Bäche und Schluchten, mit immer schöneren Aussichten. Von der Ernst-Moritz-Arndt-Sicht, die schon siebzig Meter hoch liegt, bot sich unseren Augen ein unvergeßlicher Blick auf die Ostsee mit den Wissower Klinken, dank Caspar David Friedrich eines der bekanntesten Gemäldemotive des neunzehnten Jahrhunderts.

Nach drei Stunden gemütlicher Wanderung erreichten wir die Victoria-Sicht. Phantastisch ist von hier der Blick. Da ragte er nun 117 Meter hoch vor uns auf, der gewaltige, freistehende Königsstuhl. Majestätisch und erhaben thronte er dort oben, als wäre er der Herrscher der Kreideküste. Herrscher der Elemente! Nochmals ein kleiner Aufstieg, und wir hatten nach wenigen Minuten die Aussichtsplattform des Königsstuhles erreicht. Der Anblick war atemberaubend: die hohen, weißen Kreidefelsen, die grün bis bläulich schimmernde Ostsee, der azurblaue Himmel und das leuchtende Grün des Buchenwaldes – dies alles war so grandios, daß es unsere Vorstellungen vollends übetraf. Die Frontseite des Königsstuhls ist von senkrechten Rissen gespalten und von Wind und Wetter geschliffen. Die Sonne, die während des Vormittags höher und höher steigt, läßt ihre Strahlen voll auf die Kreidefelsen fallen, so daß sie jetzt in blendendem Weiß wie zu keiner anderen Tagesstunde leuchten.

Wie die Sage erzählt, sollen hier auf dem Königsstuhl die Insulaner ihre Könige gekrönt haben. In der Rüganer Geschichte ist auch zu lesen, daß der schwedische König Karl XII. am 5. August 1715 von hier aus ein Gefecht seiner Schiffe mit den Dänen beobachtet haben soll. Wenn die Nord- und Oststürme toben, im Winter gar das Wasser der Ostsee gefriert, große, meterhohe Eisschollen an den Ufern der Felsen sich türmen, kann es bisweilen geschehen, daß mehrere tausend Kubikmeter Kreide sich aus dem Kliff lösen und in die Ostsee stürzen. Ein Kampf zwischen zwei Elementen. Ganz in unserer Nähe wohnte ein alter Rüganer Geschichtslehrer, den wir auch des öfteren bei unseren Spaziergängen und Wanderungen trafen. Er erzählte uns, wie winzig klein und jämmerlich er sich gefühlt habe, als er einmal den Weg zum Königsstuhl zwischen Felsen und der Ostsee wählte. Da er sich dort ganz alleine mit der See, den Felsen und dem Geröll sah, sei er von einer gräßlichen Furcht befallen worden. Wenn man der Phantasie freien Lauf lasse, so sagte er, könne man sich in eine Jahrhunderte zurückliegende prometheische Urlandschaft aus Sagen, Märchen und Legenden versetzen.

Wir verweilten lange auf dem Königsstuhl. Das Wetter war optimal, kein Windhauch war zu spüren. Die Ostsee lag dort unten so vertraut und ruhig wie ein See. Ich schaute weit und lange über die Ostsee hinweg. Weiter und weiter schickte ich meinen Blick, weit über den Horizont hinaus. Mein Blick begann sich zu verschleiern, mir war, als tauche eine Fata Morgana vor mir auf, als müsse, was ich sehen wollte, jeden Moment ganz deutlich vor meinen Augen erscheinen. Leises Heimweh durchzog meine Brust. Ich nahm die Landkarte zur Hand, schaute mir den Maßstab an, und sagte zu Emil und Gerda, die etwas abseits standen, kommt her und seht einmal genau dort hinüber, und ich zeigte mit der Hand in die südöstliche Richtung. Dort, haargenau dort, und nur 150 Kilometer Luftlinie entfernt, dort ist unser Zuhause! Das Pommernlied kam mir in den Sinn:

Wenn in stiller Stunde Träume mich umwehn,
bringen frohe Kunde Geister ungesehn,
reden von dem Lande meiner Heimat mir,
hellem Meeresstrande, düsterm Waldrevier!

Weiße Segel fliegen auf der blauen See,
weiße Möwen wiegen in der blauen Höh',
dunkle Wälder krönen weißer Dünen Sand,
Pommerland, mein Sehnen ist dir zugewandt!

Aus der Ferne wendet sich zu dir mein Sinn,
aus der Ferne sendet trauten Gruß er hin,
traget, laue Winde, meinen Gruß und Sang,
wehet leis und linde treuer Liebe Klang !

Bist ja doch das eine auf der ganzen Welt,
bist ja mein, ich deine, treu dir zugesellt,
kannst ja doch von allen, die ich noch gesehn,
mir allein gefallen, Pommerland so schön!

Jetzt bin ich im Wandern, bin bald hier, bald dort,
doch aus allem andern treibt's mich immer fort,
bis in dir ich wieder finde meine Ruh,
send' ich meine Lieder dir, o Heimat, zu!

Fast sieben Jahre sind vergangen, seit wir unsere Heimat verlassen mußten. Trotz allem, obwohl diese Insel eine schöne Landschaft und eine Vielfalt an Sehenswürdigkeiten bot und uns täglich mit den heimatlich vertrauten Erscheinungen und Abläufen begleitete, wie Ostsee, Wind und Wolken, Strand und Dünen, dem weiten und hohen Himmel, wollte in meinem Herzen nie ein echtes Heimatgefühl aufkommen. Möglich, wenn jemand unser Haus, unseren Besitz hierher zaubern könnte, vielleicht wäre es dann vorstellbar, daß dieses Gefühl auch wieder Einzug in meinem Herzen hielte.

Gerda hatte ihre Lehrzeit inzwischen mit bestandener Abschlußprüfung beendet. Schon während der Ausbildung entwickelten sich ihr Talent und Interesse immer mehr der Modezeichnung und dem Design zu, was auch nach Kräften von ihrer Meisterin und den Berufsschullehrern gefördert wurde. Doch diesen Wunsch konnte wir ihr leider nicht erfüllen. Es gab für diesen Bereich nur eine Fachschule in Berlin.

Sieben Jahre nach Kriegsende wäre eigentlich eine Besserung der Wirtschaftslage zu erwarten gewesen, aber stattdessen entwickelte sich alles zum Schlechteren. Eine Säuberungswelle sorgte dafür, daß die Bürger noch mehr eingeschüchtert wurden. Enteignungen und Verhaftungen waren an der Tagesordnung. Hetzkampagnen gegen Westdeutschland und die übrige westliche Welt füllten die Seiten der Tageszeitungen. Die Zahl der Menschen, die über Berlin in den Westen Deutschlands flüchteten, stieg täglich. Inzwischen waren es mehrere tausend.

Schon seit Monaten wurde Gerda mit der Forderung traktiert, Mitglied der FDJ zu werden. Die Freie Deutsche Jugend war aber alles andere als frei, im Gegenteil, die Jugendlichen sollten nach den Prinzipien des kommunistischen Regimes zurechtgebogen werden, alles freie Denken wollte man in die parteikonformen Bahnen zwingen. Die Methoden erinnerten beängstigend an die Zeit unter Hitler: wieder steckte man sie in einheitliche Hemden, nur die Farbe hatte gewechselt, nun waren es blaue. Bei den sogenannten Versammlungen der FDJ wurden meist nur Hetzkampagnen gegen den Westen Deutschlands und die übrige westliche Welt heraufbeschworen. Man bediente sich dabei platt verzerrender Klischees und einer so brutalen Ausdrucksweise, wie Kriegshetzer, Kriegsverbrecher, Nazis usw., daß Gerda sich diese Haßtiraden nicht anhören mochte, geschweige denn, an den Quatsch glaubte. Alle unsere Verwandten und Freunde lebten im westlichen Teil Deutschlands; aus ihren Briefen wußten wir, wie wenig das von unserem Regime gezeichnete Horrorbild der Wirklichkeit entsprach. Auch die Päckchen und Pakete, die wir regelmäßig von ihnen erhielten, bewiesen, daß es ihnen gut ging und sie alles zu kaufen bekamen, was das Herz begehrte – etwas, wovon wir nur träumen konnten. Vor allem aber wußten wir, daß sie freie Menschen waren.

Je länger Gerda sich den FDJ-Kadern widersetzte, desto schlimmer wurden die Schikanen. Im vergangenen Jahr hatte man sie dazu verpflichtet, beim Umzug zur Feier des ersten Mai die rote Fahne mit Hammer und Sichel zu tragen. Dies war nun absolut nicht in ihrem Sinn, aber es blieb ihr schließlich nichts anderes übrig, als sich zu fügen. Jetzt kamen diesen Leuten Gerdas Widerspenstigkeit und ihre wiederholten Ablehnungen, der FDJ beizutreten, gerade recht. In diffamierender Weise prangte Gerdas Name öffentlich am Schwarzen Brett, zusammen mit einer umfassenden Kritik an ihrem falschen politischen Bewußtsein. Die Vorwürfe lauteten: Ungehorsam, Verweigerung und Pflichtverletzung gegenüber der FDJ, die durch sozialistische Weiterbildung, Gestaltung und Förderung doch nur, wie es hieß, das Beste für die Deutsche Demokratische Republik wolle.

Uns war noch gar nicht recht klar, in welche Gefahr sich Gerda durch ihre Aufmüpfigkeit begeben hatte. Fast wäre ihr dieses Regime zum Verhängnis geworden. Doch eine Freundin konnte sie noch rechtzeitig warnen. In aller Hast packte sie ihr Bündel und floh nach Berlin. Durch einen glücklichen Zufall konnte sie sich einer früheren Arbeitskollegin anschließen, die jetzt in Ostberlin arbeitete und gerade in Garz zu Besuch war. Für Emil und mich war es sehr beruhigend zu wissen, daß sie mit einer Bekannten fuhr und den scharfen Kontrollen, die jetzt häufig stattfanden, nicht allein ausgesetzt war. Außerdem kannte sich ihre Kollegin in Berlin ziemlich gut aus und hatte versprochen, Gerda bis nach Westberlin zu meiner Cousine Emmy zu begleiten. Drei Tage nach ihrer Abreise traf auch schon ein Brief der Kollegin aus Ostberlin bei uns ein: die Fahrt sei ohne Zwischenfälle verlaufen und Gerda bei meiner Cousine in Steglitz gut aufgenommen worden. Wir waren erst einmal heilfroh. Da sie mit nichts weiter als einem Koffer und einer kleinen Handtasche bestückt gewesen war, hatte es wohl nicht so sehr nach Republikflucht ausgesehen. Tags darauf erreichte uns ein Brief von Gerda mit dem Absender meiner Cousine, in dem sie schrieb: „Bitte kommt so schnell wie möglich nach, ich erwarte euch hier!"

Die Ereignisse hatten sich überstürzt. Emil und ich waren nach Gerdas Flucht bangen Herzens zurückgeblieben, aber auf Dauer wollten wir nicht von beiden Kindern getrennt sein. Der Entschluß reifte heran, Gerda so bald wie möglich nachzureisen. Auch diesmal würde der Abschied nicht leicht fallen. Aus der Heimat hatte man uns vertrieben, aber Pommern, die Ostsee mit ihrem Wind und der hohe Himmel hatten uns doch immer begleitet. Und nun sollten wir uns endgültig von diesem Land trennen... Der Dreißigjährige Krieg hat uns das schöne, traurige Kinderlied vom *Maikäfer flieg* hinterlassen. 1950 hat der pommersche Landsmann Martin Kohz dem Lied seine Fortsetzung gegeben:

Maikäfer flieg! Der Vater ist im Krieg, die Mutter ist im Pommerland, Pommerland ist abgebrannt, Maikäfer flieg! So sang ich einst als kleines Kind, gedankenlos wie Kinder sind. Dann aber war ich selbst im Kriege, schritt mit von Sieg zu Siege. Mein Weib und Kind im Pommerland, das noch so fest uns sicher stand! Und jetzt? Jetzt ist es abgebrannt. Der Pole steht im Pommerland. Ich wollt', das Lied wär Lüge! Maikäfer fliege!

Es hatte wohl so kommen müssen, die Verhältnisse hier waren uns schon zu lange unerträglich. Auch die Zeit nach dem Ersten Weltkrieg war nicht gerade rosig gewesen, aber wir waren nicht heimatlos. Es folgten sieben Jahre Nazizeit, dann über fünf Jahre mörderischer Krieg, und nun mußten wir uns schon seit sieben Jahren dem kommunistischen Regime fügen. Meines Erachtens Fehler und Ereignisse, wie man es auch nennen mag, die vollkommen irreparabel waren. Und das von einem so ungeheuerlich großen Ausmaß! Wenn man einmal innehielt und eine Bilanz des vergangenen Lebens aufstellte, so blickten wir auf zwanzig Jahre Unterdrückung und Unfreiheit zurück.

Gerade in diesen Tagen Anfang März starb Stalin. Viele hofften nun auf eine politische Wende und einen wirtschaftlichen Aufschwung. Doch bei der Borniertheit der kommunistischen Machthaber gab es nicht viel zu hoffen, die Fronten verhärteten sich, der Countdown lief und lief. Wir fühlten uns mehr und mehr bedroht. Man brauchte wirklich kein Prophet zu sein, um sich auszumalen, was hier in den nächsten Jahren geschehen würde.

Flucht in den Westen

Am 8. März 1953, einem Sonntag, verließen Emil und ich die DDR, nachdem Gerda sich schon zwei Wochen in Westberlin aufhielt. Wir wollten zusammen mit meinem Bruder Reinhard und Schwägerin Alma fliehen und hatten mit ihnen gemeinsam alles Notwendige besprochen. Zunächst mußten wir nach Westberlin kommen. Weil wir uns in Berlin überhaupt nicht auskannten, hatte ich mit einer Mitbewohnerin unseres Wohnhauses ausgemacht, daß ihre Tochter uns gegen Bezahlung dorthin begleiten würde; Frau Schulze hatte vor dem Krieg und während der ersten Kriegsjahre in Berlin gewohnt.

Den Zeitpunkt für unsere Flucht hatten wir genau festgelegt. Seit fast einem Jahr arbeiteten Emil und Reinhard im Hafen von Saßnitz bei den Russen und kamen regelmäßig nur zu den Wochenenden nach Hause. Aber ausgerechnet an diesem Wochenende sollten Emil und Reinhard arbeiten, und das Heimfahren war gestrichen. So mußten sich die beiden am Abend, als es dunkel wurde, heimlich zu Fuß auf den Heimweg machen. Die ganze Nacht hindurch marschierten sie auf Nebenstraßen, immer in Angst, daß man ihr Verschwinden bemerken und sie verfolgen würde. Am Morgen, nach fast dreißig Kilometern Fußmarsch, kamen sie erschöpft in Garz an.

Wegen Stalins Tod hingen die Fahnen an allen öffentlichen Gebäuden auf Halbmast. Reinhard und Alma meinten nun plötzlich, da Stalin nicht mehr lebe, werde hier bestimmt alles besser werden. „Wir haben uns entschlossen zu bleiben“ teilten sie uns mit. „Auf gar keinen Fall bleiben wir“ sagten Emil und ich. „Unser Entschluß steht fest, wir fahren!“ Große Erwartungen hegten wir nicht, aber eine Hoffnung im Herzen und vor Augen, die hatten wir, nämlich: Freie Menschen zu sein. Jeder nur mit einem Koffer an der Hand, schlossen wir uns dem Flüchtlingsstrom der vorhergehenden Tage an.

Unser Zug fuhr am Abend gegen zweiundzwanzig Uhr. In Stralsund mußten wir umsteigen. Nachdem wir die ganze Nacht mit einem Personenzug durchgefahren waren, kamen wir am Morgen um sechs Uhr in Berlin-Bernau an. Hier mußten wir noch durch die Bahnsteigsperre gelangen. Deutsche Eisenbahner und Soldaten der russischen Armee kontrollierten gemeinsam etwa jede siebente bis achte Person. Ausweise mußten vorgezeigt werden, und auch Taschenkontrollen wurden durchgeführt. Frau Schulze, unsere Begleiterin, durchschritt als erste die Sperre, Emil im Abstand von vier bis fünf Metern hinter ihr, und wieder in vier bis fünf Meter Entfernung folgte ich.

Frau Schulze und Emil hatten Glück, unbehelligt gelangten sie durch die Sperre. Nur gut, daß die beiden unsere Koffer trugen! Als ich die Russen sah, brach bei mir Panik aus, und ich muß ein völlig verängstigtes Gesicht gemacht haben. Jedenfalls verlangten sie meinen Ausweis. Ich mußte auch die Reisetasche öffnen, die aber nichts Auffälliges enthielt, was nach Republikflucht ausgesehen hätte. Ich hatte alle Mühe, meine Aufregung zu unterdrücken. Das Herz klopfte so laut und stark, daß ich meinte, die beiden müßten es hören. Welch ein Glück, daß es am 8. März morgens zu dieser Stunde noch ziemlich dunkel war, sonst wäre den beiden bestimmt aufgefallen, daß ich flüchten wollte: Ich hatte zwei Pullover, zwei Strickjacken, zwei Kleider und zwei Mäntel an. Meine Schultern waren durch die Schulterpolster so hoch, daß sie weit bis über die Ohren hinausreichten.

Aber ich hatte es geschafft, die Sperre lag hinter mir! Auch von der Erleichterung durfte ich mir nun nichts anmerken lassen. Im gebotenen Abstand folgten wir Frau Schulze, die uns zum Bahnsteig der S-Bahn führte. Nach wenigen Minuten kam auch schon eine Bahn. Wir stiegen ein und setzten uns wiederum jeweils drei bis vier Meter voneinander entfernt. Nach geraumer Zeit, ich glaube, wir hatten schon ungefähr zehn Stationen passiert, wurde mit einmal alles ganz hell. Straßenlaternen und Leuchtreklamen in den buntesten Farben erhellten die Umgebung. Frau Schulze wandte sich nun unbeschwert zu mir und sagte laut und lachend: „Fertigmachen zum Aussteigen, Frau Tessmer, wir sind in Sicherheit, wir sind in Westberlin, am Bahnhof Gesundbrunnen." Ein tiefer, schwerer Seufzer entsprang meiner Brust. Geschafft, endlich geschafft! Wir waren dem kommunistischen Regime entronnen.

Der kürzeste Weg zu unserem Ziel Steglitz und Friedenau hätte mit der S-Bahn über die Stationen Friedrichstraße, Unter den Linden und Potsdamer Platz – also durch den Ostsektor – geführt. Dieses Risiko wollten wir auf gar keinen Fall mehr eingehen. Wir machten einen Umweg von mindestens anderthalb Stunden. Und wenn wir noch zehn oder zwanzig Stunden bis Steglitz gebraucht hätten, nie mehr wäre ich durch den Ostsektor gefahren. Um halb neun klingelten wir bei meiner Cousine Emmy an der Wohnungstür. Sie und Gerda schliefen noch. Als es schellte, sei Gerda mit einem Satz aus dem Bett gewesen, erzählte meine Cousine, und habe ganz laut gerufen: „Tante Emmy, das können nur Mutti und Papa sein!"

Noch am Nachmittag desselben Tages besuchten wir zwei Cousins und eine Cousine von Emil in Berlin-Friedenau, dem Nachbarbezirk von Steglitz. Diese Verwandten bewohnten zusammen eine große fünf-Zimmer-Wohnung in einem Haus aus der Kaiserzeit, das zum größten Teil von den Bomben verschont geblieben war. Als sie von unserer Flucht hörten, wollten sie es nicht zulassen, daß wir uns am nächsten Tag im Lager meldeten, sondern stellten uns ein Zimmer zur Verfügung. Gerda blieb in Steglitz bei meiner Cousine. So blieb uns das schreckliche Lagerleben für die Zeit des durchzuführenden Notaufnahmeverfahrens erspart.

Sechs Wochen blieben wir nun in Westberlin, so lang dauerte das Notaufnahmeverfahren. Die hierfür eingerichteten Hallen lagen größtenteils am Funkturm. Für jede einzelne Formalität mußten wir vier Gänge absolvieren, jeweils zur amerikanischen, englischen, französischen und zur deutschen Verwaltung. Wir fuhren schon morgens um sieben Uhr mit der S- oder U-Bahn zum Funkturm, um uns in die mehrere hundert Meter langen Schlangen einzureihen. Zu sechst in einer Reihe standen die Menschen an, um einen Stempel in ihren Antrag zu erhalten. Wir mußten erklären, wieso und warum wir die DDR verlassen hatten. Es wurden soziale Gespräche geführt, und wir erhielten jeder ein Verpflegungsgeld von fünfundzwanzig Mark in der Woche. Die verschiedensten Untersuchungen, sogar Entlausungen, mußten wir über uns ergehen lassen. Meist dauerten die Prozeduren bis fünfzehn oder sechzehn Uhr.

Der Zustrom von Flüchtlingen aus der DDR war so groß, daß sich an manchen Tagen bis zu zweitausend Menschen vor dem Funkturm versammelten. Angesichts dieses Andrangs hätte man leicht resignieren oder ungeduldig werden können, aber keiner von uns wäre auch nur auf die Idee gekommen, sich zu beklagen. Jeder war vollauf zufrieden mit dem Schicksal, hier in Westberlin so gut als möglich aufgenommen und behandelt zu werden; die Wartezeiten und Strapazen nahm man dafür gerne in Kauf. Denn in absehbarer Zeit konnten wir uns alle zu den freien Menschen zählen. Frei vom Kommunismus und seinen Machthabern. Frei von Unterdrückung, Gängelung und Bespitzelung der SED, von falschen Parolen und unwürdigen Verhältnissen.

In Berlin gefiel es uns sehr gut. Trotz ihrer fast totalen Zerstörung hatte die Stadt in den westlichen Besatzungszonen einen derart raschen und gewaltigen Wiederaufbau erlebt, daß sie sich schon wieder mit ihrer einstigen Ausstrahlung als ehemalige Hauptstadt präsentieren konnte. Unsere Verwandten führten uns durch die verschiedenen Bezirke, zeigten uns den Grunewald und die Krumme Lanke, die Spree, den Wannsee, den Kurfürstendamm, den Zoologischen Garten, die Siegessäule und vieles mehr. Wir waren so begeistert, daß wir noch Jahre später von Berlin schwärmten. Wir waren berauscht von den Impressionen dieser Stadt.

Der Unterschied zwischen beiden Staaten, deren Grenze nur wenige Kilometer von uns mitten durch Berlin verlief, war weitaus gravierender, als wir ihn uns vorgestellt hatten. Es gab alles zu kaufen, was das Herz begehrte. Kleider, Blusen, Mäntel, Schuhe, Stiefel und vor allem Lebensmittel in Hülle und Fülle. Südfrüchte, die wir noch nie gesehen hatten, und die außergewöhnlichsten Delikatessen. Man brauchte nur das nötige Kleingeld. Doch dies alles war für uns nicht ausschlaggebend, für uns zählte im Augenblick nur die Freiheit – und daß wir wieder mit unserem Sohn, seiner Familie, den Verwandten und Freunden in Verbindung treten konnten. Unser Wille war stark, wir hatten gesunde Hände, konnten arbeiten und zupacken und hofften somit, ein neues Zuhause für uns zu schaffen.

Bei der Wahl des künftigen Wohnortes gab es nicht viel zu überlegen: zwecks Familienzusammenführung hatten wir unseren Sohn in Natternberg angegeben. Der letzte Abend in Berlin verlief schön und traurig zugleich. Wir feierten den Abschied mit unseren Verwandten in kleinem Rahmen. Vielleicht erwartete uns nun ein neues Leben in Bayern?

Mit einem amerikanischen Flieger wurden wir von Berlin nach Hannover geflogen. Gerda war bereits vor einer Woche abgereist. Zusammen mit anderen Jugendlichen wurde sie in ein Lager zwischen Bremen und Hamburg gebracht, wo sie alle sich noch einmal genauestens untersuchen lassen mußten.

Bis zur Abfahrt des Zuges, der uns von Hannover nach Bayern bringen sollte, blieben noch vier Stunden Zeit. Als wir die Bahnhofshalle in Richtung Warteraum durchquerten, spürte ich auf einmal einen magischen Zwang, der mich stehenbleiben ließ. Ich drehte mich um, und drei Meter hinter mir, nur aus einer anderen Richtung kommend, sah ich unsere Gerda auf den Fahrkartenschalter zugehen. Von hinten schlich ich mich an sie heran, bis ich den Ärmel ihres Mantels zu fassen bekam, und kniff ihr in den Arm. Ganz erschrocken fuhr sie herum, sah mich aus großen Augen erstaunt an und stammelte nur: „Kneif mich noch einmal, Mutti, bist du es wirklich!"

Gemeinsam warteten wir drei nun auf den Zug nach Bayern, der um dreiundzwanzig Uhr abfahren sollte. Doch vorher genehmigten wir uns eine große Portion Kartoffelsalat mit einer Riesenbockwurst. Gerda erzählte, sie und sechs oder sieben weitere Jugendliche hätten eigentlich schon mit dem 18 Uhr-Zug nach Bayern fahren sollen. Der Bus, der sie vom Lager zum Bahnhof nach Hannover brachte, mußte die Fahrt jedoch wegen einer Panne für drei bis vier Stunden unterbrechen, und als sie endlich in Hannover ankamen, war der Zug längst abgefahren. War es Schicksal, oder wie soll man es nennen, daß wir uns in Hannover in der Bahnhofshalle treffen sollten?

Am Morgen gegen sechs Uhr trafen wir in Hammelburg am Main ein. Hier war ein Durchgangslager eingerichtet worden. Alle, die nach Bayern wollten oder sollten, mußten hier noch einmal für mehrere Tage bayerische Formalitäten über sich ergehen lassen. Der Zufall wollte es, daß der Beamte, der alle nochmals genau unter die Lupe nehmen sollte, ein Kolberger war. Er drückte beide Augen zu und ließ uns schon am späten Abend weiterfahren.

So kamen wir am nächsten Tag, nach Umstiegen und Wartezeiten in Würzburg, Nürnberg und Regensburg, nachmittags um halb drei in Niederbayern an, wo uns unsere Schwiegertochter Maria mit dem Fahrrad und den beiden kleinen Mädchen Edeltraud und Ingeborg vom Bahnhof abholte. Seit sechzig Stunden hatten wir kein Bett mehr gesehen. Wir waren müde und kaputt zum Umfallen. Den Weg vom Bahnhof bis nach Natternberg konnten wir kaum noch bewältigen, am liebsten hätten wir drei uns in den Straßengraben gelegt und erst einmal einige Stunden geschlafen. Doch die beiden Mädchen, Edeltraud war fünf und Ingeborg zwei Jahre alt, hielten uns ganz schön in Trapp. Freuten sich, daß sie nun so ganz plötzlich noch eine Oma, einen Opa und eine Tante bekommen hatten. Mit Gerda wollten sie gleich zum Bergaffi gehen. „Bergaffi?" fragte Gerda, „Was ist denn das, und wo ist ein Bergaffe?" Sie zeigten beide mit ihren Händen zum Natternberg hinauf: „Ja, halt dort oben zum Bergaffi!" war die Antwort. Wir konnten den bayerischen Dialekt überhaupt nicht verstehen, bis Maria dann erklärte: „Sie möchten mit dir zum Natternberg hinaufgehen." Daraus wurde aber an diesem Tage nichts mehr. Gerda sagte ihnen: „Das schaffe ich heute nicht mehr, ich habe seit fast drei Tagen nicht mehr geschlafen." Aber was wußten zwei so kleine Mädchen schon damit anzufangen, wenn ein Erwachsener sechzig Stunden lang keinen Schlaf mehr gehabt hatte! Am nächsten Tag gingen wir dann alle gemeinsam den Bergaffi.

Fast neun Jahre waren vergangen, seitdem wir unseren Sohn zum letztenmal gesehen hatten. Jedem von uns war durch die Wirren der Kriegs- und Nachkriegszeit gewaltig mitgespielt worden. Günter mußte hautnah den Krieg erleben, dann die Gefangenschaft, hinzu kamen der Heimatverlust und die Ungewißheit, wie es Eltern und Schwester ging, wo sie sich befanden, ob sie überhaupt noch am Leben waren. Ebenso war es uns ergangen, wir hatten unseren Teil an Sorgen getragen, die Invasion der Russen und die Vertreibung, das Nachkriegselend und schließlich die Flucht aus der DDR durchgemacht. Das alles wurde jedoch im Moment der Wiedersehensfreude von einem überströmenden inneren Gefühl vollständig verdrängt. In diesem Augenblick zählte allein die Gegenwart des Zusammenseins und des Daseins.

Als wir alle endlich wieder einander gegenüberstanden, war alles so vertraut, als hätten wir uns nicht vor neun Jahren, sondern erst gestern getrennt. Günter hatte sich kaum verändert, nur seine Schultern waren noch breiter geworden, und insgesamt wirkte er männlicher und größer. Ich mußte mich auf Zehenspitzen zu ihm hochrecken, um ihn zu umarmen. Über Emils Gesicht ging ein zufriedenes und strahlendes Lächeln, wie ich es lange nicht mehr bei ihm gesehen hatte. Ein sentimentaler Augenblick für Vater und Sohn.

Gerda begrüßte ihren Bruder gleich stürmisch wie in alten Zeiten. Mit der Faust klopfte sie anerkennend auf seinen Oberarm und meinte: „Menschenskind, Bruderherz, aus dir ist ja ein richtiger Mann geworden!“ Als sie sich zuletzt gesehen hatten, im November 1944, war Günter schon ein stattlicher junger Mann von neunzehn Jahren. Gerda dagegen war damals zwölf, ein kleines Mädchen mit Zöpfen – und heute stand seine Schwester als junge Frau von einundzwanzig Jahren schlank und groß vor ihm. Er betrachtete sie lange und suchte wohl die vertrauten Gesichtszüge von einst. Schließlich gab er den kleinen Boxer auf den Arm zurück, indem er sagte: „Na, du hast dich aber auch ganz schön gemausert, Schwesterlein, fast nicht wiederzuerkennen.“

In den folgenden Tagen gab es nun viel zu erzählen, viele traurige Bilanzen sowohl von seiner Seite als auch von uns. Stundenlang saßen wir beisammen, und nach und nach erfuhren wir, wie Günter das letzte Kriegsjahr und die Gefangenschaft überstanden hatte.

Nach seiner Abkommandierung zum Reichsarbeitsdienst nach Schneidemühl in Pommern im Winter 1942/43 wurden er und einige seiner Kameraden, die alle eine bestimmte Körpergröße hatten, noch einmal gemustert. Man zog sie für die Waffen-SS ein und schickte sie nach Prag. Dieser Beitritt war alles andere als freiwillig – die Nazis hatten entschieden, daß diese Soldaten für die Waffen-SS tauglich seien, und damit war der Beitritt zur SS beschlossene Sache. In Prag wurde Günter zusammen mit mehreren Kameraden zum Kradfahrer ausgebildet. Danach begann ihr Einsatz, sie wurden überall hinbeordert, nach Belgien, Frankreich, Rußland, in die Eifel.

Bei Kriegsende hielten sie sich gerade in Ungarn auf. Über die Grenze gelangten sie nach Österreich, und dort gerieten sie in amerikanische Gefangenschaft. Zusammen mit vierzigtausend weiteren Gefangenen sperrte man sie in das ehemalige Konzentrationslager

Ebensee. Fünf Monate lang vegetierten sie dort bei täglich einer Scheibe Brot und Wasser. „Es war die Hölle“ sagte Günter. Doch nach fünf Monaten kam für ihn die Erlösung. Fast alle Gefangenen wurden quasi auf die Siegermächte verteilt und nach Rußland, Frankreich und Amerika transportiert. Nur zweitausend Gefangene, darunter Günter, hatten das Glück, in ein amerikanisches Lager bei Augsburg zu kommen. Dort waren sie zwar noch immer gefangen, wurden aber nicht mehr wie Vieh gehalten, sondern arbeiteten für die Amerikaner. Auch die Verpflegung war nun gut, sonntags gab es sogar Kuchen und Bohnenkaffee für sie.

Trotz Gefangenschaft wurden sie über die wichtigsten Ereignisse in unserem Land unterrichtet. So erfuhr Günter auch eines Tages, daß die deutschen Länder östlich von Oder und Neiße unter polnische Verwaltung gestellt und alle Deutschen aus diesen Gebieten vertrieben worden waren. Er hatte also keine Heimat mehr, und der Verbleib von Eltern und Schwester war ungewiß.

Nach fünfzehn Monaten begannen nach und nach die Entlassungen. „Damit ich überhaupt entlassen werden konnte,“ erzählte Günter, „mußte ich eine Adresse angeben. Ich wußte keine und hatte auch keine.“ Deshalb erklärte sich sein Kriegskamerad Franz Schreiber bereit, die eigene Heimatanschrift in Natternberg auch für Günter anzugeben. Franz wurde gleich am nächsten Tag entlassen. Doch für Günter zog sich das Verfahren noch eine Weile hin. Nach einer Woche wurde er von den Amerikanern für einige Tage nach Bad Eibling geschickt und von dort wiederum für ein paar Tage nach Landshut. Erst dort erhielt er die richtigen Entlassungspapiere und die Fahrkarte nach Natternberg. Arbeit fand er sogleich bei den Nachbarn von Franz: für Kost, Logis und zwanzig Reichsmark half er in der Landwirtschaft.

Ja, und dann hatte er schon bald Maria kennengelernt. Natternberg war ein kleines Dörfchen, dessen Mittelpunkt der Gasthof mit seinem Garten bildete. Unter anderem befand sich dort eine kuriose hölzerne Kegelbahn. Zu beiden Seiten der Bahn standen Tische und Bänke. Hier wurde nicht nur gekegelt, sondern bei Brezen und Bier der Dorfklatsch ebenso wie die Geselligkeit gepflegt und manche zarten oder festeren Bande geknüpft. Bei solchen dörflichen Vergnügungen waren sich Günter und Maria nähergekommen.

Maria, eine gebürtige Natternbergerin, sprach auch heute, nach langer Ehe mit Günter, nur ihren urbayerischen Dialekt. Zu Anfang gestaltete sich die Verständigung daher sehr schwierig, bei jedem Satz mußten wir dreimal nachfragen. Auch sonst mußten wir uns erst einmal aneinander gewöhnen, um miteinander vertraut zu werden.

Unser Aufenthalt in Bayern blieb ein kurzes Gastspiel von ungefähr sechs Wochen. Auf dem Arbeitsamt prophezeite man uns, es bestünde kaum eine Möglichkeit, hier Arbeit zu finden. Auf dem Wohnungsmarkt waren die Chancen auch nicht besser. Günter und Maria hatten gebaut, und Mitte Mai bezogen sie ihr neues Heim. Wir blieben im Haus von Marias Eltern wohnen, lebten wiedermal zu dritt in einem kleinen Zimmer mit einer noch viel, viel kleineren Küche. Doch dies war nur eine vorläufige Lösung. Wir drei fühlten uns in Bayern nicht wohl, hatten das Gefühl, hier gehören wir nicht her. Ich weiß nicht, woran das gelegen hat, war es die Sprache, die Konfession, die Sitten, die Kultur? Jedes Land, jede Provinz, jeder Mensch hat so seine eigenen. Ob es daran lag, daß schon in früheren Zeiten die Beziehungen zwischen Bayern und Preußen nie die besten waren? Gewisse Differenzen waren jedenfalls noch jetzt deutlich spürbar.

Also fackelte ich nicht lange herum, sondern ergriff kurzentschlossen die Initiative. Emma, meine älteste Schwester, wohnte in Hessen. Ihr schrieb ich einen Brief, in dem ich unsere Lage schilderte. Emma antwortete postwendend, und zwei Tage später saß ich schon im Zug nach Hessen.

Emmas ältester Sohn Walter hatte in Niedermöllrich seit 1947 einen Bauernhof gepachtet. Emma war mit zwei Töchtern 1946 an den Niederrhein geflohen, und Willi, der jüngste Sohn, kam zu dieser Zeit aus der Gefangenschaft frei. Mit Hilfe des Deutschen Roten Kreuzes fanden sie schnell wieder zusammen. Seit einigen Jahren bewirtschafteten sie nun gemeinsam den Bauernhof in Niedermöllrich und bauten sich ein neues Zuhause auf.

Sie erklärten sich sofort bereit, uns in dem großen Bauernhaus ein Zimmer zur Verfügung zu stellen. Emil und Gerda wollten zwei Wochen später aus Bayern nachkommen. Doch als die beiden ankamen, war ich schon wieder verschwunden. Schwester Hedwig hatte mich eingeladen, nach Witten zu kommen. Von dort wiederum lud mich Emils Schwester Anna nach Schermbeck am Niederrhein ein.

Meine beiden Lieben waren ganz schon böse auf mich, ich habe viel Schimpfe bekommen. Sie mußten nun alle Formalitäten alleine erledigen.

Es war wohl einfach, mit dem Zug von einem Bundesland in das andere zu fahren, doch als Heimatvertriebene und Sowjetzonen-Flüchtlinge waren wir nach dem Notaufnahmegesetz für Bayern bestimmt. Es war also nicht einfach, nein, es war äußerst schwierig, nun die Genehmigung für Hessen zu erhalten. Aber mit viel Mühe, Ausdauer und Bittgängen vom Bürgermeisteramt bis zum Kreislandratsamt und wieder zurück war es meinen Beiden gelungen, die Erlaubnis zu unserer Niederlassung in Hessen zu bekommen. Als ich von meiner Rundreise nach Niedermöllrich zurückkehrte, konnten sie mich schon mit der Bewilligung für Hessen begrüßen, und es begann unser Leben in einem neuen Zuhause.

Gespannt verfolgten wir in diesen Frühsommertagen die Berichte über die DDR. Der Aufstand am 17. Juni löste bei uns wie in der ganzen Bundesrepublik große Besorgnis aus, aber auch die Hoffnung, daß es den Menschen gelingen möge, die SED mit ihren Machthabern zu stürzen und dadurch die Wiedervereinigung herbeizuführen. Mit schwarzrotgoldenen Fahnen marschieren die Arbeiter in Berlin durch das Brandenburger Tor. Über zehntausend Menschen begeben sich zum Ministerium und rufen Walter Ulbricht und Otto Grotewohl heraus. Doch die beiden Politiker reagieren nicht. Dadurch wird die Atmosphäre nur weiter angeheizt. Die Forderungen der Demonstranten werden lauter und politisch konkreter: Rücktritt der Regierung, freie Wahlen – oder Generalstreik, lauten die Parolen. Wie wir aus dem Radio erfahren, haben die öffentlichen Verkehrsmittel ihren Dienst schon eingestellt. Inzwischen bewegen sich mehrere Demonstrationszüge mit zig Tausenden von Menschen auf das Regierungsgebäude am Potsdamer Platz zu. Der sowjetische Stadtkommandant, wird bekanntgegeben, hat den Ausnahmezustand verhängt. Von 21.00 Uhr bis 6.00 Uhr morgens ist Ausgangssperre angeordnet. Wer sich diesen Verordnungen widersetzt, so heißt es, wird nach Kriegsrecht bestraft. Also standrechtlich erschossen! Solche Äußerungen hörten wir doch vor gar nicht langer Zeit – nur einige Jahre liegen dazwischen – schon einmal.

Aber die Berliner lassen sich nicht einschüchtern, sie demonstrieren und kämpfen weiter. Parteibüros werden besetzt und teilweise in Brand gesteckt. Die Lage wird von Stunde zu Stunde kritischer. Am Nachmittag fahren sowjetische Truppen mit Panzern auf, die auch noch von der Volkspolizei unterstützt werden. Es folgen heftige Auseinandersetzungen. Arbeiter verteidigen sich, indem sie mit ihren Händen Steine auf die sowjetischen Panzer werfen.

Inzwischen haben die Aufstände und Unruhen auf die ganze DDR übergegriffen. Man hört im Radio, daß in fast allen Städten der DDR die Menschen ihre Arbeit niedergelegt haben. Vor den Rathäusern und SED-Parteizentralen werden Brandsätze gelegt. Öffentliche Gebäude und Gefängnisse werden gestürmt. Doch was können Menschen mit ihren Händen gegen Panzer ausrichten! Am 19. Juni haben die Machthaber der SED mit Hilfe der russischen Panzer den Aufstand endgültig niedergeschlagen. Die Zahl der Toten wird mit 21 und die der Verletzten mit 187 angegeben. 1200 Personen sind zu Freiheitsstrafen verurteilt. Die angeblichen Anführer des Aufstandes, zu denen auch ein Westberliner zählte, sind standrechtlich erschossen worden. Über eines sind wir uns im klaren: wir können gar nicht froh und dankbar genug sein, daß es uns gelungen ist, diesem Regime den Rücken zu kehren.

Unser erster Sommer in der Bundesrepublik verlief für uns relativ zufriedenstellend. Auf einem Bauernhof gibt es ja immer reichlich Arbeit, und so halfen wir drei den ganzen Sommer über unseren Verwandten bei der Landwirtschaft. Mitte Oktober fand Gerda eine Anstellung in Fritzlar. Emil arbeitete jeweils vom Herbst bis zum Januar in der Zuckerrübenfabrik in Wabern in der Kampagne.

Im Hinblick auf das zurückliegende Leben in der DDR und unser jetziges hier in Hessen konnte man von zwei verschiedenen Welten sprechen. Wir waren hier nun wirklich freie Menschen. Egal, wo wir waren, was wir taten, wir konnten uns überall frei bewegen, ohne Angst, beobachtet oder gar bespitzelt zu werden. Wir konnten der Zukunft wieder ins Auge blicken.

Westdeutschland befand sich auf Wachstumskurs. Ja, wir Deutschen waren wohl nicht unterzukriegen. Kaum hatte man unser Land total zerbombt und zerschossen, um beträchtliche Teile verkleinert, Menschen verschleppt, ausgeplündert, aus der Heimat vertrieben und deutsche Soldaten zur Zwangsarbeit in Sibirien verurteilt, wuchsen und gediehen hier schon wieder Wirtschaft und Städte. Wie hatte Hitler einst gesagt: Deutschland wird schöner denn je.

Emma und ihre Kinder bauten in den Jahren 1954 und 1955 ein Haus. Im März 1956 war es fertiggestellt, und wir durften in die obere Etage einziehen. Wir waren überglücklich, nach elf langen Jahren nun wieder in einem neuen und schönen Haus wohnen zu können. Wir pachteten einen der Schrebergärten, die von der Gemeinde an der Eder angelegt worden waren, und konnten so auch wieder unser selbst angebautes Gemüse ernten. Inzwischen beschränkte sich der Kontakt zu unseren Verwandten und Freunden längst nicht mehr auf Briefe. Wir besuchten einander nun wieder regelmäßig, wenn auch nicht so häufig wie früher, daheim in Pommern, als wir uns einfach mit dem Fahrrad oder der Kutsche auf den Weg machten, sobald wir dazu Lust verspürten. Jetzt lagen jeweils zweihundert bis sechshundert Kilometer zwischen unseren Wohnorten, und zudem war es auch eine finanzielle Frage, denn jeder war noch dabei, sich ein neues Heim aufzubauen. Doch wir versuchten, jede Gelegenheit wahrzunehmen, um uns so oft wie möglich zu sehen. Bei meiner Schwester Emma in dem großen Bauernhaus und auch bei uns im Neubau, wo im Parterre noch alle Räume leerstanden, war Platz genug. So wurde Niedermöllrich zu einem Treffpunkt, an dem wir regelrechte kleine Pommerntreffen veranstalteten. Natürlich erweiterte sich unser Kreis immer mehr, es kamen Hessen, Bayern, Westfalen, Rheinländer und Holsteiner hinzu. Ein gutes Gemisch also!

Im Sommer dieses Jahres 1956 brachte Günter unsere beiden Enkelkinder Edeltraud und Ingeborg zu uns nach Hessen. Es waren ihre ersten Ferien bei uns. Aus den geplanten zwei wurden schließlich sechs Wochen, so gut gefiel es ihnen. Nur bei den Mahlzeiten gab es anfangs Probleme. Sie waren nur bayerische Kost gewöhnt, während bei uns die pommersche Küche dominierte. So war der Inge die Leberwurst zu fett, der Käse zu gelb, die Blutwurst zu rot, und die Kartoffeln gehörten in den Keller statt auf den Tisch, aber a Marmeladbrot, dös woar guat. Doch schon nach zwei Tagen waren alle Vorbehalte verflogen, es wurde alles gegessen, was auf den Tisch kam. Selbst das Griebenschmalz mit Äpfeln und Zwiebeln konnte gar nicht dick genug aufs Brot aufgetragen werden, und die Kartoffeln verschwanden nur so vom Teller. Na ja, die beiden hatten auch genug Bewegung. Zwei Jungen aus der Nachbarschaft, Hartmut und Klaus, kamen täglich, um mit ihnen zu spielen und zu toben. Manchmal ging es schon fast kriminell zu, so daß ich den Mädchen zuhilfe kommen mußte.

Jeden Tag gingen wir mit ihnen spazieren. Am Berghang an der Eder übte man sich im Koboldschießen. Inge war immer als erste unten. Wenn wir mit ihnen im Garten waren, konnten die beiden in der nahegelegenen Eder baden. Doch sie hatten keine Badeanzüge, und nackert wollten sie partout nicht ins Wasser, da meistens auch die beiden Jungen kamen. Also mußte Tante Gerda Badeanzüge nähen. Lange haben sie es trotz der feschen Badeanzüge in der Eder nicht ausgehalten, weil das Wasser viel zu kalt war.

Jeden Abend gingen die beiden Hand in Hand nach Wabern zum Bahnhof, um Tante Gerda abzuholen, die mit dem Zug von der Arbeit kam. Inge war noch so klein, daß sie ohne die Hilfestellung von Edeltraud nicht aus dem Fenster der Bahnhofshalle zum Bahnsteig hinausschauen konnte, um Tante Gerda zuzuwinken. Nach dem Grüß Gott war die erste Frage: „Tante Gerda, was host du uns heut brocht?“ Bonbons, Schokolade, Bananen, Apfelsinen oder Pfirsiche waren dann immer die Belohnung für das Abholen.

In unserer Wohnung gab es zwar ein Badezimmer, doch die Lieferung der Badewanne hatte sich verzögert. So badete Gerda die beiden Mädchen immer unten im Keller in der Waschküche im Waschkessel. Das war jedesmal eine Gaudi! Da wurde herumgetobt, geplanscht und getaucht. Beim Tauchen war Traudi immer die Siegerin, sie hielt es am längsten unter Wasser aus. Die Waschküche triefte nur so von Wasser; auch Gerda war von oben bis unten vollkommen durchnäßt. Das Aufputzen und Trockenwischen war dann immer die Arbeit von Oma und Opa.

Der 5. August, Emils Geburtstag, fiel auf einen Sonntag. Die Geburtstagstorte hatte ich schon am Abend zuvor gebacken. Inge und Traudi waren früh wach, zogen sich ihre Badeanzüge an, liefen hinunter in den Garten, pflückten einen Blumenstrauß, sammelten jede zwei unreife Äpfel auf und steckten sich diese in den Badeanzug. Kamen wieder nach oben gelaufen, gratulierten Opa zum Geburtstag, stellten sich vor ihm in Positur und sagten: „Schau her, Opa, haben wir nicht schon a fesche Brust?“ Zum Frühstück gab es von mir selbstgebackene Brötchen, doch die Torte in der Speisekammer hatte es den beiden angetan. Sie baten und bettelten so lange an mir herum, bis ich mich erweichen ließ. Das Ergebnis war, daß wir die ganze Torte schon zum Frühstück vertilgten und ich für den Nachmittag eine neue backen mußte.

Gerda nahm sich zwei Wochen Urlaub, um mehr Zeit für die beiden Mädchen zu haben. Sie gingen zum Baden oder auf den Jahrmarkt, um Karussell zu fahren. Der anschließende Cafébesuch mit Kuchen, Eis und Limonade bildete dann den absoluten Höhepunkt des Tages. Einen Faible für hübsche Sachen entwickelten die beiden Damen auch schon. Besonders stolz waren sie auf ihre Dirndlkleidchen, die ihnen Tante Gerda genäht hatte. Inge wünschte sich sehnlichst Ohrringel. Bei einem Juwelier in Kassel wurde dieser Wunsch erfüllt. Ohrlöcher hatte sie noch keine, die mußte der Juwelier erst stechen. Ganz brav, aber doch ein bißchen ängstlich setzte sie sich auf den vorgesehenen Stuhl, sagte: „Tante Gerda, tust bitte meine Hand halten?“ und wartete mit angehaltenem Atem auf den Schmerz. Das Ohrlochstechen ging so schnell, daß sie kaum etwas bemerkte. Nur zwei winzig kleine Bluttröpfchen kamen aus dem Ohrläppchen zum Vorschein. Auf einmal gab es einen Schlag, und Edeltraut lag ohnmächtig am Boden. Später zu Hause erzählte sie uns, sie habe so schreckliche Angst um Inge und das Ohrlochstechen gehabt, daß sie selbst deshalb nie Ohrringel haben möchte.

Wir wollten mit ihnen auch nach Bad Wildungen fahren, durch den schönen Kurpark spazieren und das sonntägliche Konzert anhören. Gerda schneiderte den Mädchen hierzu Organza-Kleider. Darin sahen sie nun besonders schick aus. Sie drehten sich vor dem Spiegel von einer Seite zur anderen, zupften hier und zupften da. Kämmten immer wieder ihre Haare, klimperten mit den Wimpern, und Tante Gerda mußten ihnen auch noch Parfüm ansprühen. Sie gebärdeten sich, als ginge es zum Rendezvous. Aber sie hatten ja auch eine Tante als Vorbild, die sie nie aus den Augen ließen und in allem nachahmten.

Allmählich nahte das Ende der Ferienzeit, diese sechs Wochen waren wie im Fluge vergangen. Beim Abschied unter Tränen versprachen Inge und Traudi ganz fest, im nächsten Jahr wiederzukommen. Und sie kamen wieder!

Gerda arbeitete nun schon seit drei Jahren in Kassel, in Nordhessens angesehenstem Korsett-, Mieder- und Wäschegeschäft. Es gefiel ihr außerordentlich gut dort, man sah ihr an, wieviel Spaß es ihr machte. Mit vollem Elan stürzte sie sich in die Arbeit und war rundherum zufrieden. Der Chef und die Chefin, hervorragende Menschen, waren tolerant und großzügig, und zu den Kolleginnen bestand ein ganz herzliches Verhältnis.

Das Pommerntreffen und „Kein Sommer ohne Inge"

Alljährlich zu Pfingsten, jeweils in einer anderen Stadt, fanden nun auch die inzwischen traditionellen Pommerntreffen statt, die von der pommerschen Landsmannschaft ins Leben gerufen worden waren. Pfingsten 1958 war Kassel als Treffpunkt vorgesehen, und ganz Pommern war unterwegs nach Hessen. In Kassel hatte man alle Vorkehrungen für diese Zusammenkunft bestens getroffen. Jedes Hotel, jede Gastwirtschaft und jedes Café der Innenstadt bildete einen Versammlungsort für pommerschen Städte und Kreise. Unser Kreis Kolberg wie auch die Stadt Kolberg trafen sich im Parkhotel Hessenland in der Oberen Königsstraße. In der Karlsaue gab es vom frühen Morgen bis zum Abend Veranstaltungen jeglicher Art, Ansprachen und Darbietungen alter pommerscher Tänze und Bräuche. Wir trafen viele Bekannte wieder, von denen wir seit 1945 nichts mehr gehört hatten. Jeder war froh, mit den Menschen aus der Heimat auch ein Stück Vergangenheit wiederzufinden, und man wurde nicht müde, einander von den vergangenen Tagen zu erzählen. Erinnerungen an alte, glückliche und zufriedene Zeiten wurden geweckt. Doch in erster Linie schilderte jeder sein eigenes Schicksal, das er durch die Invasion der Russen in den letzten Kriegstagen und durch die Vertreibung der Polen erlitten hatte. Not, Elend und Leid, Tod und Schmerz wechselten täglich einander ab. Heute nun nach 13 Jahren war jeder froh, die entsetzliche Zeit und den Verlust von Hab und Gut und Heimat einigermaßen überstanden zu haben. Wenn auch die Wunden verheilen, so bleiben doch die Narben für alle Zeiten sichtbar.

Die Natur verleiht jedem Land einen gewissen Lebensrhythmus und formt die Menschen nach ihren eigenen Gesetzen. So hat sie auch unsere Umgebung, die Ostsee, Kolberg und uns Bewohner mit einer ganz besonderen Lebensnote und Stimmung geprägt. Kolberg war unsere Stadt, und bis zum heutigen Tage lebt sie mit ihren Menschen, Häusern, Straßen, Plätzen, all den berühmten Sehenswürdigkeiten, vor allem aber mit der Ostsee, dem Strand und der Maikuhle in mir weiter.

Der endlos lange, weite Strand, den man kilometerweit entlanglaufen konnte, und der feine, weiße Sand, der einem so zart durch die Finger rieselt, waren von großer Anziehungskraft für die Urlauber. Man sagte, wer einmal hier war, kehrt immer wieder zurück! Wo das Wasser so wechselhaft in seinen Farben schillert, vom dunkelsten Blau bis Grün und Grau, wo die weißen Möwen sich wiegen in blauer Höhe, dort, wo der Himmel so weit und hoch sein kann und die großen, weißen Wolken weiter nach Norden ziehen, da konnte man stundenlang gedankenverloren am Strand sitzen und singen: *Ich schau den weißen Wolken nach und fange an zu träumen...*

Von der Seebrücke aus, die 600 Meter weit in die Ostsee führte, hatte man einen herrlichen Blick auf das Strandleben. Wenn die Ostseewellen rhythmisch und rauschend ans Land ziehen, ihre Gischt am Strand verendet, möchte man leise vor sich hersummend in die Melodie einstimmen:

Wo de Ostseewellen trecken an den Strand,
wo de gelen Blomen blön im grünen Land,
wo de Möwen schriegen, hell im Sturmgebrus,
dor is mine Heimat, dor bün ick to Hus.

Welln und Wogen sangen mi men Wegenlied,
und de hohen Dünen wären mi dat „Gott behüt“,
markten ock min Sehnen un min heiß Begehr,
durch de Welt tau flegen, öwer Land un Meer.

Wohl hät mi dat Läben mine Qual gestillt
un mi dat gegäben, wat min Herz erfüllt
alles is verschwunden, wat mi leid und lieb
hew dat Glück gefunden, doch dat Hemweh blew.

Kolbergs Strand bei starkem Wind

Hemweh nach dem schönen grönen Hematland,
wo de Ostseewellen trecken an den Strand
wo de Möwen schriegen , schrill im Sturmgebrus,
dor is mine Hemat, dor bün ick to Hus.

Kolberg gewährte jedem seiner Gäste das, was er zu seiner Freude und Erholung suchte. Das prachtvolle Strandschloß an der Promenade bildete einen Treffpunkt für die Prominenz. In den Straßen lockten kleine Restaurants und elegante Cafés, mondäne Geschäftshäuser und Prachtbauten luden zu einem Bummel durch die Stadt. Nur wenige Schritte von der Kurpromenade entfernt bot der wundervoll angelegte Rosengarten eine überwältigende Blütenpracht. Wer einmal in ihm spazierenging, wird den Eindruck wohl nie vergessen. Wenn dann die Klänge des Kurorchesters die Luft durchzogen und die Menschen auf der großzügigen Strandpromenade flanierten, fand man wohl nirgends eine phantastischere Verschmelzung von städtischem Leben und Natur: ein gewaltiger Zusammenklang von Meer, Sonne, Sand und

Badefreuden in Kolberg

Dünen, Wald, Wind und Wolken, der dieser Stadt ihren ganz besonderen Zauber verlieh.

Von welcher Seite man sich der Stadt auch nähert, von Osten, Süden oder Westen, immer erblickt man den Dom und seine zierliche Kirchturmspitze zuerst. Der mächtige rote Backsteinbau steht ohne viel äußerlichen Zierat inmitten Kolbergs, einfach und schlicht, als Wahrzeichen der Stadt: ein gewaltiger Koloß, der alle Naturgewalten überstanden hat und sich schützend vor die Menschen und ihre Stadt stellt. Nicht nur die Kolberger liebten ihren Dom, als wäre er ihr Eigentum, sondern auch wir, die Landbevölkerung im ganzen Kreis Kolberg, huldigten ihm als einem Zeugen heimatlicher Tradition.

Kolberg – eine Stadt voller Schönheit, Stolz und Zuversicht, wieviel Hoffnung lag in diesem Namen! Kolberg, eine Stadt der Schanzen und Wälle, Sinnbild der Standhaftigkeit und Pflichterfüllung. Auch heute noch ragt der Turm des Domes ungebrochen aus einer total zerstörten und verwundeten Stadt. Vielleicht ein Mahnmal und ein Symbol, für alle, die diese Stadt einst so liebten? Kolberg – eine Stadt in Ruß und Asche!

Bis zu dem Pommerntreffen in Kassel hatten wir keine Ahnung davon, welches Drama sich in Kolberg wirklich zugetragen hatte. Mir war die Stadt immer so in Erinnerung geblieben, wie ich sie zuletzt mit Emil erlebt hatte. Erst jetzt erfuhren wir von einigen Überlebenden, wie die Tage kurz vor Kriegsende verlaufen waren.

Mehr als fünf Jahre hatte der Krieg gedauert. Städte und Dörfer lagen in Schutt und Asche, über unzählige Menschen hatte er mörderisches Unglück, Vernichtung und Tod gebracht. Die deutschen Ostgebiete waren bislang einigermaßen verschont geblieben, aber nun, seit dem Herbst 1944, tobte der Krieg auch hier mit aller Gewalt, zu allem Unglück auch noch in den harten Wintermonaten. Zu Hunderttausenden verließen die Menschen ihre Heimat und ihren Besitz. Die langen Ketten des Flüchtlingsstromes, die sich mit Pferd und Wagen oder zu Fuß Richtung Westen bewegten, waren kaum zu zählen. Vom hohen Norden Ostpreußens zogen sie übers Kurische und übers Frische Haff, das vielen Menschen den Tod brachte: an manchen Stellen war das Eis nicht dick genug gefroren, es brach ein und verschluckte Menschen, Wagen und Pferde.

Immer weiter zogen sie, manchmal schon den Kanonendonner im Rücken, immer weiter entlang der Ostseeküste, durch Kolberg hindurch, wo manche sich eine kurze Ruhepause gönnten. Die Kolberger halfen ihnen, wo sie nur konnten; die Flüchtlinge erhielten von ihnen nicht nur Lebensmittel, sondern auch seelischen und moralischen Beistand. Doch lang währte der Aufenthalt nicht, so bald wie möglich mußten sie weiterziehen. Bis dann in den ersten Märztagen des Jahres 1945 dem Flüchtlingsstrom der Weg nach Westen versperrt wurde. Die Russen waren bis Kolberg vorgedrungen und hatten Stadt und Umgebung kilometerweit eingezingelt. Wie wir waren Bewohner und Flüchtlinge in einen Kessel eingeschlossen, aus dem es kein Entkommen mehr gab. Nur den Menschen, die sich zu diesem Zeitpunkt in Kolberg befanden, stand ein letzter Ausweg offen: der Weg über die Ostsee. Doch der anhaltende Schneesturm, der Nebel, das Eis und vor allem die Minen erschwerten den Schiffen den Zugang zum Hafen. Kein Leuchtfeuer an den Molenköpfen durfte die Ein- und Ausfahrt sichern, und der Leuchtturm hatte ebenfalls seine Signale einstellen müssen. Trotz all dieser Gefahren versuchten die Schiffe, das offene Meer zu erreichen.

Während man sich so verzweifelt zu retten versucht, verbreiten die Nazis weiterhin ihre Durchhalteparolen: es bestünde keine Gefahr und keinerlei Grund zur Aufregung, die deutsche Front würde den Feind siegreich zurückschlagen. Niemand schenkt diesen Sprüchen noch Glauben. Erschöpft und bangen Herzens verlassen die Menschen die Stadt und hetzen zum Hafen. Die Schiffe sind schon völlig überfüllt. Kleine Dampfer, die meist weniger als 1000 Passagiere befördern können, bringen die Fliehenden vom Hafen zu den großen Schiffen und Frachtern, die weit draußen vor dem Hafen auf offener See festgemacht haben. Mehrere Tage dauert es, bis die achtzigtausend Menschen die rettenden Schiffe erreicht haben.

Unterdessen laufen Unzählige zum Strand, hocken in den Dünen, hasten über die Promenade und noch einmal zur Maikuhle hinüber. Sie können es nicht fassen und wollen nicht glauben, daß sie alles zurücklassen sollen, ihre Häuser, ihr Hab und Gut, ihre Heimat. Ihr Leben, ihr Inhalt, das war doch diese Stadt.

Viele versuchen die Flucht durch die Wälder, aber die russische Armee hat den Kessel so dicht abgeriegelt, daß kein Entkommen möglich ist. Die Menschen richten flehende Gebete zum Himmel und hoffen auf ein Wunder, doch der Himmel sendet keine Erlösung, stattdessen beginnen die Sirenen zu heulen, und der Kampf beginnt. Vom Landesinnern beschießen die Russen Kolberg mit Granaten und Stalinorgeln. Wir hörten es bei uns in Poldemin Tag und Nacht, wie die Geschosse über uns hinwegrasten. Die deutsche Wehrmacht schießt zurück und verteidigt die Stadt bis zum letzten Augenblick, um den Menschen den Fluchtweg über die See freizuhalten. Der Beschuß geht unaufhörlich weiter. Die Innenstadt ist zuerst betroffen, die Straßen sind total verwüstet, und der Dom steht in Flammen. Seine dicken Mauern, die so viele Jahrhunderte überdauert und allen Gewalten standgehalten haben, beginnen zu schwanken und brechen wie ein Kartenhaus in sich zusammen. Noch tags zuvor ragte er groß, gewaltig und wuchtig über alle Dächer der Stadt; jetzt ist von ihm nur ein Trümmerhaufen zurückgeblieben.

Auf den Straßen liegen blutüberströmt zahllose Tote, und das Feuer greift immer weiter um sich, von Haus zu Haus, bis die ganze Innenstadt in einem riesigen Feuermeer untergeht. Einzig das Rathaus ist stehengeblieben, alles übrige vernichtet. Die Toten werden in

Massengräbern beerdigt, niemand kann mehr ihre Namen ermitteln. Zu viele sind es, und kein Angehöriger, der diese Hölle überlebt hat, wird je erfahren, wo ihre letzte Ruhestätte ist. Viele Menschen, die tagelang in ihren Kellern ausharrten, kämpfen sich nun durch die brennende und schwarz verqualmte Stadt hindurch zum Hafen. Junge Mütter irren durch die Trümmer, ihr verhungertes Kind eingewickelt im Arm. Falls sie noch ein Schiff erreichen können, wollen sie den kleinen Leichnam lieber dem Meer übergeben – dem Meer, an dem das Kind sein Leben verbringen sollte –, als es irgendwo in einem Massengrab zu wissen.

Die feindlichen Geschosse treffen mittlerweile auch schon das Kurviertel. Die Kurhäuser brennen, der Rosengarten und das Strandschloß sind von Raketen getroffen worden und dem Erdboden gleichgemacht. In den Dünen, am Strand, am Hafen schlagen die Raketen ein. Auch der Leuchtturm ist getroffen; trotz seines starken Mauerwerks hält er dem Beschuß nicht stand, unter seinen Trümmern begräbt er die Menschen, die an ihm Schutz gesucht hatten.

Panik erfaßt die Menschen – was haben sie verbrochen, so brutal vernichtet zu werden? Bis vor wenigen Tagen führten sie noch ein normales, zufriedenes Leben in dieser Stadt, die ihnen Geborgenheit, Glück und Heimat gab, und die sie so sehr liebten. Jetzt sind sie von Angst und Verzweiflung beherrscht. Viele können diese wahnsinnige, grauenhafte Vernichtung nicht ertragen und mitansehen, sie setzen ihrem Leben selbst ein Ende.

Die Front rückt näher und näher, und der Beschuß nimmt stündlich zu. Die Raketen schlagen nun schon am Hafen und an den Molenköpfen ein. Trotz des starken Beschusses laufen die Menschen zu den Schiffen, um ihr Leben zu retten. Zusätzlich zu den Dampfern sind jetzt auch kleine Motor- und Schnellboote eingesetzt. Bei laufendem Motor, ohne noch an den Haltepfosten festzumachen, warten die Boote, bis sich die Menschen hineingezwängt haben, um sofort wieder abzulegen. Von allen Seiten drängen sie in die Boote, es zählt jede Minute. In dem Gedränge und der besinnungslosen Hast kommt es zu furchtbaren Unfällen: Menschen stürzen zwischen Boot und Bollwerk in das Hafenbecken. Ihre Hilfeschreie werden wohl gehört, aber kaum beachtet. Jeder ist mit sich selbst beschäftigt. Wem es nicht gelingt, sich aus eigener Kraft zu retten, den verschlingt das eiskalte Wasser.

Neben- und übereinander dicht zusammengekauert, klammern sich die Menschen aneinander fest, wenn sie mit den überfüllten Booten in rasendem Tempo durch den Granatenhagel zu den großen Schiffen hinausfahren. Alles muß mit äußerster Schnelligkeit geschehen, die Boote wenden sofort wieder, um die nächsten Wartenden vom Hafen zu holen.

Zwei volle Wochen lang mußten achtzigtausend Menschen entsetzliche Qualen durchleiden, hungern und dursten, immer den Tod im Nacken und vor Augen das sinnlose, jämmerliche Sterben von Angehörigen und Freunden, jungen und alten Menschen. Zwei Wochen lang lebten sie in einer Hölle und sahen die Vernichtung ihrer Stadt. Ein letztes Mal sehen sie jetzt von den Schiffen aus das verwüstete Kolberg: so weit das Auge reicht, nur brennende Ruinen und rauchende Trümmer. Der große und wuchtige Bau ihres ehrwürdigen Doms ist verschwunden. Jahrhundertelang hatte er Naturgewalten und Belagerungen standgehalten – jetzt ist er zertrümmert. Die Promenade, die Dünen, die herrlichen Parkanlagen, alles ist den Granaten und den Flammen zum Opfer gefallen. Zwischen den Trümmern ragen gespenstisch schwarz verkohlte Baumstümpfe auf. Tote, unzählig viele, mußten sie in der verwüsteten Stadt zurücklassen.

Am Strand, wo sich im letzten Sommer noch die Urlauber tummelten, wo Kinder friedlich mit ihren Eimerchen und Schaufeln spielten, Burgen, Schlösser und Türme bauten, haben die Granaten tiefe Löcher gerissen. Wo einst das Leben eines mondänen Badeortes pulsierte, hausen jetzt Tod und grausige Stille in einer gestorbenen Stadt.

Je weiter sich die Schiffe von der Stadt entfernen, desto weniger können es die Menschen fassen, gerettet zu sein. Lähmende Stille und Schweigen lastet auf ihnen, nur unterbrochen vom Geplätscher des Wassers mit seinem immerwährenden, zum Strand ziehenden, rhythmischen Wellenschlag. Die Wirklichkeit der letzten Tage und Stunden hat ihre Gefühle zutiefst getroffen. Alles läuft in ihnen wie ein Alptraum und dunkler Schatten ab und kann sich nicht zu den Tiefen ihrer Seelen durchringen. Sie sind wie gelähmt und jeder wähnt und hofft in seinem Inneren, nur einen entsetzlichen Traum geträumt zu haben.

Den erschütternden Berichten unserer Landsleute stand das Erleben der Gegenwart und einer jungen Generation gegenüber, die dabei war, sich in der neuen Heimat ein eigenes Leben aufzubauen. Unsere Verwandtschaft war zu dem Treffen in Kassel zahlreich erschienen. Neffe Werner, der älteste Sohn meines Bruders Franz, hatte sich gerade verlobt und kam in seiner kleinen Isetta mit Braut Marianne aus Eschborn angebraust. Unsere Nichten Thea und Elsbeth waren schon verheiratet, ebenso wie die Neffen Ewald und Willi. Und aller Wahrscheinlichkeit nach würde in absehbarer Zeit unsere Verwandtschaft noch weiteren Zuwachs bekommen.

Auch in unserer engeren Familie gab es wieder Nachwuchs. Am 20. November 1958 wurde in Bayern der Stammhalter geboren. Die Erbfolge war also gesichert. Doch es gab nichts mehr zu vererben. Man hatte uns von allem befreit. Unsere Heimat und Hinterpommern haben neue Namen und neue Besitzer bekommen, die unserem Land neue Impulse geben und zu einem neuen Leben verhelfen sollten oder wollten. Sie sollten es – das war Teil der Vergeltungsmaßnahmen durch die Siegermächte, so war es von Truman, Churchill und Stalin im Juli 1945 auf der Potsdamer Konferenz beschlossen worden. Sie wollten es – so hatte es den Anschein, als die Polen nach Kriegsende über unsere Höfe herfielen. Aber wie sollte im Handumdrehen aus einem seit Jahrhunderten von deutscher Kultur bestimmten Land ein polnisches entstehen? Man kann doch nicht so ohne weiteres Kirchen, Schlösser, Denkmäler, Häuser und all die damit verbundenen Traditionen auslöschen, als habe es sie und uns nie gegeben. Ich für mein Teil kann mir das nicht vorstellen – so schnell läßt sich Pommern doch nicht unterkriegen. Wenigstens unseren Namen, den konnte man uns nicht nehmen. Der wird nun hoffentlich noch recht lange weiter fortgesetzt werden.

Im Weltgeschehen geht weiterhin alles mit ungeheuerer Geschwindigkeit voran. Charles de Gaulle hat in Frankreich eine neue Regierung gebildet. Das Saarland wird wieder deutsch; die wirtschaftliche Integration in die Bundesrepublik ist schon vollzogen.

Zum erstenmal seit fünfzig Jahren besucht ein deutsches Staatsoberhaupt wieder England. Bundespräsident Theodor Heuss wird von den Regierungsvertretern und Queen Elizabeth II. herzlich empfangen, berichten die Medien.

Die letzten Kriegsgefangenen aus Rußland kehren heim. Nach langen und harten Auseinandersetzungen mit der sowjetischen Führung hatte Adenauer ihre Freilassung erwirkt. Die Sowjets lehnten es ab, sie überhaupt als Kriegsgefangene zu bezeichnen, es handele sich, so die Sowjets wörtlich, um rechtmäßig verurteilte Mörder und Kriegsverbrecher. Adenauer aber war hartnäckig geblieben und hatte die Sowjets an die Verbrechen ihrer eigenen Soldaten beim Einmarsch in Deutschland erinnert. Sie hatten sich ebenso bestialisch aufgeführt wie Hitlers Schergen. Wie Hitler war Stalin ein bösartiger Diktator. Seine Soldaten hetzte er zu den brutalsten Untaten auf, er befahl ihnen, dem deutschen Volk grausamste Greueltaten zuzufügen. Russische Soldaten standen Schlange, um junge Frauen zu vergewaltigen, bis sie ohnmächtig wurden. Ganze Familien wurden hingerichtet, nackt an eine Wand genagelt, mit aufgeschlitzten Bäuchen und Leibern. Es ist nur ein winziger Teil, den ich hier nenne, und was wir selbst erlebten, als die Russen 1945 bei uns in Pommern einmarschierten, habe ich ja schon erzählt.

Das erste Zusammentreffen von Bundeskanzler Konrad Adenauer und Charles de Gaulle, in der ganzen Welt mit Spannung erwartet, hat in Colombey-les-Deux-Eglises stattgefunden. Im gemeinsamen Kommuniqué heißt es, daß beide Staaten sich um eine deutsch-französische Verständigung und ein einiges Europa unter Einschluß weiterer Staaten bemühen werden.

In Rom im Vatikan gibt es einen neuen Papst, dem die katholische Welt viel Vertrauen entgegenbringt: Johannes XXIII.

Die Weltraumforschung wird von den Amerikanern wie auch von den Russen mit erstaunlichen Erfolgen vorangetrieben. Sputniks und Raumkapseln werden nun schon mit Hunden und Affen besetzt in den Weltraum entsandt. Emil meinte: „Wirklich vorstellen kann sich unser einer ja nicht, daß sie jemals auf dem Mond landen werden. Vielleicht geling es eines Tages, aber bis dahin werden wohl noch einige Jahre ins Land ziehen."

Am 1. Juli 1959 wird Heinrich Lübke neuer Bundespräsident und löst fortan mit seiner Zerstreutheit beim Volk manche Heiterkeit und Bestürzung aus.

Chruschtschow besucht die USA. Er und seine gesamte Delegation werden aber fast im ganzen Land höchst zurückhaltend begrüßt. Das Treffen mit den Gewerkschaften endet gar mit einem bitteren

Zusammenstoß. Auch ein Jahr später, bei der UN-Vollversammlung in New York, sorgt Chruschtschow mit seinen spektakulären Auftritten für Aufsehen und Empörung. Er trommelt mit den Fäusten auf Tisch und Rednerpult, unterbricht fortwährend mit wüsten Schimpfworten die anderen Redner. Als dann beim Bemühen, Ordnung und Ruhe wiederherzustellen, auch noch der Hammer des Versammlungspräsidenten abbricht, zieht Chruschtschow kurzerhand einen Schuh aus, um damit wie ein Besessener auf sein Pult zu trommeln.

Der Rock'n-Roll-Star Elvis Presley kommt nach Deutschland, um in Friedberg in Hessen seinen Dienst bei der US-Army zu absolvieren. Für die deutschen Fans des Rock-Idols ein neuer Höhepunkt. Und ganz Deutschland rockt im Elvis-Fieber. Auch wir tanzten zwei ganze lange Nächte bis zum frühen Morgen hindurch. Am Niederrhein wurde geheiratet. Wir feierten quasi zwei Hochzeiten, die grüne von Ilse, der jüngsten Tochter von Emils Schwester Anna, und die Silberhochzeit der Schwiegereltern. Am ersten Tag waren zweihundertfünfzig und am zweiten Tag zweihundert Gäste geladen. Im Sommer kamen Günter und Maria mit dem Motorrad zu uns nach Niedermöllrich. Wir durchstreiften mit ihnen in Kassel die Karlsaue und den Park in Wilhelmshöhe. Es war an diesen Tagen ziemlich heiß, und die fünfhundertfünfzig Stufen hinauf zum Herkules machten uns ganz schön zu schaffen. Doch die Anstrengung wurde mit einem Weitblick ins Land und einer zünftigen Mahlzeit in der Kaskadengaststätte belohnt.

Im Spätsommer erkrankte Emil schwer. Zu einer akuten Lungen- und Rippenfellentzündung kam auch noch Bronchialasthma. Das Asthma quälte ihn schrecklich, mehrmals mußte er nach Bad Wildungen ins Krankenhaus. Bei jedem Anfall drohte er fast zu ersticken. Sobald sich das Asthma bemerkbar machte, ob am Tage oder in der Nacht, mußten wir den Arzt rufen, damit Emil eine krampflösende Spritze erhielt. Die Anfälle wurden zunehmend stärker und häuften sich auch des Nachts, so daß Gerda immer öfter, nur mit Schlafanzug und Mantel bekleidet, zum Telefon lief, um den Arzt zu rufen.

Das öffentliche Telefon war zu dieser Zeit noch im Haus der Post installiert. Für die Leute, die die Post betrieben, war es bald kaum mehr zumutbar, sie so häufig aus dem Schlaf zu klingeln. Unser

Hausarzt litt ebenfalls an Asthma, und es fiel ihm sichtlich schwer, die Treppe hinaufzusteigen. So schien es am einfachsten, wenn ich seine Aufgabe übernahm. Er gab mir die entsprechenden Anweisungen, und von nun an mußte ich bei jedem Anfall Emil eine Spritze in den Arm injizieren.

Bei den ersten Spritzen hatte ich vor lauter Angst, etwas falsch zu machen, meine Hände kaum in der Gewalt. Doch wenn man jemanden leiden sieht, der keine Luft bekommt und um sein Leben ringt, vermag man alles, man wächst über sich selbst hinaus. Ich betete, daß ich alles, aber auch alles tun werde, was in meiner Macht stand, wenn es nur helfen möge. Die Spritzen wirkten sofort, und ich war jedesmal von Herzen froh, wenn ich sah, wie Emil wieder ruhiger atmete und sich entspannte.

Emil ertrug die Krankheit sehr tapfer. Obwohl sie furchtbar an ihm zehrte und ein normales Leben unmöglich machte, blieb er geduldig und zuversichtlich. Nie ließ er Verbitterung spüren. Ich versuchte, ihn von seiner Krankheit abzulenken, wo immer ich konnte. Am Radio kurbelte ich solange, bis ich einen Sender mit seinen Lieblingsmelodien fand. Gerda kaufte Fotoalben, und tagelang beschäftigte er sich nun mit dem Ordnen unserer Bilder. Bei schönem Wetter wagten wir uns auch mit ihm für ein paar Schritte nach draußen, und jedesmal legten wir einige dazu.

Nach fast zwei Jahren trat ganz allmählich eine Besserung ein. Zwecks Luftveränderung fuhren wir sogar zu Günter nach Bayern. Endlich hegten wir wieder etwas Hoffnung, die Krankheit in den Griff zu bekommen. Doch dann kam ganz plötzlich eine Magenkrankheit hinzu, von der Emil sich nicht mehr erholte. Am 4. Juli 1961 verstarb er.

Nun waren Gerda und ich allein, alles war so leer um uns her. Wir fühlten uns beide schrecklich verlassen. Der Tod hatte einen Menschen unwiederbringlich von uns gerissen, der bisher Teil unseres Lebens gewesen war. Es war, als würde ein Teil von uns selbst mitsterben. Meine Geschwister und unsere Verwandten bemühten sich sehr, Gerda und mir den Schmerz erträglicher zu machen. Doch die Trauer und den Kummer kann einem niemand abnehmen, man muß ganz allein hindurch, den Schmerz in seinem ganzen Ausmaß annehmen, ihn immer wieder durchleben und sich erinnern an die gemeinsame Zeit, die man miteinander verbracht hat. Nur so ist es möglich, wieder zu sich selbst zu finden. Die Einrichtung des Trauerjahres beruht auf jahrhundertealter Erfahrung. Bei manchen Menschen währt es ein Jahr, bei anderen zwei Jahre oder noch länger, bis sich ganz allmählich der innere Zustand von Leere und Resignation befreit. Eines Tages verspürt man wieder Leben und Freude; man ist bereit, sich vom Vergangenen zu lösen und den Verstorbenen in Frieden ruhen zu lassen.

Neun Jahre nach dem blutigen Aufstand vom 17. Juni spitzte sich in Berlin die politische Situation erneut dramatisch zu. Weil der ständig anwachsende Strom von Flüchtlingen in den Westen nicht enden will, ergreift die DDR Zwangsmaßnahmen. In der Nacht zum 13. August 1961 riegeln Truppeneinheiten der Volksarmee mit Straßensperren und Stacheldraht den Sowjetsektor Berlins ab, und der Bau der Mauer beginnt.

Die gesamte westliche Welt ist empört. In der Weltgeschichte hat es zwar schon öfters gewaltige Mauern gegeben, denkt man etwa an die Chinesische Mauer – aber eine Mauer, die ein ganzes Volk gefangen hält, um zu verhindern, daß die Menschen fortlaufen, hat es meines Erachtens noch nie gegeben.

Haben die Machthaber der DDR kein Gehirn im Kopf? Haben sie keine Weitsicht, können sie nicht einsehen, daß kein Volk sich auf Dauer so demütigen, entwürdigen und einsperren läßt? Oder hat das SED-Regime selbst überhaupt keine Entscheidungsfreiheit mehr? Das soll demokratischer Sozialismus sein? Und wenn sie doppelt so viele Fahnen und Transparente schwenken, Zeichen eines Sieges können das nicht sein.

Im September 1962 melden die Zeitungen, daß die Russen öffentlich ihre Waffenlieferungen an Kuba bekanntgegeben haben. Einen Monat später werden auch schon sowjetische Frachter, bestückt mit Düsenjägern, in der karibischen See gesichtet. Als auch Raketenabschußbasen auf Kuba entdeckt werden, reagieren die Amerikaner sofort. John F. Kennedy, seit November 1960 neuer Präsident der Vereinigten Staaten, fährt seine Flotte auf und läßt der Weltöffentlichkeit mitteilen, daß er die Bedrohung mit allen Mitteln abzuwenden suche – was ihm gottlob auch gelang. Nicht auszudenken, wenn daraus wieder ein Krieg oder gar ein Weltkrieg entstanden wäre.

Ein halbes Jahr später, anläßlich seines Deutschlandbesuches, trifft Kennedy auch in Berlin ein, wo er die Mauer besichtigt. Bei seiner Ansprache vor dem Schöneberger Rathaus sichert er der Bevölkerung die Unterstützung der USA zu und betont, daß er selbst nach wie vor an die Wiedervereinigung Deutschlands glaube. Mit einem deutschen Satz beendet er seine Rede: „Ich bin ein Berliner“. Das Jubeln der Menschenmenge wollte kein Ende nehmen. Es war echter Jubel. Was werden wohl die Menschen jenseits der Mauer gedacht haben? Sie hätten wohl am liebsten mitgejubelt, doch wagte das keiner.

Fünf Monate später, am 22. November 1963, wird John F. Kennedy Opfer eines Mordanschlages. Er wird erschossen, einfach hinterrücks erschossen. Amerika und die ganze Welt trauert um einen Präsidenten, auf dem alle Erwartungen ruhten. Mit ihm war die Hoffnung auf eine Verständigung zwischen Ost und West verknüpft, in den drei kurzen Jahren seiner Präsidentschaft hatte er auf Liberalisierung und Fortschritt hingewirkt.

Das Phänomen Wirtschaftswunder hält ungebremst an. Es wurde gebaut, es wird gebaut und es wird weiter gebaut. Kaum sieht man in den großen deutschen Innenstädten noch Lücken. Schutt und Häusertrümmer gibt es schon lange nicht mehr. Ganz vereinzelt sieht man noch Ruinen, die sich wie Symbole oder Mahnmale von der Umgebung abheben. Unserer Regierung mit Konrad Adenauer als Bundeskanzler ist es gelungen, Deutschlands Ansehen in der Welt wieder einigermaßen herzustellen. Auf den Trümmern unseres ehemals gigantischen Landes konnte ein weitgehend neues, aber durchaus ansehnliches und solides Land wiederaufgebaut werden. Und das ist unser aller Verdienst, die wir dazu beigetragen haben, mit unserer Kraft und unserer Hände Arbeit so schnell als möglich etwas Neues erstehen zu lassen. Wir Deutsche sind ja auch in der ganzen Welt als Arbeitstiere verschrien. Freilich verdankten wir vieles der Unterstützung durch die westlichen Alliierten und der Hilfe der Gastarbeiter. Von den Italienern zum Beispiel hörte man den spöttischen Ausspruch: „Deutschland, nur Arbeit und Kartoffeln.“ Aber ohne den vollen Einsatz eines jeden einzelnen wäre es nicht möglich gewesen, in so kurzer Zeit den Wiederaufbau unseres zerstörten Landes zu bewältigen.

Das alte Lied vom Maikäfer ist nicht vergessen, noch immer singen es die Kinder, obwohl sie das Land nicht kennen und die Käfer kaum noch schwirren. Weil es seit über dreihundert Jahren mit unserer Geschichte verwoben ist, habe ich ihm eine Fortsetzung gewidmet:

Maikäfer flieg,
er ist vorbei, der Krieg,
aus Pommernland sind wir verbannt,
das ganze Land ist abgebrannt.

Von Haus und Heimat sind wir vertrieben.
nur Hoffnung ist uns noch geblieben,
schaffen wollen wir und leben
und unseren Kindern neue Heimat geben.

Heut singt man in Pommern andere Lieder –
Maikäfer, kehrst du noch einmal wieder,
wenn vergessen sind die Kriege?
Flieg, Maikäfer, fliege!

Wenn im Mai die Buchen und die Birken grünen,
vermissen wir dein Schwirren und dein Fliegen.
Kanns sein, keimt deine Brut für uns schon wieder,
erneut im alten abgebrannten Land?
Man muß nur fest dran glauben und singen immer wieder,
das Lied vom 'Maikäfer flieg'!

Elf Jahre nach unserer Flucht fuhr ich auf Einladung von Reinhardt und Alma das erste Mal wieder nach Rügen. Gerda äußerte sich mit tiefer Besorgnis über meine Reise, und es war ihr überhaupt nicht recht, als ich fuhr. Doch was sollten sie mit einer Rentnerin von vierundsechzig Jahren schon anfangen? Trotzdem war mir ganz schön mulmig zumute, als ich im Zug Richtung Osten saß.

Als wir die Grenze erreichten und ich die hohen Stacheldrahtzäune erblickte, wäre ich am liebsten wieder umgekehrt. Die vielen Formalitäten und Kontrollen waren schrecklich. Man verlangte nicht nur den Paß von uns, wir mußten Koffer, Handtaschen und Portemonnaie öffnen; selbst die Mäntel wurden abgetastet. Kleine Handroller mit Spiegeln wurden unter den Zug geschoben, sogar Schäferhunde waren mit im Einsatz. Dies alles konnte einem das Blut schon schneller fließen und den Puls bedeutend höher schlagen lassen. Mir ist nie zu Ohren gekommen, daß Menschen, die ins fernste Ausland gereist sind, jemals solchen Formalitäten und Schikanen ausgesetzt waren. Für die sechshunderfünfzig Kilometer bis Rügen war ich volle sechzehn Stunden unterwegs. Länger hätte es auch nicht gedauert, mit dem Flugzeug bis ans Ende der Welt zu fliegen.

Alma und Reinhardt holten mich in Binz am Bahnhof ab. Wir hatten einander in der Zwischenzeit schon mehrfach wiedergesehen, weil die beiden jedes Jahr ein- bis zweimal zu uns nach Niedermöllrich kamen. Alten Leuten und Rentnern wurden keine Schwierigkeiten gemacht, ihnen erlaubt man, in den Westen zu fahren. Trotzdem war die Freude groß, als ich meinen Bruder und meine Schwägerin am Bahnsteig sah. Zwei Wochen lang blieb ich bei ihnen.

Wie es für jeden Westbesucher Pflicht war, mußte ich zunächst in die Kreisstadt Bergen fahren, um mich auf dem Polizeirevier anzumelden. Ohne dort registriert zu sein, durfte man sich auf der Insel nicht frei bewegen, und ich wollte doch so gerne noch einmal nach Garz, wo wir gezwungenermaßen siebeneinhalb Jahre unseres Lebens verbracht hatten.

Nach den Berichten von Alma und Reinhard brauchte ich mich weder auf eine Überraschung noch eine Enttäuschung gefaßt zu machen. Es hatte sich tatsächlich seit unserer Flucht rein gar nichts geändert. Garz war unverwandelt, kein Aufbau, kein Fortschritt, alles wie damals grau in grau, während bei uns im Westen die Häuser und Fabriken wie Pilze aus der Erde schossen. Genau wie vor elf Jahren wurden den Menschen die kommunistischen Parolen eingebleut. Überall wehten wie gehabt die roten Fahnen – und kein Mensch würde es wagen, sich dagegen zu wehren.

In Garz besuchte ich auch unsere ehemaligen Vermieter, Herrn und Frau Simon. Doch diesmal fiel mir der Gang zu ihnen nicht schwer. Im Gegenteil, ich fühlte mich stark, nicht mehr unterwürfig, nicht mehr unterdrückt. Aus mir war wieder ein selbstbewußter und freier Mensch geworden. Ja, ich glaube, nach all den schweren Jahren und den Wirren der Zeit war ich noch ein wenig über mich hinausgewachsen.

Ich hatte es geschafft, wieder ich selbst zu sein. Endlich fühlte ich mich wieder wie die Anna von einst, in den Zeiten zuhause in Hinterpommern.

Als ich bei den Simons an der Haustüre klingelte und ihnen gegenüberstand, waren beide doch sehr überrascht, aber dieses Mal entdeckte ich in ihren Gesichtern echte Freude. Sie boten uns – Alma und Reinhard hatten mich begleitet – sogar Kaffee und Kuchen an. Wir unterhielten uns lange und ausgiebig. Sie wirkten verbittert, sogar ihre Gesichter waren von Enttäuschung geprägt. Auch bei ihnen hatte sich nichts verändert. Herr Simon erzählte, wie gerne er etwas am Haus an- oder umbauen und modernisieren würde, doch es sei völlig aussichtslos, es gebe einfach kein Material zu kaufen. Nicht einmal Farbe sei aufzutreiben, um ihrem Haus einen neuen Anstrich zu geben. So schimpften und beklagten sich fast alle, natürlich leise, hinter vorgehaltener Hand. Denn wer konnte schon sicher sein, ob nicht ein Spitzel mithörte. Auch in Binz fehlte an den schönen Häusern mit den zierlichen Veranden ein Neuanstrich. Die Farbe stammte teilweise aus Zeiten, als Deutschland noch bessere Tage gesehen hatte.

Die zwei Wochen auf Rügen waren schnell vergangen. Binz hatte mir wie schon früher recht gut gefallen. Und dennoch, als ich wieder im Zug saß und gen Westen rollte, verspürte ich in meinem Herzen eine Befreiung und zugleich eine unsagbar wohltuende Wärme: Nicht mehr diesem Staate anzugehören, sondern wieder heimfahren zu dürfen, heim in unser neues Zuhause.

Gerda wechselte noch einmal ihren Beruf. Der Arbeitstag als Verkäuferin war ohnehin lang, und durch die weite Zugfahrt mußte sie täglich dreizehn Stunden unterwegs sein. In erster Linie ausschlaggebend war indes ihr geringer Verdienst. Weil es in der Verkaufsbranche keine Aufstiegsmöglichkeiten gab, suchte sie sich eine neue Stelle in einem Büro. Kurzentschlossen machte sie den Führerschein und kaufte ein Auto, mit dem sie nun täglich nach Kassel zur Arbeit fuhr.

Auch zu unserem Privatvergnügen war das Auto von großem Vorteil. Wir konnten jetzt viel öfter Verwandtenbesuche unternehmen, im Sommer zum Baden an den Edersee fahren oder andere Ausflüge unternehmen. In Bad Wildungen lockten uns der Kurpark und das bekannte Café Schwarze. Sehr oft zog es uns auch in den nahegelegenen Harz mit seinen hohen dunklen Tannenwäldern, wo man herrliche Wanderungen unternehmen kann und in den Gaststätten die köstlichsten Wildspezialitäten findet.

Bei einer unserer Wanderungen im Sommer 1969 oder 1970 trafen wir in Braunlage am Wurmberg Prinzessin Victoria Luise, die Tochter Wilhelms II., unseres letzten deutschen Kaisers. Ich kann mich gut erinnern, wie wir uns als Kinder auf Kaisers Geburtstag freuten. Es fanden Belustigungen mit Tanz statt, wir bekamen Kaffee und Kuchen, und dann gab es schulfrei. Der Kaiser und die Kaiserin kamen auch des öfteren nach Kolberg und Stettin. Sie fuhren in Staatskarossen oder saßen hoch zu Roß. Die Kaiserin stets im Damensattel, sehr schön, elegant und anmutig anzuschauen. Wenn ich so zurückblicke, war die Kaiserzeit die schönste meines Lebens. Als ich Gerda davon erzählte, sagte sie zu mir: „Ja Mutti, das waren ja auch deine Jugendjahre, und Jugendjahre sind immer die allerschönsten."

Kein Jahr und kein Sommer verging, in dem Inge nicht ihre Ferien bei uns verlebte. Wir freuten uns schon lange im Voraus auf ihr Kommen. An den Wochenenden unternahmen wir Ausflüge in der Umgebung oder fuhren mit ihr nach Eschborn, um die Verwandten und Schwester Frieda zu besuchen. Am allermeisten begeisterte es sie aber, wenn sie abends mit Gerda nach Bad Wildungen zum Tanzen gehen durfte.

Bekanntlich ist in den Kurorten um zweiundzwanzig Uhr dreißig Zapfenstreich. So erlaubte ich es schon, daß Gerda sie das ein oder andere Mal mitnahm. Doch eines Tages schlugen die beiden Damen ganz schön über die Stränge und kamen erst spät in der Nacht um halb zwei nach Hause. Um Gerda machte ich mir keine Sorgen, sie war alt genug, und an ihre nächtlichen Eskapaden war ich gewöhnt; doch Inge war ja noch ein halbes Kind. Ich schimpfte ganz fürchterlich mit ihnen, am liebsten hätte ich beiden eine Ohrfeige verpaßt, doch dazu waren sie nun wiederum schon zu groß. Strafe mußte aber sein, und so sprach ich den nächsten Tag kein einziges Wort mit den beiden.

Inge konnte die Funkstille nicht lange ertragen, am Nachmittag kam sie auf mich zu, nahm mich in den Arm und sagte: „Oma, das halte ich nicht aus, wenn du so lange mit uns böse bist. Tante Gerda und ich haben nichts Unrechtes getan, es war so schöne Musik im Café

Schwarze, und wir haben doch nur getanzt." „Waaas?" sagte ich, „Du Schnorredopp hast schon die halbe Nacht getanzt!" Sie tänzelte vor mir her, demonstrierte die Schrittfolgen der neuesten Tänze und wackelte beeindruckend mit dem Hintern. „Schau her Oma, wie gut ich schon tanzen kann!" Drehte sich wie ein Brummkreisel und sagte, indem sie mit dem Finger auf sich zeigte: „Der Schnorredopp ist schon fünfzehneinhalb Jahre alt." Nun konnte auch ich mir ein Grinsen nicht mehr verbeißen, wir lachten alle drei aus vollem Halse, und der Friede war wiederhergestellt.

Ende Januar 1968 erlitt Schwester Emma einen lebensbedrohenden Unfall. Sie war auf der Kellertreppe gefallen und hatte sich neben Rippenprellungen starke innere Verletzungen zugezogen. Als nach einer Woche noch keine Besserung eintrat, wurde sie im Fritzlarer Krankenhaus operiert. Diese Operation überlebte sie nicht, am 3. Februar verstarb sie. Trotz ihres hohen Alters von 81 Jahren traf mich Emmas Tod sehr schmerzlich. Ihr hatten wir es zu verdanken, daß wir in Niedermöllrich schließlich ein neues Zuhause fanden. Jahrelang hatten wir mit ihr zusammengewohnt, und als Emil starb, war sie uns die beste Unterstützung gewesen.

Ein unerfüllter Wunschtraum

Für Gerda wurde auf Dauer die tägliche Anfahrt zur Arbeit nach Kassel zu anstrengend und aufwendig. Jetzt, da Emma nicht mehr lebte, war die enge Bindung an Niedermöllrich weggefallen. Nach einigem Überlegen und Abwägen entschlossen wir uns, nach Kassel zu ziehen.

Die Stadt liegt idyllisch in einem Talbecken, in allen vier Himmelsrichtungen von Wäldern, Naturparks, Flüssen und Burgen umgeben. Die Umgebung mußte für einiges entschädigen, denn Kassel selbst ist nicht gerade eine schöne Stadt zu nennen. Ihr Schicksal ist ähnlich traurig wie das Kolbergs: 1943 wurde sie innerhalb einer Nacht in ein Trümmermeer verwandelt. Wer die Bilder der Zerstörung gesehen hat, den kann nur erstaunen, wie auf dieser Wüste überhaupt wieder Neues entstehen konnte. Die Nacht vom 22. auf den 23. Oktober 1943 brachte Zerstörung, Tod und Elend über Kassel. Weit über zehntausend Menschen haben in dieser Nacht ihr Leben verloren. Innerhalb weniger Stunden versank die historische Innenstadt in Schutt und Asche. Was über Jahrhunderte gewachsen war, wurde in einer Nacht ausgelöscht.

Inzwischen ist Kassel wieder neu aufgebaut. Eine Stadt, geprägt von der Architektur der fünfziger Jahre und modernem Baustil, nur Wolkenkratzer sind ihr glücklicherweise erspart geblieben. Doch die Natur, die sie von allen vier Himmelsrichtungen umgibt, ist schön wie eh und je. Eine Stadt inmitten romantischer Hügellandschaft und im Herzen Deutschlands. Der Westen ist geprägt vom Schloßpark Wilhelmshöhe und der Weite des Naturparks Habichtswald. Vom Norden streckt sich der Reinhardswald entgegen. Im Süden eröffnet sich eine schöne, nordhessische Landschaft mit Burgen und Höhenrücken, die weit übers Edertal hinaus bis zum Edersee reicht. Der Osten wird gerahmt vom Kaufunger Wald, und gesäumt von Fachwerkdörfchen dehnt sich das Fuldatal bis nach Hannovers Münden. Die Fulda erinnert mich immer an unsere Persante in Pommern, die sich auch durch ein malerisches Tal bis nach Kolberg schlängelte.

Schon seit unseren ersten Jahren in Hessen hegten wir eine besondere Beziehung zur Kasseler Karlsaue. Als aktives Mitglied des pommerschen Kriegervereines hatte Emil in den dreißiger Jahren an einer Fahrt nach Thüringen zum Kyffhäuser, dem Kaiser-Wilhelm-Denkmal teilgenommen. Es war damals geplant, auch die Kasseler Gedenkstätte für den Ersten Weltkrieg zu besuchen, aber aus irgendwelchen Gründen kam die Fahrt vom Kyffhäuser nach Kassel nicht zustande. Wie das Schicksal so spielt: gut zwanzig Jahre später haben Emil und ich uns beim Besuch der Karlsaue jedesmal auch die terrassenförmig angelegten Gedenkstätten angesehen.

Die Karlsaue, eine außergewöhnlich große Barockanlage, erstreckt sich kilometerlang zwischen dem Fuldatal und dem Zentrum der Innenstadt. Eingangs erstrahlt ein wunderschönes Barockschloß in den Farben Gelb und Weiß, die Orangerie. Hinter einer weiten Rasenfläche, auf der sich heute ballspielende Kinder, viel buntes Volk und Hunde tummeln, dehnt sich still der Park mit seinen uralten Bäumen, schattigen Wegen, Wassergräben und Teichen bis hin zur Insel Siebenbergen, einer rundum von Wasser umgebenen blühenden Oase. Vom Hügel dieser Blumeninsel aus blickt man zurück auf den von

Weiden gesäumten Aueteich, in dessen Mitte sich ein zierlicher Pavillon spiegelt.

Von besonderen Reiz ist auch die Wilhemshöhe, der größte Bergpark Europas. Vor rund dreihundert Jahren hegte Landgraf Karl den Ehrgeiz, es den Italienern nachzutun und oberhalb des Schlosses, inmitten des Habichtswaldes, einen prachtvollen Terrassengarten anzulegen. Er verpflichtete als Baumeister Giovanni Francesco Guerniero, und oberhalb des Weißensteins entstand eine gigantische bizarre Anlage von Kaskaden, Treppen, Grotten und Teichen, deren Mittel- und Höhepunkt ein Oktogonbau, der achteckige 'Tempel der Winde', bildet. Im Jahre 1714 rauschte zum erstenmal das Wasser vom Aquädukt über die künstlichen Stufen und Bassins den Berg hinunter in den Schloßteich, wo es zu einer gewaltigen Fontäne aufsteigt. Drei Jahre später wurde die Pyramide des Oktogonschlosses mit einer riesigen Herkules-Statue gekrönt.

Als im Juni 1967 der zweihundertfünfzigste Geburtstag des großen Mannes aus Eisen und Kupferblech gefeiert wurde, erwiesen rund achtzigtausend Besucher dem Herkules ihre Referenz. Auch Gerda und ich gehörten zu den Gratulanten. Der Blick vom Herkules hinunter zur Stadt und ringsherum weit bis ins Land ist geradezu grandios. Unterhalb der Kaskaden, in einem weitläufigen Park, liegt das Schloß Wilhelmshöhe. Es wurde in den Jahren von 1786 bis 1798 von Landgraf Wilhelm IX. erbaut. Im romantisch wild nach englischem Muster angelegten Park wurden weit über achthundert verschiedene Baumarten aus aller Herren Länder angepflanzt, die inzwischen zu stattlichen Exemplaren herangewachsen sind. Nur gut fünfhundert Meter vom Schloß entfernt ragt die Löwenburg empor, eine künstliche Burgruine, die Landgraf Wilhelm IX. nach englischen und schottischen Vorbildern in den Jahren 1793 bis 1801 erbauen ließ.

Im Habichtswald, der höchsten Erhebung hinter dem Herkules, findet man bequeme Wanderwege, die zu zwei beliebten Ausflugszielen führen, den Elfbuchen und dem Hohen Gras. Der Rundblick von den dazugehörigen Türmen reicht weit ins hügelige Land hinein. Fürs leibliche Wohl mit alten Kasselanern Spezialitäten wie Ahler Wurst, Kasseler Rippchen, Grüner Soße oder Speckkuchen sorgen gutbürgerliche Gaststätten.

Wenige Kilometer von Wilhelmshöhe entfernt, zwischen Feldern und Wäldern, liegt Schloß Wilhelmsthal. Das Rokokoschlößchen mit seinen dazugehörigen Wasserspielen und den Parkanlagen strahlt eine bezaubernde Schönheit aus.

1909 hatten die Kasseler ihr neues königliches Hoftheater einweihen können, ein prunkvolles Bauwerk im Stil des Barock. Dieser Prachtbau, der sich hervorragend in den jahrhundertealten Stadtkerns fügte, fiel schon 34 Jahre später dem Bombenterror zum Opfer. Wie aber den Gesprächen älterer Kasselaner zu entnehmen ist, war ein großer Teil des Gebäudes erhalten geblieben. Es hätte durchaus die Möglichkeit bestanden, das Theater wiederherzustellen. Die Erhaltung des Theaters war zu jener Zeit wohl eine Streitfrage. Man entschied sich für den Abriß, ob nun aus parteipolitischen oder kulturellen Gründen, sei dahingestellt. Von dem Stil und den Gepflogenheiten, die uns unsere aristokratischen Herrscher hinterlassen hatten, wollte man damals möglichst wenig wissen.

Doch schließlich war es auch unsere Geschichte, die sich auf diese Weise nicht verleugnen läßt. Und was wäre unser Land, was wäre überhaupt Europa ohne seine Schlösser, Burgen, Türme, Pavillons, Tempelchen und Parkanlagen, die uns Kaiser, Könige und Fürsten hinterließen? Im nachhinein müssen wir ihnen dankbar sein für die Schätze, die sie uns hinterlassen haben. Ich wage heute noch immer zu sagen, zumal ich 1899 geboren bin, unter König und Kaiser ließ es sich sehr gut leben. Heutzutage, und das begrüße ich sehr, beginnt man allmählich wieder, sich zumindest an die schöne alte Zeit zu erinnern.

Am 16. Juli 1969 ist der Start zum Mond geglückt, und am 21. Juli 1969 betritt der Amerikaner Neil Armstrong um 3.56 Uhr MEZ als erster Mensch den Mond. Wie gern hätte Emil diesen Tag miterlebt!

Die Amerikaner haben mit Richard Nixon einen neuen Präsidenten bekommen. In Deutschland wurde der Präsidentenstuhl mit Gustav Heinemann besetzt. Die CDU-Regierung unter Kanzler Kurt Georg Kiesinger wird von den Sozialdemokraten und der FDP mit Willy Brandt als Bundeskanzler abgelöst. Welchen Kurs werden die nun anstreben? Was werden sie uns und unserem Land bringen? Wir werden es ja wohl noch erleben! Nach dem Ersten Weltkrieg, als das große Chaos über unser Land hereinbrach, pflegte mein Vater immer zu sagen: „So ein Wechsel ist nie zum Schaden, doch den richtigen Kurs müssen sie schon ansteuern, ansonsten können sie sofort wieder von der Bildfläche verschwinden."

Im Frühjahr 1970 nimmt unsere sozialdemokratische Regierung Verhandlungen mit der Sowjetunion auf, um mittels ausgearbeiteter Verträge auf eine Normalisierung der Beziehungen zwischen beiden Staaten hinzuwirken. Im Juni werden die Verhandlungsergebnisse der Öffentlichkeit bekannt: Beide Regierungen sprechen sich für die Erhaltung des Friedens und eine Fortsetzung der Entspannung aus. Sie garantieren die Unverletzlichkeit der bestehenden Grenzen in Europa und den Verzicht auf deutsche Gebietsansprüche. Am 12. August unterzeichnen Willy Brandt und Walter Scheel den Vertrag. Die Grenze zwischen BRD und DDR wird respektiert und die Oder-Neiße-Linie als polnische Westgrenze anerkannt. Genau so war es wörtlich im Fernsehen zu hören und in den Zeitungen zu lesen. Ich hätte auf die Barrikaden oder auf den höchsten Berg unseres Landes, die Zugspitze klettern mögen, um meine Enttäuschung und Wut so laut wie möglich herauszuschreien. Ganz eilig hatte es Willy Brandt dann, nach Warschau zu reisen und nur vier Monate später im Warschauer Vertrag auch den Polen die Achtung der bestehenden Grenzen zuzusichern. Über diese Ereignisse könnte ich noch viele, viele Seiten schreiben, doch es hängt mir zuviel Herzblut daran, deshalb will ich mich lieber erfreulicheren Erlebnissen widmen.

Im Mai 1970 reiste ich zum erstenmal in meinem Leben nach Italien. Gerda hatte schon mehrfach ihren Urlaub dort verbracht und war jedesmal voller Begeisterung heimgekehrt. *Komm ein bißchen mit nach Italien, komm ein bißchen mit ans blaue Meer*, sang sie mir immer vor. „Komm doch wirklich mal mit!" sagte sie schließlich „Du wirst sehen, es wird dir auch gefallen." Na, und wie es mir dann gefallen hat! In den darauffolgenden Jahren wurde ich direkt ein Italien-Fan.

In aller Frühe, um drei Uhr morgens, fuhren wir mit dem Auto los. Unser Weg führte durch die Schweiz. In Luzern am Vierwaldstättersee gönnten wir uns einige Stunden Aufenthalt. Die Magnolienbäume in den Anlagen am See waren voll erblüht. Von dieser Stadt, dem See und der herrlichen Landschaft ging ein Zauber aus, der uns ganz in seinen Bann zog. Es dauerte lange, bis wir uns davon lösen und unsere Fahrt entlang des Sees fortsetzen konnten. Wir fuhren an diesem Tage weiter ohne ein festes Ziel.

Abends erreichten wir den kleinen Ort Ascona am Lago Maggiore. Wie gemalt tat sich das Städtchen inmitten einer bergigen Landschaft vor unseren Augen auf. Der See blies uns seine laue, seidige Frühlingsluft entgegen, und die Atmosphäre der Piazza mit ihren kleinen Lokalen und der fröhlichen Musik, die von überall erklang, versetzte uns sofort in gehobene Stimmung. In den Parkanlagen, zwischen Zypressen, wucherten die Blumen und exotische Gewächse, wie ich sie nie zuvor gesehen hatte. An einer Gartenhecke pflückte ich mir drei Blätter ab und steckte sie in die Handtasche. Ich meinte, die grünen Blätter zu erkennen, doch ganz sicher war ich mir nicht. Einige Tage später, als ich schon gar nicht mehr daran dachte, fand ich sie getrocknet in meiner Handtasche wieder. Meine Vermutung war richtig gewesen, es waren Lorbeerblätter.

Drei volle Tage blieben wir am Lago Maggiore. Wir beschlossen, eine Dampferfahrt den ganzen See hinunter mitzumachen. Der Wettergott war uns gut gesonnen, er spendierte einen richtig schönen Tessiner Frühlingstag. Schon zeitig am Vormittag legte der Dampfer in Ascona ab. Der Kapitän und seine beiden Bootsmänner unterhielten die Reisenden mit ausgelassenen Späßen. Einer der beiden übernahm die Reiseführung. Nach dem Gelächter und Applaus der anderen Passagiere zu schließen, erklärte er wohl alles zum Besten, doch wir verstanden leider kein einziges Wort. Unseren Spaß und unser Vergnügen hatten wir aber trotzdem, die Bordmusik und der Wein sorgten für eine großartige Stimmung.

Von den kleinen langgestreckten Orten zu beiden Seiten des Seeufers mochte man den Blick gar nicht abwenden. Die Häuser sind zum größten Teil in einen Steilhang oder auf Felsvorsprüngen erbaut. Kunstvoll angelegte Treppen mit kleinen Gärten führen bis dicht an das Seeufer. Der romantische Anblick entsprach in allem genau den Bildern und Zeichnungen, die wir von italienischen Malern kannten, und doch läßt sich der Eindruck nicht vergleichen. Dies alles nun in lebender Natur zu sehen, war ein überwältigendes Erlebnis.

Auf der Rückfahrt fuhr der Kapitän ganz nahe an der kleinen Isola Bella vorüber, die wie verzaubert inmitten des Sees liegt. Einer der beiden Bootsmänner ergriff seine Gitarre und spielte den Schlager:

Laß uns träumen am Lago Maggiore! Der Zauber dieser Melodie sprang auf alle Passagiere über. Alle sangen mit, jeder in seiner Sprache, Italienisch, Französisch, Englisch und Deutsch. Wie sagen heutzutage die jungen Mädchen, wenn sie ins Schwärmen geraten? Traumhaft schön! An diesem Tag erlebte ich eine traumhafte Wirklichkeit.

Am nächsten Morgen fuhren wir schon zeitig ab und nahmen die Erinnerung an ein reizvolles Stückchen Erde weiter mit nach Riccione ans Meer. Riccione und das Mittelmeer empfingen uns mit den gleichen Temperaturen wie der Lago Maggiore. Es war herrlich warm, die Sonne strahlte vom wolkenlosen Himmel herunter, und das leuchtende blaue Meer lud zum Baden ein. Die ganze Luft war gesättigt vom Duft der ersten Rosen und Blumen, die bei uns erst im Sommer blühen, und die Wärme tat mir ungemein wohl.

Das Meer und der Strand nahmen mich ganz in ihren Besitz, doch einen so weiten, hohen Ostseehimmel wie bei uns in Pommern, mit seinen bauschigen, weißen Wolken, gab es hier nicht. Hier war der Himmel nur blau bis hin zum Horizont. Hier schien immer nur die Sonne, wenn es nicht gerade mal gewitterte. Der Sand war zwar ebenso fein wie an der Ostsee, aber nicht so weiß.

Man sollte denken, Wasser ist gleich Wasser, aber das Mittelmeer ist viel salziger, und zwischen den Temperaturen liegen schon einige Grade. Auch das Meeresrauschen unterschied sich von dem der Ostsee, vielleicht, weil der Wind hier im Süden sehr selten und nicht so stark bläst. Dafür konnte man das Strandleben vom frühen Morgen bis zum Abend voll genießen.

Wir lernten viele liebenswerte Menschen kennen. Man traf sich schon während des Tages bei einem Cappuccino oder einem Drink an der Strandbar, und im Hotel, in den Straßencafés, Bars oder Ristorante verbrachten wir so manchen netten Abend in fröhlicher Runde.

Nach zwei aufs schönste verlebten Wochen nahte das Ende der Urlaubszeit. Den Weg für die Heimreise wählten wir wieder durch die Schweiz, doch dieses Mal nächtigten wir am Walensee im Kanton St. Gallen. Wir ahnten noch nicht, daß diese reizvolle Gegend mit ihren hohen Bergen und breit auslaufenden Tälern vier Jahre später für uns familiäre Bedeutung erlangen sollte.

Wie steht in der Bibel geschrieben: Der Mensch lebt nicht vom Brot allein! Allmählich begannen nun wieder, wie es zum Leben dazugehört, die Feste und Feierlichkeiten – geradeso wie früher in Hinterpommern. Schwester Frieda wurde im August achtzig Jahre alt und gab ein rauschendes Fest. Die ganze Verwandtschaft war erschienen. Im Hinblick auf Feiern wurde es allerdings die schwärzeste Nacht in meinem Leben. Als wir am Abend zu vorgerückter Stunde mit Verwandten gemütlich beisammen saßen und alte Lieder aus unserer Jugendzeit sangen, wurden auch so einige Flaschen Wein entkorkt. Schuld an der nun folgenden Katastrophe war jedoch Schwester Hedwig. Sie holte aus ihrem Koffer eine große Flasche Seemann Ahoi. Das Zeug schmeckte verteufelt gut, war süß und süffig, und ohne jegliche Vorwarnung trank ich so einige Gläschen davon aus. Daß der Seemann seine 56 Prozent Alkohol enthielt, erfuhr ich erst am nächsten Tag. Der Wein und der Schnaps brachten alles in mir total durcheinander: Ich war das erste Mal in meinem Leben richtig besoffen. Wie ich in dieser Nacht in mein Bett gelangte, weiß ich nicht. Doch das Erwachen am nächsten Morgen werde ich nie vergessen, ich lag nämlich mit Kleidern, Schuhen und Strümpfen im Bett.

Ein Jahr später feierten Bruder Reinhardt und Schwägerin Alma ihre Goldene Hochzeit. Ich erinnerte mich noch genau an die Feier ihrer grünen vor fünfzig Jahren bei uns in Jaasde. Meine Nichte Gertrud, Inge und ich fuhren eigens zu diesem Fest nach Rügen. Inge, gerade zwanzig Jahre jung, hübsch und knackig, wurde von den jungen Männern derart verehrt, daß sie sie am liebsten gleich dabehalten hätten. Inge lächelte nur, versprühte ihren Charme und genoß die Huldigungen in vollen Zügen. Und ich mußte mal wieder eingreifen und ein Machtwort sprechen, wenn über die Stränge geschlagen wurde.

Im Mai 1974 findet in Deutschland ein Kanzlerwechsel statt. Willy Brandt ist zurückgetreten, nachdem sein persönlicher Referent der Spionagetätigkeit beschuldigt worden war. Der neue Bundeskanzler heißt Helmut Schmidt. Welchen Kurs wird er nun ansteuern? Er scheint ja ein Mann zu sein, der weiß, was er will. Wir wollen hoffen, daß er die Geschicke unseres Landes in der rechten Weise zu lenken versteht.

In die Familiengeschichte geht der 14.12.1974 als Tag von höchster Bedeutung ein. Der Ort des Ereignisses ist jenes Tal zwischen

Walensee und Zürichsee, das wir auf unserer Heimreise von Italien schon einmal für unsere Übernachtung gewählt hatten. Heute läuten in diesem Tal die Hochzeitsglocken. Inge und ihr Franco, den sie während ihrer Studienzeit in München kennengelernt hat, feiern heute Hochzeit! Um sechzehn Uhr fand in der Wallfahrtskirche Maria Bildstein die Trauung statt. Als wir anschließend zum Hotel am Zürichsee hinunterfuhren, war schon die Dunkelheit hereingebrochen. In weihnachtlich geschmückter Pracht erstrahlende Ortschaften und ringsherum verschneite Berge mit erleuchteten Häusern an den Hängen säumten den Weg des Hochzeitskonvois. Der stimmungsvollen Fahrt durch eine märchenhafte Landschaft folgte eine rauschende Ballnacht – in diesem Fall ein rauschendes Hochzeitsfest. Wenn wir in den nun folgenden Jahren nach Italien reisten, führte unser Weg grundsätzlich durch die Schweiz und das Tal zwischen Zürichsee und Walensee.

Es häuften sich nun auch die runden Geburtstage bei uns Älteren. Im Mai gab Schwester Hedwig ein Fest zu ihrem achtzigsten Geburtstag. Drei Monate später lud Frieda zu ihrem fünfundachtzigsten, der noch viel größer gefeiert wurde als der achtzigste fünf Jahre zuvor. Die hochsommerlichen Temperaturen von sechsunddreißig Grad brachten uns an diesem Tag gehörig ins Schwitzen, doch das nahm uns nicht die Feierlaune. Wir tanzten bis drei Uhr in der Früh.

Ja, wir verstanden die Feste zu feiern und das Dasein zu genießen. Aber es wurde auch hart gearbeitet, nach dem Motto: Ohne Fleiß kein Preis. Wir Älteren haben zwar unser Arbeitsleben zum Teil schon in Hinterpommern und den Rest nun hier hinter uns gebracht und sind mittlerweile Rentner geworden, doch die Hände in den Schoß legen und dem lieben Gott einen guten Tag sein lassen, das war keinem von uns in die Wiege gelegt worden. Wir waren doch zum Arbeiten und Schaffen geboren. So ging ich oft zu Bekannten in den Garten und half beim Jäten und Hacken. Täglich, wenn das Wetter es erlaubte, unternahm ich nach dem Mittagsschlaf einen ausgedehnten Spaziergang. Und unseren kompletten Haushalt, den bestritt ich ohnehin noch ganz allein. Stillsitzen wollten wir noch lange nicht.

Einen Wunsch hätte ich in meinem Leben gerne noch erfüllt gesehen: einmal noch nach Pommern und nach Hause zu fahren.

Inzwischen sind genau dreißig Jahre vergangen, seitdem man uns aus Pommern hinausgetrieben hat. Wie mag es wohl nach so langer Zeit in unserer ehemaligen Heimat aussehen? Dreißig Jahre sind eine lange Zeit, und doch ist es mir, als wäre es erst gestern gewesen. Die Ostsee wird wohl noch genauso rauschen wie eh und je. Der hohe Himmel mit seinen nach Norden ziehenden Wolken, ob er noch derselbe ist? Landschaft und Vegetation, so könnte ich mir vorstellen, werden sich inzwischen allerdings gewaltig verändert haben. In unserem Garten holzten die Polen schon 1945 die ersten unserer großen, alten Obstbäume ab. Jetzt werden sie vielleicht alle verschwunden sein. Wie mögen die Ländereien, die Wälder, die Städte und Dörfer aussehen? Die einstige Kornkammer Deutschlands, unser schönes, stilles, weites Land!

Wir haben die Reise nach Pommern schon mehrfach erwogen, aber nach längerem Abwägen auf unbestimmte Zeit verschoben. Die Fahrt ist zur Zeit noch mit vielen Schwierigkeiten verbunden, wie Visa, Durchfahrt durch die DDR und verschiedenes mehr. Außerdem wußten wir aus den Berichten meines Neffen Ewald, wie schmerzlich so ein Wiedersehen sein kann.

Ewald und sein Cousin Hermann hatten die Fahrt nach Hinterpommern mit einer Reisegesellschaft per Bus angetreten. In Köslin, wo ihr Quartier war, mieteten sie ein Taxi, um sich nach Jaasde, in die umliegenden Dörfer und nach Kolberg bringen zu lassen.

Was sie dort vorfanden, muß wie ein Schock auf sie gewirkt haben. Die Häuser, Höfe und Stallungen verkommen und heruntergewirtschaftet. Höfe, Wege und Straßen überwachsen von Unkraut. Tore und Türen, Dächer und Fenster zerfallen, teilweise fehlten sie sogar vollständig. Aus den Gärten waren die Obstbäume verschwunden, man hatte sie als Brennholz verwendet. Überall lag Unrat herum, und wildes Gestrüpp, Disteln und Brennesseln, wucherte meterhoch. Von den einst so schönen Blumengärten, die unsere Mütter mit so viel Liebe und Stolz gehegt hatten, war nichts mehr zu sehen, ja nicht einmal zu ahnen.

Alles war öde und leer, die Straßen, die Dörfer, das ganze Land wirkte verlassen und schien ohne Leben zu sein. Als Ewald den elterlichen Hof betrat, habe er plötzlich ein Würgen und einen Krampf in der Brust verspürt. Die Luft sei ihm weggeblieben, er erlitt beinahe einen Erstickungsanfall. Dies alles hatte einmal seinen Eltern, Großeltern und deren Vorfahren gehört. Generationen hatten hier gelebt und gearbeitet. Hier hatten er und sein Bruder mit ihren Schulfreunden, Cousins und Cousinen gespielt, ihre Kinder- und Jugendjahre verlebt. Diesen Besitz hatte man ihnen nun genommen, ohne zu fragen, ohne ihr Einverständnis, so einfach war das.

Anschließend waren Ewald und Hermann noch durchs ganze Dorf gegangen, von Hof zu Hof, und überall hatten sie die gleichen Zustände vorgefunden, Unordnung und Verfall. Mit dem Taxichauffeur konnten sie sich einigermaßen gut auf Deutsch verständigen; er begleitete sie auch zu Fuß auf ihren Rundgängen und ließ sie nicht aus den Augen. Als sie im Nachbardorf Degow in einem Gasthaus eine Kleinigkeit essen wollten, mußten sie ganz schnell die Flucht ergreifen. Die Polen, die dort an der Theke standen, so hatte der Taxifahrer aus ihrer Unterhaltung entnommen, wollten Ewald und Hermann verprügeln – warum, blieb unklar.

Beim Anblick von Kolberg fanden sie noch dreißig Jahre nach der katastrophalen Zerbombung von 1945 die Bestätigung, wie schlimm es unsere einst schöne Stadt getroffen hatte. Bis dahin wußten wir alle nur aus Büchern und Zeitungen, daß Kolberg zu fünfundneunzig Prozent zerstört worden war. Anfangs hätten sie sich überhaupt nicht zurechtgefunden, berichtete Ewald. Die Ruine des Doms, dessen Wiederaufbau gerade begonnen hatte, die Persante, das Rathaus und der Bahnhof waren ihre einzigen Orientierungspunkte. Fotografieren durfte man nur heimlich, wer erwischt wurde, dem wurde der Film, in manchen Fällen sogar der Apparat abgenommen. Trotz des Verbots gelang es den beiden, einige Fotos zu machen: Bilder einer nackten, in Trümmer gelegten Stadt, die erst jetzt, nach dreißig Jahren, wie es schien, neue Lebensgestalt anzunehmen begann.

Nach allem, was Ewald und andere Bekannte berichteten, glaube ich nun jedenfalls für meinen Teil, daß ich mir das im Moment lieber nicht antun sollte. Also verzichte ich auf das Wiedersehen mit meinem Heimatland und behalte es so in Erinnerung, wie es vor unserer Vertreibung ausgesehen hat. Als kleinen Ersatz habe ich mir von einem Maler nach einer alten Fotografie ein Bild von unserem Haus und Garten malen lassen. Es hat einen standesgemäßen Platz im Wohnzimmer erhalten, und ich kann mich ohne Herzschmerz täglich an unser Leben zuhause in Pommern erinnern.

Das gesamte Jahr 1977 wurde für mich zum Trauerjahr. Im Januar verlor ich meine Schwester Frieda, kurz darauf meinen Bruder Reinhardt, und am Jahresende starb dann auch noch Schwester Hedwig. Drei Geschwister in einem Jahr zu verlieren, das war hart für mich.

Doch unser Leben besteht aus Kommen und Gehen. So bereitete es mir am 14. Januar auch wiederum eine große Freude: In der Schweiz war ein kleines Mädchen angekommen. Ende März fuhren wir hinunter, um sie uns anzusehen. Sie hatte blondes, leicht gelocktes Haar, blaue Augen und wurde auf den Namen Chiara getauft.

Wenn ich Chiara, dieses kleine Geschöpf, in meinen Armen so betrachte, frage ich mich, wieviel verschiedenes Blut fließt durch ihre Adern? Da ist einmal väterlicherseits schweizerisches, italienisches und österreichisches vorhanden, das sich mütterlicherseits mit bayerischem und preußisch-pommerschem kreuzt. Eigentlich wohl eine gute Mischung! Ich hoffe, daß diese vielfältigen Einflüsse ihr Kraft genug geben werden, sie immer den richtigen Weg gehen zu lassen, sich zu behaupten und zu wissen, was ihr zusteht, daß sie mutig wird und sich nie in ungerechter Weise unterkriegen läßt. So, wie es schon früher die preußischen Könige taten: Vor vielen, vielen Jahren kämpfte auf der Insel Rügen ein preußischer König gegen den König von Schweden. Er verlor die Schlacht und mußte sich nach Pommern zurückziehen. Im Kampf hatte er seine Königskrone verloren, die in den Tiefen der Ostsee versunken war. Die Krone ist nie wieder heraufgeholt worden, man hat sie nur bisweilen an der Oberfläche der Ostsee funkeln sehen. Und wegen der verlorengegangenen Krone haben die preußischen Könige nicht von dem Lande gelassen, bis es ihnen nach endlosen, großen Einsätzen gelungen war, es wieder in ihren Besitz zu bekommen.

Am liebsten hätte ich der kleinen Chiara schon Märchen und Sagen aus Pommern erzählt, so wie ich es früher mit meinen beiden getan hatte. Das ist zwar schon lange her, aber nie wird die Erinnerung verblassen, im Gegenteil, sie ist stärker denn je, sie wird immer gegenwärtig sein. Damals war für uns in Pommern die Welt noch in

Ordnung, wenn sie auch nach Inflation, Weimarer Republik und mit Hitler im Anmarsch nicht besonders rosig aussah. Wir lebten in der Heimat auf unserem Hof und brauchten noch keine Beschimpfungen, Beleidigungen, Vertreibung und Demütigung über uns ergehen zu lassen, wie wir sie bis 1968 überall zu hören und zu spüren bekamen.

Im Juli 1977 reisten wir in den nördlichsten Teil Deutschlands, zur Nordseeinsel Sylt. Das erste Mal seit 1945 umfing mich wieder ein großes Heimatgefühl. Die Nordsee, Sylt und das Land Schleswig Holstein haben so vieles mit unserem Pommernland gemeinsam. Ein weites, flaches Land, große Ländereien, saftig grüne Wiesen, in denen schwarz-weiß gefleckte Kühe weiden. Alle paar Kilometer begegnen einem große Schafherden, und in den Koppeln galoppieren Pferde – Holsteiner, Hannoveraner und Araber. Die plattdeutsche Sprache unterscheidet sich zwar ein ganz klein wenig von der unseren, sie ist aber doch so nah verwandt, daß ihr Klang mein Herz jedesmal höher schlagen läßt. Und den hohen weiten Himmel mit seinen großen weißen, nach Norden ziehenden Wolken, den habe ich hier wiedergefunden. Er wölbt sich hier genauso unendlich empor wie bei uns in Hinterpommern und auf der Insel Rügen.

Na, und was das weitbekannte Lied von den Nordseewellen betrifft, da muß ich aber einiges korrigieren. Das ist nämlich an der Ostsee entstanden. Martha Müller-Grählert, 1876 in Barth in Vorpommern mit der Ostsee direkt vor der Haustüre geboren, schrieb das Lied *Wo die Ostseewellen trecken an den Strand* zunächst als Gedicht unter dem Titel 'Meine Heimat'. 1907 wurde es erstmals veröffentlicht und 1910 von Krannig vertont. Mit seiner Melodie ist es für uns Pommeraner und die ganze Ostseeregion zur plattdeutschen Landeshymne geworden. Inzwischen ist es weltweit bekannt, und jedes Land hat seine eigene Version daraus gemacht. So auch die Friesen, die eben die Nordseewellen an den Strand trecken lassen.

Auf Sylt gefiel es uns sehr gut. Die Insel bot gleichermaßen mondänes Badeleben und vollkommenste Abgeschiedenheit in den Dünen, und in den Lokalitäten gab es Fischgerichte in allen Variationen. Nirgendwo habe ich so viele Radfahrer gesehen wie hier. Weil die Insel nur knapp vierzig Kilometer lang ist, läßt sie sich bequem mit dem Fahrrad ergründen. Je nach Wetter, Lust und Laune kann man den

Drahtesel am Deich oder an den Dünen abstellen und sich jederzeit in die Fluten stürzen.

Obwohl das Wetter im Norden nicht so beständig ist wie im Süden, erwischten wir zwei schöne, sonnige Wochen. Es war herrlich warm, wir konnten täglich baden, und die Nordsee präsentierte sich über eine Woche lang friedlich wie ein See. Vom Hörensagen wußten wir um die Gewalt der Elemente hier oben, dem Brausen und den meterhohen Wellen. Doch dann schlug das Wetter tatsächlich um, Sturm kam auf, und wir erlebten eine Brandung, wie wir sie selbst von der Ostsee nicht kannten. Auf dem Heimweg zu unserem Quartier blies der Sturm so stark, daß wir uns an den Händen festhalten mußten, um nicht fortgeweht zu werden. Wie muß das erst bei einer Sturmflut sein!

Am 12. Oktober 1978 wurde ich erneut Urgroßmutter, in der Schweiz war eine kleine Rena zur Welt gekommen. Tagelang stand ich zur gewohnten Stunde, wenn der Briefträger kam, am Fenster und wartete auf einen Brief. Endlich traf er ein, gleich mit einem Bild darinnen. Meine Güte, ist das ein Wonneproppen! Achteinhalb Pfund hat sie bei der Geburt gewogen, schaut aus, als sei sie schon sechs Wochen alt. Die Ähnlichkeit mit Franco ist unverkennbar. Entspricht es der Wahrheit, daß alle Menschen gleich geschaffen sind? Oder sind sie von Gott bereits mit ihrer Geburt für ein vorgeschriebenes Schicksal bestimmt? Früher legten Geschlecht und Herkunft schon bei der Geburt die Rangordnung fest. Heute, glaube ich, ist eine Gleichheit eingekehrt. Eine Gleichstellung, die Konflikte vermeidet, die wie der Kreislauf des Blutes im Leben gleiche Entfaltung und ebenbürtige Entwicklung erlaubt.

Die Monate dieses Winters zogen sich besonders in die Länge und wollten kein Ende nehmen. Ich konnte es kaum erwarten, bis es Ende Februar wurde und wir in die Schweiz fuhren, um uns das kleine Mädchen anzusehen. Als es endlich soweit war und ich die kleine Rena auf den Arm nehmen wollte, da wäre sie mir fast aus den Armen gefallen, so kräftig war sie schon. Sie konnte bereits alleine aufrecht sitzen und schaute recht keck in die Welt.

In den nun folgenden Monaten häuften sich wieder die Feste, eines löste das andere ab. Kaum hatte man sich nach der einen Feier zuhause wieder eingerichtet, mußten schon wieder Vorbereitungen für die nächste getroffen werden. Es ging nicht an, zweimal nacheinander das gleiche Kleid anzuziehen, also stand ich manchmal ratlos vor dem Kleiderschrank, und es blieb nichts anderes übrig, als sich in der Stadt nach einer neuen Abendrobe umzusehen. Dabei hatte ich nie das Gefühl, einer wolle den anderen ausstechen, oh nein, man wollte sich zu diesen Gelegenheiten einfach nur entsprechend feinmachen. Das ist auch sehr gut so, wir leben alle nur einmal auf dieser Welt, keiner nimmt etwas mit, und das letzte Hemd hat keine Taschen.

Auch in Kassel stand eine besondere Feier ins Haus: der zehnte Dezember war der Tag meines achtzigsten Geburttags. Gerda meinte, das muß ganz groß gefeiert werden! Wir luden also die gesamte Verwandtschaft und unsere Freunde ein, und tatsächlich waren auch alle der Einladung gefolgt. Insgesamt zählten wir fünfundvierzig Personen.

Gerda hatte alles so wunderbar vorbereitet und organisiert, daß der ganze Tag für mich zu einer wahren Freude wurde. Mittags gab es in unserer Wohnung einen kleinen Sektimbiß, und am Nachmittag begann die eigentliche Feier im Hotel gegenüber mit dem Kaffeetrinken. Torten und Kuchen hatten wir selbst gebacken, bis auf eine vierstöckige Geburtstagstorte, die ich von Gerda als Geschenk erhielt. Auch die Dekoration des Raumes und der Tafel hatte Gerda übernommen. Schon tagelang vorher war sie im Hotel zugange gewesen, um alles der vorweihnachtlichen Zeit entsprechend zu schmücken.

Nach dem Abendessen spielte ein Musiker, und mit einem Walzer eröffnete ich den Tanz. Eigentlich hätte ja mein Sohn mir zum Eröffnungstanz den Arm reichen müssen, aber Günter wollte nicht, aus welchen Gründen auch immer. Mein Neffe Ewald, ein flotter Tänzer, war sofort zur Stelle, und wir beide legten eine kesse Sohle aufs Parkett. So amüsierten wir uns, tanzten und schunkelten bis zwei Uhr in der Nacht. Auch meine drei Urenkelinnen Petra, Chiara und Rena, Rena war gerade erst vierzehn Monate alt und noch ein bißchen unsicher auf ihren Beinchen, taten schon fleißig mit. Jede Feier muß einmal zu Ende gehen, aber bevor meine Gäste am nächsten Tag wieder abreisten, versorgten wir sie bei uns in der Wohnung noch mit einem deftigen Imbiß und original pommerscher Roter Grütze zum Dessert.

Im Sommer 1981 wurde in Bayern Hochzeit gefeiert: Mein Enkelsohn Günter heiratete seine Braut Christa. In der Wallfahrtskirche

Maria Hilf, direkt an der Donau, fand die Trauung statt. Es war ein heißer Hochsommertag, das Thermometer zeigte sechsunddreißig Grad im Schatten an, und das Bier floß in solchen Strömen, daß die bayerischen Maß gar nicht schnell genug aufgefüllt werden konnten. Am frühen Abend verbreitete sich wie ein Lauffeuer die Nachricht: Die Braut ist entführt! Nach stundenlanger Suche fand der Bräutigam sie endlich in einem Café wieder, wo er natürlich ein beträchtliches Lösegeld für sie lassen mußte. In der Zwischenzeit hatten sich Verwandte und Freunde nützlich gemacht, um nach alter Sitte dem Brautpaar einen Streich zu spielen. Als die beiden am Ende der Feierlichkeit gegen vier Uhr in der Frühe die Tür zu ihrem Schlafgemach öffneten, kamen ihnen einige hundert aufgeblasene Luftballons entgegen. Es war nicht möglich, auch nur einen Fuß in das Zimmer zu setzen, und die Knallerei nahm lange kein Ende.
Der 8. Mai 1982 war ein Sonntag und zugleich Muttertag. Statt des obligatorischen Blumenstraußes bekam ich in diesem Jahr gleich einen ganzen Blumengarten geschenkt. Am Samstag nachmittag, beim Spazierengehen in den nahegelegenen Gartenanlagen, hatten wir einen zum Kauf angebotenen Schrebergarten entdeckt. Wir überlegten nicht lange, und einen Tag später gehörte er schon uns. Sogleich machten wir uns an die Arbeit, legten neue Beete an und modernisierten vieles, sogar die Gartenlaube bauten wir um. Strom und Wasser sind vorhanden, und so verbringen wir nun in den Sommermonaten, sobald die Sonne dazu einlädt, die meisten Stunden des Tages im Garten.

Ich zählte zwar bereits zweiundachtzig Jahre, fühlte mich aber keineswegs zu alt, um einen Garten zu pflegen. Da Müßiggang aller Laster Anfang ist, lösten Spaten, Hacke und Harke sich gegenseitig ab. Ich säte und pflanzte Gemüse und Blumen, jätete Unkraut, mähte den Rasen, und wenn der Himmel seine Schleusen nicht öffnete, tat es die Brause meiner Gießkanne. Alles wachsen und gedeihen zu sehen, macht mir viel Freude, und ich fühlte mich seit langem mal wieder so richtig in meinem alten Element. Wahrlich, diese Arbeit im Garten – oder besser gesagt: diese Freizeitgestaltung, denn unter dem Wort Arbeit bin ich von Früher her ganz anderes gewöhnt –, sie läßt wieder Erinnerungen wach werden, die einmal mein Wesen vollkommen ausfüllten. Trotz der Schwere der vergangenen Jahre, die wir inzwischen glücklicherweise überwunden haben, hält das Gedächtnis die vergangenen Eindrücke und Erlebnisse bis zu einem gewissen Rand fest. Gewiß, es wird kein Zurück in die alte Zeit und nach Pommern mehr geben; aber solange die Welt besteht und es Himmel und Erde gibt, wird eine gewisse Hoffnung nie versiegen – auch, wenn sie sich vorerst mit bitterem Galgenhumor begnügen muß. Wer kann denn das heute schon so genau wissen? Ich werde meine Erinnerung an die Vergangenheit stets mit pommerscher Beharrlichkeit erhalten und verteidigen. Gegenwart und Zukunft sind mir zu unsichere, kritische Bereiche. Nie werde ich die Vorstellung akzeptieren, daß heute schon alles für immer entschieden ist. Mein Vater hätte geantwortet: „Wart's ab, Gottes Mühlen mahlen langsam."

Zu Pfingsten besuchten wir mit meinem Neffen Werner und seiner Frau Marianne unsere Verwandten in Binz auf Rügen. Leider mußten wir feststellen, daß sich in der DDR nichts zum Besseren gewandelt hatte. Im Vergleich zu 1978 gab es jetzt sogar noch weniger zu kaufen. Die Menschen haben zwar ihr Auskommen und satt zu essen, aber gewisse Gebrauchsgegenstände und Lebensmittel oder gar Delikatessen und die geringsten Luxusartikel sind nicht zu bekommen. Bei einem Spaziergang auf der Binzer Promenade entdeckten wir am Kurhaus eine lange Menschenschlange, wie ich seit unserer Flucht in den Westen keine gesehen hatte. Als wir uns vergewisserten, was es denn da besonderes gab, war es einfach nur Eis.

Wie ist es nur möglich, mag man sich immer wieder fragen, daß in einem Land solche gravierenden Gegensätze bestehen? Auf der einen Seite der Mauer und der Grenze herrscht Luxus, es gibt alles in Hülle und Fülle, was das Herz begehrt. Wir leben in Saus und Braus wie noch nie. Jenseits, auf der anderen Seite, herrschen Verhältnisse, die schon von Weitem erkennen lassen, daß die Menschen lediglich mit großsprecherischen Parolen hingehalten werden. Fragen über Fragen unsererseits, und jenseits der Grenze getraut sich keiner, die richtige Antwort zu geben oder auch nur einen Muks zu machen. Offenbar haben sie den falschen Platz eingenommen, stehen mit dem Rücken zur Türe und sehen gar nicht, wie sie von den Sowjets hinterrücks immer mehr bedroht werden. Selbst Churchill hat einmal bei Kriegsende gesagt: Wir haben das falsche Schwein geschlachtet.

Hoffen wir, daß zumindest wir auf das richtige Pferd gesetzt haben – nun wieder mit der CDU-Regierung.

Nach einem halben Jahrhundert

Jahrelang hatten wir unsere Ferien in Italien verbracht. Die Wochen am Mittelmeer waren einzigartig, und ich denke immer wieder gerne daran zurück. Doch die Fahrt wurde für mich zunehmend beschwerlicher, und so entschlossen wir uns, künftig unseren Urlaub wieder in heimatlichen Gefilden zu verleben. Wir reisten im Sommer nach Grömitz. Wenn auch das Wetter nicht so heiß und das Wasser nicht so warm wie in Italien ist, erholen konnte man sich hier genauso gut. Während man am Mittelmeer unter Palmen und Pinien wandelt, muß man bei uns im Norden mit Tannen, Kiefern, Buchen, Ahorn und Birken vorlieb nehmen. Dafür sind die Abende länger, und in den hellen Sommernächten kann man stundenlang beim Anblick des Sonnenuntergangs am Strand verweilen. Vor allem aber ähnelt die Landschaft hier schon etwas mehr unserem Pommern, und ich konnte die vertraute Atmosphäre der Ostsee wieder in mich aufnehmen. Wir klapperten in der Lübecker Bucht sämtliche Badeorte ab: Travemünde, Timmendorf, Scharbeutz, Kellenhusen und Dahme, und mit der Fähre Carl Carstens fuhren wir nach Dänemark. Der Speiseplan bestand für uns allabendlich nur aus Fisch, wir bemühten uns, die Speisekarte hinauf und hinunter zu essen, was uns bei dem umfangreichen Angebot an köstlichsten Fischsorten leider nicht gelang. Zuhause dann konnte uns beim Zurückdenken an das schmackhafte Essen noch tagelang das Wasser im Munde zusammenlaufen.

Grömitz hat uns so gut gefallen, daß wir nun jedes Jahr im Sommer drei Wochen lang unseren Urlaub dort verbringen. Mein Neffe Werner mit Frau Marianne und unsere Nachbarstochter aus Pommern, Edith, sind auch so manches Jahr dabei.

Gerade weil wir nur noch gefühlsmäßig einen Anspruch auf die Vergangenheit haben, vermittelt uns die Ostsee in Holstein immer wieder ein Heimatgefühl, das für Menschen, die dort nicht geboren sind, nur schwer zu verstehen und mit Worten kaum zu beschreiben ist. Wer einmal seine Heimat am Meer hatte und wer am Meer geboren ist, den wird es immer wieder dorthin zurückziehen. Ohne einmal die Ostsee zu sehen und rauschen zu hören, wäre das Jahr für uns einfach nicht vollkommen. Wenn ich auch nur noch mit den Füßen ins Wasser gehe, im Strandkorb sitze, die Luft, die Sonne und den Blick auf die Ostsee genieße, deren Wellen- und Wogenschlag rhythmisch die weiße Gischt an den Strand ziehen läßt, so geht von diesem Element doch immer wieder eine magische Anziehungskraft aus, der ich mich nicht entziehen kann, die mir Zufriedenheit verleiht und mit einer unsagbaren Ruhe auf mich einwirkt. So nehme ich aus unseren Urlaubstagen immer ein beglückendes Gefühl im Herzen mit nach Hause, das mich bis zum nächsten Mal ständig begleitet.

Jedesmal, wenn ich von der Ostsee wieder nach Kassel heimkehre, fällt mein erster Blick auf einen gewissen Gegenstand in unserem Wohnzimmer. Das Bild löst Erinnerungen aus, die sich mit dem Holsteiner Land, der plattdeutschen Sprache und teilweise sogar mit den Sitten und Liedern von der Waterkant in einen sehr ähnlichen Zusammenklang bringen lassen. Aber wohin ich auch reise, die Sehnsucht nach dem einen Land bleibt, und mit ihr werden auch wieder die Lieder wach, die wir als Kinder sangen:

Dort, wo die grünen Wälder stehen und die weißen Wolken ziehen,
dort, wo der Himmel ist so blau, wo du erblickst den weißen Strand,
dort ist unser Pommerland.

Die Lönske-Düne am Lebasee

Wir haben aber doch einiges aus der Heimat und unserer Vergangenheit mitgebracht, was nun weiterlebt. Bei den alljährlichen Pommerntreffen bestätigt sich immer wieder, daß die pommerschen Traditionen nichts an Lebendigkeit eingebüßt haben, und Zeitungen, Bücher und Zeitschriften sorgen für Informationen und Rückblicke in alte Zeiten.

Auch die innige Verbundenheit unserer Verwandtschaft, an die ich mich von frühester Kindheit an erinnere, hat nie nachgelassen. Sie ist von einer auf die nächste Generation übergegangen und setzt sich bis zum heutigen Tage fort. Besonders bei den Familienfeiern ist das nicht zu übersehen. Es trifft sich dann eine riesige Verwandtenschar, man freut sich herzlich, einander wiederzusehen oder neue Mitglieder der Familie kennenzulernen, und jedesmal wird es ein wunderbar fröhliches Fest aller Generationen. Die vielen Zusammenkünfte zu Festen und Feiern zeigen freilich nur eine Seite unseres Zusammengehörigkeitsgefühls, noch wichtiger ist wohl das Wissen, daß immer einer für den anderen da sein wird.

Allerdings ist unsere engste Verwandtschaft inzwischen beträchtlich kleiner geworden. Im vergangenen Jahr waren Schwägerin Alma und meine Nichten Regine und Frieda verstorben, und nun lebten auch Schwägerin Anna und mein Neffe Walter nicht mehr.

Aber das Leben besteht aus Kommen und Gehen. In der Schweiz gibt es nun ein Dreimäderlhaus. Am 7. Mai 1986 erreichte uns abends ein Anruf, daß eine kleine Mara angekommen ist. Mutter und Kind sind wohlauf. Klein und zierlich soll sie sein, aber schon fünf Zentimeter langes, ganz dunkles Haar mit auf die Welt gebracht haben. Als wir im darauffolgenden Jahr zu ihrem ersten Geburtstag in die Schweiz fuhren, konnten wir uns persönlich überzeugen, daß die kleine Lockenpracht mittlerweile fast bis zur Schulter reichte.

Den Haarwuchs hat sie unverkennbar von Franco mitbekommen, doch die dunkelblauen Augen mit den langen schwarzen Wimpern, die stammen von den Tessmers und Hardts. Mit ihren zwölf Monaten konnte Mara schon laufen, lachte uns ganz frei und frohmütig an und war überhaupt ein freudiges und aufgeschlossenes Kind. Bei uns in Pommern besagt eine alte Weisheit, daß sich über Generationen ein Typus ausprägt, dessen Züge im Laufe der Zeit immer deutlicher hervortreten, bis seine Merkmale schließlich nicht mehr zu übersehen sind. Doch hier fällt es schwer, Ähnlichkeiten mit einem gewissen

Menschenschlag festzustellen oder Erbanlagen vorauszusagen. In Maras Adern kreuzt sich, davon bin ich überzeugt, das Blut von vielen Generationen und verschiedensten Vorfahren. Hier ist wohl noch einmal alles voll hineingelegt worden. Jede ihrer Regungen und Bewegungen zeugt von einem vollblütigen Temperament – ein oder zwei Erbanlagen können eine solche Lebendigkeit nicht zuwege bringen.

Ganz anders und ruhiger dagegen wirkt die kleine Raphaela von Günter und Christa. Als die beiden uns zum erstenmal mit ihrem Töchterchen besuchten, war sie gerade fünfzehn Monate alt. Ich blickte in eine volles Tessmersches Gesicht mit blauen Augen, blondem Haar und einem strahlenden Lächeln. Ihr Bruder Alexander ist ebenfalls blauäugig und blond. Weil er bis jetzt der einzige Junior der Tessmers ist, werden in ihn alle Erwartungen gesetzt, besonders sein Großvater hofft, daß Alexander die Tessmersche Linie weiterführen wird. Seine schon jetzt außergewöhnlichen Liebes- und Schmusebeweise deuten wohl darauf hin, daß er alle Hoffnungen und Pflichten als Stammhalter erfüllen wird.

Das Tessmersche und das preußisch-pommersche Blut muß doch wohl sehr stark sein. Christa und Franco zum Beispiel haben beide wunderschöne dunkelbraune Augen, doch keines der Kinder hat die braune Augenfarbe geerbt. Die Bayern wollen von den pommerschen Erbanlagen zwar nie etwas wissen, aber zu leugnen sind sie gewiß nicht. Ich kann es den Bayern gar nicht mal so sehr verübeln, denn sie haben die Pommern ja auch nicht gekannt. Ich dagegen habe fünf Generationen erlebt und aufwachsen gesehen, und nach diesen Erfahrungen bleiben Vergleiche nicht aus. Unsere Vorfahren, die das weite, stille Land am Meer ihr eigen nannten, waren ein Menschenschlag von Zähigkeit und Genügsamkeit, stolz, furchtlos und voller Schaffensfreude. Geprägt, um ihrer Nachkommenschaft das freimütige Naturell, die Heimat und die Scholle als Vermächtnis zu hinterlassen.

Wieder ist es Mai geworden, aber die Maikäfer sind noch nicht zurückgekehrt. Es wird doch hoffentlich kein himmelsperrendes Band geben, das sie am Fliegen hindert? Bleiben sie fort, weil es kein Pommernland mehr gibt, weil es wieder einmal abgebrannt ist? Oder trotzen sie, daß man ihnen Grenzen gesetzt hat? Aber ich bin sicher, eines Tages werden sie wieder da sein. Sie gehören doch zu unserem Leben, wie der Ruf des Kuckucks im Mai, das Quaken der Frösche, das Singen der Vögel, der Zug der Wildgänse gen Norden.

Auch in diesem Jahr fuhren wir zu Maras Geburtstag am 7. Mai in die Schweiz. Auf ihrer Geburtstagstorte standen nun schon drei Kerzen, und sie schaffte es, alle drei mit einem Atemzug auszublasen. Am selben Tag gab es ein weiteres Fest: Chiara hatte Firmung. Nachdem wir mit Inge, Franco und den Kindern so schöne und unbeschwerte Stunden verlebt hatten, erreichte uns die Nachricht vom Tod meiner Nichte Gertrud. Ihr Fortgehen hat mich sehr traurig gestimmt. Erst zwei Jahre zuvor war mein Neffe Willi mit zweiundsechzig Jahren ganz plötzlich an einem Herzinfarkt verstorben. Jetzt muß ich wieder die Bibel zitieren: *Unser Leben währet siebzig Jahre, und wenn's hoch kommt, so sind's achtzig Jahre, und wenn's köstlich gewesen ist, so ist es Mühe und Arbeit gewesen, denn es fähret schnell dahin, als flögen wir davon.* Wenn die Uhr abgelaufen ist, müssen wir gehen. Ob uns der Tag des Abschieds bei unserer Ankunft schon in die Wiege gelegt worden ist?

Wunder gibt es immer wieder, auch wenn sie manchmal etwas länger brauchen. Am 9. November 1989 hat sich nach fast fünfundvierzig Jahren ein Wunder vollzogen: Die Grenzen und die Mauer zur DDR sind gefallen. Achtundzwanzig lange Jahre, seit dem Mauer- und Grenzbau am 13. August 1961, lebten die Menschen als Eingesperrte. Jetzt sind sie wieder frei und endlich von den kommunistischen Machthabern und deren Machenschaften erlöst.

Es gibt wieder ein ungeteiltes Deutschland. Und nach fast fünfundvierzig Jahren hört man hier das Wort Pommern. Gemeint ist allerdings Mecklenburg-Vorpommern. So werfen große Ereignisse manchmal ihre Schatten voraus. Doch für mich und viele andere war der Jubel über ein wiedervereinigtes Deutschland nur zu bald mit einer bitteren Enttäuschung verbunden. Hinterpommern und die anderen Ostgebiete bleiben durch die Grenzlinie Oder-Neiße weiterhin polnisch. Im Namen des gesamten deutschen Volkes erklärte unsere Regierung die Anerkennung der Oder-Neiße-Linie und damit den endgültigen Verzicht auf Hinterpommern und die anderen östlichen Gebiete. So ist die Heimat für uns nun auf immer verloren. Wir, die wir aus diesen Gebieten stammen – und das sind mehrere Millionen Menschen – haben dazu unsere Stimmen nicht abgeben können.

Als ich im Sommer in einer ruhigen Stunde im Garten in einer Zeitschrift blätterte, bin ich auf einen Artikel gestoßen über „das Land, das kaum noch einer kennt", das nur noch durch das Kinderlied *Maikäfer flieg* mit der Erinnerung an den Dreißigjährigen Krieg verbunden werde. Es ist, um aus der Haut zu fahren, wenn man so etwas liest. Unser Pommernland ist 1945 nicht nur abgebrannt, sondern wir Pommern sind auch vom politischen Geschehen in alle vier Himmelsrichtungen verstreut worden. Alle Deutschen, die jenseits der beiden Flüsse Oder und Neiße zu Hause waren, mußten ein hartes Schicksal ertragen, sie mußten den ganzen Haß und die Rache des Feindes über sich ergehen lassen. Mit ihrer Heimat bezahlten sie für das Unrecht, das anderen Völkern zugefügt worden war.

Die Grenzpfähle sind gesetzt! Ob zu Recht, bleibt dahingestellt. Jeder Mensch wird durch sein Land, seine Heimat, seine Kultur und seine Familie geprägt. Es ist wie mit den Wurzeln, wenn sie erst einmal stark wuchern, lassen sie sich kaum wieder verdrängen, sondern nur gewaltsam ausreißen. Aber auch dann kann man nicht so tun, als habe es sie nie gegeben. Jeder Verlierer, gleich welcher Art, wird stets seinen Besitz verteidigen und seine Heimat nicht verleugnen, sondern um sie werben und kämpfen, die Erinnerung an sie bewahren und nie die Hoffnung im Herzen begraben, sie irgendwann einmal wieder als sein eigen betrachten zu können. Doch einen Zwang zu Hoffnung und Glauben oder Nichtglauben an Vergangenes und Zukünftiges kann keiner dem anderen auferlegen. Dies muß jeder mit sich selbst ausmachen.

Der 9. November 1989 brachte auch mich in eine kritische Lage. Zur gleichen Zeit, als in Berlin die Mauer gestürmt wurde, stürzte ich in unserem Garten, und zwar so unglücklich, daß ich mir das rechte Handgelenk brach. Vier volle Wochen lang war ich nun zum Nichtstun und Stillsitzen verurteilt, und das ausgerechnet vier Wochen vor meinen neunzigsten Geburtstag. Doch der geplanten Feier sollte das keinen Abbruch tun. Die Einladungen waren verschickt, das Hotel bestellt und alle anderen Vorbereitungen schon getroffen. Schließlich hatte ich auch ein bißchen Glück: zwei Tage vor meinem Geburtstag konnte der Gips wieder entfernt werden. Aber der Tag wurde überschattet von einer erschütternden Nachricht: völlig unerwartet war meine Schwiegertochter Maria in Bayern an einem Herzversagen verstorben. Ihr plötzlicher Tod überfiel uns wie ein Schock, er kam für alle überraschend und viel zu früh. Dennoch sollte die Feier stattfinden, darin waren sich alle einig. Mein Geburtstag fiel auf einen Sonntag, und obwohl ich mich so arg alt eigentlich noch gar nicht fühlte, erfuhr ich schon am Vormittag, was es heißt, das neunzigste Jahr vollendet zu haben. Ein Abgeordneter des Magistrats der Stadt Kassel überreichte mir im Auftrag des Oberbürgermeisters und des hessischen Ministerpräsidenten hundertfünfzig Mark und zwei Ehrenurkunden.

Die Feier mit den Verwandten wurde am Nachmittag mit Kaffee und Kuchen eröffnet. Gerda hatte alles in weihnachtlichem Glanz hergerichtet. Tannengestecke zierten Wände und Tafel, silberne und blaue Girlanden schmückten das ganze Zimmer, und unzählige kleine Lämpchen strahlten eine wohlwollende Beleuchtung aus.

Eine vierstöckige Torte, dekoriert mit einer 90, war Gerdas Geschenk für mich. Gerade, als meine Neffen Egon und Eckhardt gemeinsam die Torte ins Zimmer hereintrugen, ertönte die Traumschiffmelodie. Alle meine Gäste applaudierten, und mir kullerten die Tränen die Wangen hinab. Diesen glanzvollen Moment, inmitten der liebsten Menschen und von einer wunderbaren Atmosphäre umgeben, werde ich nie vergessen.

Mit einem festlichen Abendessen, zu dem wir auch Freunde und Bekannte eingeladen hatten, fand die Feier dann im Hotel ihre Fortsetzung. Viel zu schnell verstrichen die Stunden dieses schönen Abends, und schon war der nächste Tag angebrochen, der nach einem kleinen Mittagsmahl den Abschied von den Gästen brachte.

So wie das ständige Rauschen der Ostsee, so rauschen auch die Jahre dahin. Manchmal, wenn ich den Gedanken freien Lauf lasse, kann ich es gar nicht fassen, daß wir schon das Jahr 1990 schreiben. Ein Fernsehbeitrag über den Untergang des Schiffes „Wilhelm Gustloff“ hat mich wieder zurückversetzt in die Schrecken des Jahres 1945 – Bilder des Grauens, die aus meinem Gedächtnis gar nicht mehr entweichen wollen. Im eiskalten und tiefverschneiten Winter flohen die Menschen vor den Russen, retteten sich zu mehr als hunderttausend auf die zur Verfügung gestellten Schiffe in den Häfen der Danziger Bucht und des Samlandes, und hofften, sicher über die Ostsee in den westlichen Teil Deutschlands gebracht zu werden. Doch dann diese schreckliche Nacht vom dreißigsten auf den einunddreißigsten Januar 1945: Kurz vor Stolpmünde, als all diese Menschen sich bereits geborgen und gerettet fühlen, feuert ein sowjetisches U-Boot mehrere Torpedos auf die „Wilhelm Gustloff" ab. Was sich in der kurzen Zeitspanne abspielte, als das große Schiff sank, können wohl auch die Bilder eines nachgestellten Films nicht wahrgetreu wiedergeben. Nur neunhundert Menschen konnten gerettet werden, 5.100 ertranken in den eiskalten Fluten der Ostsee.

Allein durch die Versenkung von Flüchtlingsschiffen verloren schon weit über 20.000 Menschen ihr Leben. Drei Tage nach dem Untergang der „Wilhelm Gustloff", am 3. Februar, forderte ein Luftangriff auf Berlin 22.000 Tote. Und nochmals zehn Tage später, am 13. und 14. Februar 1945, wurde Dresden das Ziel eines britischen Bombardements. In Dresden befanden sich zu diesem Zeitpunkt etwa 500.000 Flüchtlinge. Stalin hatte von den Alliierten Unterstützung durch Luftangriffe auf Deutschland verlangt. Und somit entsandte der britische Luftmarschall Harris am Abend des 13. Februar seine Bomber nach Dresden. Die Innenstadt ging in dieser Nacht in einem Feuersturm unter. In der nächsten Nacht um 1.30 Uhr erfolgte der zweite Angriff, der dritte am Mittag desselben Tages mit 783 Tonnen Bomben. Dresden glich einem Inferno. Auf den Straßen brannte der Asphalt, das Feuer zerstörte 20 Quadratkilometer Fläche. Die gesamte Innenstadt mit ihren Kulturgütern, dem Dom, den Kirchen, dem Zwinger und den Theatern, wurde ausgelöscht. Die Zahl der Opfer ist ungeklärt, sie wird heute auf 25.000 bis 35.000 geschätzt, nach den Zahlen der Statistiken liegt sie jedoch weit höher, zwischen 60.000 und 245.000. Ich frage mich, ob dieser Arthur Harris eigentlich noch ruhig schlafen kann nach diesem Verbrechen und Morden an wehrlosen Menschen? Zum Großteil waren es Frauen, deren Männer an der Front kämpften, Mütter mit kleinen Kindern, und ältere Menschen, die unschuldig an Hitlers Politik, Krieg und Machenschaften waren, denen er seine Bomben auf die Köpfe warf.

Waren wir so verhaßt, wollten sie uns Deutsche vielleicht ganz auslöschen? Ein Segen für uns und viele andere, daß am 8. Mai 1945 das endgültige Aus des Krieges kam, das Morden und Töten endlich ein Ende fand! Meines Erachtens kann man die Erinnerung an den Krieg gar nicht oft genug wachrütteln, die Greuel nicht oft genug beschreiben und erzählen, damit unseren Nachkommen und der ganzen Welt diese Verbrechen erspart bleiben.

Ich höre immer, die Würde des Menschen soll unantastbar sein? Aber Hitler und seine ideologische Gefolgschaft wollten in wahnsinniger Anmaßung darüber bestimmen, wer als Mensch zu achten sei. Sie entschieden über Leben oder Tod, sie ordneten die Vernichtung von Millionen Menschen an, weil sie anderen Glaubens, anderer Abstammung oder anderer Gesinnung waren. Und sie begannen einen Krieg, der zum schlimmsten der Menschheitsgeschichte ausartete.

Im Krieg gelten andere Gesetze, von Würde kann keine Rede sein. Die nackten Zahlen der Verlustbilanz sprechen für sich: Weit über 3 Millionen Soldaten wurden getötet. Allein aus den östlichen Gebieten werden über 1,5 Millionen Menschen als vermißt gemeldet. Durch den Bombenterror der Alliierten auf die deutschen Städte wird eine Zahl von 300.000 beziffert. Unbekannt werden wohl die genauen Zahlen der Toten bleiben, die mit den vielen versenkten Schiffen ihr Leben verloren haben. Ganz zu schweigen von den vielen Millionen Menschen, die aus den östlichen Gebieten der Oder und Neiße vertrieben wurden und somit ihre Heimat verloren haben. 5 Millionen Wohnungen wurden im Krieg total zerstört und über 3 Millionen stark beschädigt. Die obdachlosen Zahl, die dieser Krieg gefordert hat, liegt bei über 7 Millionen. Die Zerstörung der Schulen wird mit 50 Prozent angegeben. Und wen es bei der Flucht und Vertreibung durch Deutschland getrieben hat, der weiß, wieviel Trümmerschutt uns der Krieg hinterlassen hat. Abzusehen von den vielen Milliarden, die er gekostet hat.

Hinter den Ziffern verbirgt sich unsägliches Leid. Es vervielfacht sich durch das Leid und die Zerstörung, die Hitlers Regime und der Krieg über andere Länder und Völker brachten. Und dennoch, so glaube ich, sollten alle Menschen dieser Welt täglich aufs neue mit ihrer Kraft, ihrer Hoffnung und ihrem Glauben alles tun und unzählige Gebete gen Himmel schicken, damit solches Unheil nie wieder über uns kommen möge.

Nach fast einem halben Jahrhundert verläuft nun trotz allem unser Leben wieder normal. Es hat sich seither vieles geändert, und jeder weiß, daß wir ein vom Schicksal vorgeschriebenes Leben akzeptieren müssen. Wir haben satt zu essen, und es geht uns gut. Vieles, was ich in meiner Jugend nicht einmal zu wünschen gewagt hätte, gehört heute selbstverständlich zum Leben. „Im Schweiße deines Angesichts sollst du dein Brot verdienen", so steht es schon in der Bibel geschrieben. Aber ist nur Arbeit das ganze Leben? Zu meiner Kinder- und Jugendzeit sahen die Frauen und Männer mit vierzig so aus, als zählten sie schon siebzig Jahre. Tiefe Furchen in den Gesichtern, ein krummer Rücken und schmerzende Knochen waren Zeichen einer immerwährenden, pausenlosen Schwerstarbeit. Heute werden für die schweren Arbeiten, die wir noch von Hand erledigen mußten, Maschinen eingesetzt, und das ist auch sehr gut so. Gewiß war das Leben zu Beginn des Jahrhunderts nicht von solcher Hektik geprägt, das Wort Streß existierte noch gar nicht im Wortschatz. Aber heute haben die Menschen eine geregelte Arbeitszeit und Anspruch auf einen tariflichen Urlaub. Sie verfügen über eine Freizeit, in der sie ihr Leben frei gestalten können. Wie man diese Zeit nutzt, wie man das Geschenk des Lebens nutzt, das liegt bei jedem selbst.

Der Frühling kündigte sich in diesem Jahr sehr zeitig an. In großen Scharen zogen die Wildgänse nach Norden, ich konnte sie fast allabendlich im Garten beobachten. Sie fliegen zwar sehr hoch, aber ihr Geschrei war nicht zu überhören. Am Nachmittag machte ich einen ausgedehnten Spaziergang und entdeckte, daß die Märzenbecher schon in voller Blüte standen. Es war der 9. März, ein sonniger Tag und der Geburtstag meiner Mutter. Plötzlich traten beim Anblick der Blumen Bilder vor meine Augen von den Kindheitstagen, als wir unserer Mutter zum Geburtstag jedes Jahr einen dicken Strauß Märzenbecher schenkten.

In diesem Frühjahr haben wir durch einen Zufall nach fünfundvierzig Jahren eine Nichte wiedergefunden, die wir schon längst nicht mehr am Leben glaubten. Das erste Wiedersehen offenbarte einen niederschmetternden Tatbestand: sie wohnt mit ihrer Familie nur gut hundert Kilometer von uns entfernt. Wenn sie die Kasseler Innenstadt besucht, führt ihr Weg direkt an unserer Haustür vorbei. Nach der

Vertreibung aus Hinterpommern hatte es sie ebenso wie uns nach Rügen verschlagen, sie war sogar fast zur gleichen Zeit wie wir in Bayern. Obwohl unsere Wege stets in die gleichen Richtungen führten, hatten sie sich nie gekreuzt. Es mußten erst fünfundvierzig Jahre vergehen, bis uns das Leben wieder zusammenführte.

Jedes Jahr im Mai fahren wir nun zu Maras Geburtstag in die Schweiz. Allein die Fahrt hinunter ist schon immer ein Genuß. Überall blüht und grünt es, am Bodensee ist zu dieser Zeit bereits der volle Frühling eingezogen. Die Insel Mainau gleicht einem Meer aus Frühlingsblumen, und die Wiesen in der Schweiz bieten mit ihren vielen Gräsern eine bunte Flora, wie ich sie von früher aus Pommern kenne, wie sie aber leider hier in unseren Breiten nicht mehr vorzufinden ist. Die acht Tage, die wir bei Inge und ihrer Familie verbringen können, sind immer wunderschön für uns. Vor einem halben Jahrhundert hätte ich mir nie träumen lassen, daß unsere Familienzweige einmal bis hinunter in die Schweiz ragen würden.

Nun ist es Herbst. Das Wetter ist sehr ungemütlich, neblig, rauh und naßkalt. Der Himmel ist grau in grau und von einer seltsamen Färbung durchzogen. Ich glaube, Schnee liegt in der Luft, es riecht schon förmlich danach. Ich würde mich nicht wundern, wenn es in der kommenden Nacht schneit. Jedenfalls waren dies bei uns in Pommern immer die Anzeichen dafür.

Tatsächlich ist in der letzten Nacht Schnee gefallen. Zwar wird er noch nicht liegen bleiben, aber die Ankündigung auf den Winter ist damit getan. Die Schuhe zu meinem dunkelblauen Mantel habe ich noch immer nicht, ebensowenig wie die Schlurren. Die Lust auf einen Einkaufsbummel in der Königsstraße ist mir vorerst vergangen. Das Erlebnis mit der kleinen Verkäuferin hat mich doch ziemlich mitgenommen. Natürlich hätte ich daran denken müssen, daß man hier in Kassel nicht weiß, was Schlurren sind. Aber Pommern? Ihre Worte klingen mir noch immer im Ohr: „Hinterpommern, davon habe ich ja noch nie etwas gehört, wo liegt denn das?“

Ich habe mich innerlich furchtbar darüber aufgeregt. Woher komme ich denn, aus einem Niemandsland? Es ist kaum länger als vierzig Jahre her, daß wir dieses Land verlassen haben. Gilt für uns eine andere Ordnung als überall sonst auf der Welt? Gehöre ich mit meiner

Generation zu den letzten, die noch Erinnerungen, Hoffnungen und Glauben an das Land, an unser Land haben?

Bevor ich wieder zur Straßenbahn ging, um nach Hause zu fahren, habe ich in einem Fischgeschäft zwei große Flundern und zwölf Heringe gekauft. Die Flundern briet ich zum Abendessen nach pommerscher Art mit Speck. Als Gerda vom Büro nach Hause kam, roch sie schon von weitem, was es an diesem Abend zu essen gab – Flundern sind ihre Lieblingsfische. Die Hälfte der Heringe gab es am nächsten Tag in Butter gebraten, die übrigen sechs habe ich sauer eingelegt, nach einigen Tagen sind sie eine Köstlichkeit und eine wahre Gaumenfreude, jedenfalls für uns.

Ja die Ostsee, unsere ganze Ostseeregion steht wieder lebendig vor mir. Es tauchen immer wieder Bilder auf, sogar im Traum werden Erinnerungen lebendig. Wie tief sich doch die Vergangenheit eingeprägt hat, es läßt sich einfach nicht verdrängen. Früher bei uns auf den Dörfern, da zogen die Fischhändler mit ihren Karren von Haus zu Haus. Da habe ich zehn Flundern oder zwanzig Heringe zu einer Mahlzeit braten müssen. Wenn ich heute so unseren kleinen Haushalt betrachte, kann ich es manchmal gar nicht glauben, wie man damals die viele Arbeit bewältigt hat. Sie hat die Menschen vom frühen Morgen bis zum späten Abend, manchmal sogar bis in die Nacht hinein voll in Anspruch genommen.

Die Vergangenheit schleicht wieder um mich herum. Aber es schmerzt nicht mehr, im Gegenteil. Inge, Franco und die Kinder bringen uns so viel Freude und Wärme entgegen, daß das Alte in eine Art Dornröschenschlaf entgleitet. Inge interessiert sich mit zunehmendem Alter immer stärker dafür, wie wir gelebt haben und wie das Land aussieht, das für uns einmal Heimat war. Bei jedem unserer Besuche ist sie begierig darauf, mehr zu erfahren von unserem Pommernland, und ich erzähle gern von den zurückliegenden Erlebnissen. Aber sie überwiegen nicht mehr die Gegenwart. Das Neue mit seiner Wirklichkeit an Zuneigung und Liebe, mit seiner ganzen kraftvollen Lebensenergie, läßt mich wieder einen Lebensweg gehen, von dem ich fühle und meine, daß er auch in meinem Alter lohnenswert ist. Meine Gedanken, meine Gefühle und meine Willenskraft sind immer noch stark genug, um sich der Zeit anzupassen und mit der jüngeren Generation einigermaßen mitzuhalten.

Es ist wohl das pommersche, preußische Blut, das in meinen Adern fließt, und das, so hoffe ich, mit Gottes Hilfe nie aufhören wird, mir Beistand und Glaubensfestigkeit zu geben. In meinem Leben gab es viel Arbeit, Verzicht und Entbehrungen, Demütigungen und Not. Doch unterworfen habe ich mich nie. Mein Glaube an Gott und meine religiöse Haltung gaben mir immer genügend Kraft, Mut und Zuversicht, um alles wieder in rechte Bahnen zu lenken. Schwachheit darf man sich nicht erlauben. Man muß stark sein und kämpfen, um sich im Leben zu behaupten. Denn: Im Leben geht's nicht ohne Kampf, denk nicht, ihn zu vermeiden, ring mit der Welt um deinen Platz und lerne dich bescheiden. Und wenn im Kampf der Leidenschaft, das Herz dir droht zu springen, dann laß nicht ab, bis dir's gelingt, dich selber zu bezwingen. Dieser Wahlspruch hat mich mein ganzes Leben begleitet, er ist und bleibt mein eigener Appell. Vor allem der Glaube, die Hoffnung und die Liebe haben mir immer wieder von Neuem zu Vertrauen, Freude, Glück und Fröhlichkeit verholfen. Ich hoffe sehr, hiervon einen Teil an meine Nachkommen weitergegeben zu haben.

Immer sollten wir Menschen auf der Welt daran denken, daß jeder Tag im Leben einzigartig und unwiederbringlich ist. Wie es in einem Lied von Teddy Parker heißt:

Jeder Tag ist ein Geschenk, das man genießen soll,
denn es kommt im Leben nie zurück.
Jeder Tag ist ein Geschenk, für das man danken soll,
jeden Tag und jeden Augenblick!

Auch heute noch, nach mehr als fünfundvierzig Jahren, sollten alle Pommern jeden Tag, jede Stunde und jeden Augenblick eine tiefe Dankbarkeit empfinden. Wir sollten es als ein Geschenk betrachten, in diesem Land mit seiner wunderbaren, wechselvollen Landschaft geboren zu sein und gelebt zu haben. Die Hoffnung sollte nicht verebben, sondern schäumen wie die Flut, auch wenn es ein Wunschtraum bleibt, daß uns das Land am Meer einmal wieder Heimat wird.

Mit meinem Bekenntnis zu Pommern und zur Heimat hoffe ich ein kulturelles Vermächtnis all denen zu hinterlassen, die dem Land verbunden sind. Vor allem aber meinen Kindern, Enkeln und Urenkeln. Das schreckliche Geschehen von 1945 ist zwar nicht mehr korrigierbar, doch mir bedeutet es sehr viel, daß unsere Wurzeln weiterleben, wenn auch nur in der Erinnerung unserer Nachkommen. Es ist ein Land reich an Geschichte und voller Schönheit. Unser Leben ist zwar vergänglich, aber das Andenken unserer Heimat, unserer Vorfahren, unserer Traditionen und unserer Ostsee mit dem hohen, weiten Himmel und den großen weißen, nach Norden ziehenden Wolken wird hoffentlich bewahrt bleiben und nicht in Vergessenheit geraten. Denn es ist lohnend, mehr zu wissen von dem stillen, weiten Land am Meer, als nur das Kinderlied vom *Maikäfer flieg*.

Nachwort

Der innere Kampf ist überstanden! Jahrelang hat es gedauert, bis ich mich entschließen konnte, mein Heimatland zu besuchen. Im Juni 1995 trat ich mit Verwandten und Freunden die Reise nach Pommern an.

Als wir bei Stettin die deutsch-polnische Grenze und die Oder passierten, tauchten entsetzliche Bilder aus der Vergangenheit vor meinen Augen auf. Vor fünfzig Jahren genau hatten wir, meine Eltern und ich, unfreiwillig die Oder überqueren müssen, damals in westlicher Richtung einer ungewissen Zukunft entgegen. Die schrecklichen Erinnerungen an schlimme Tage brachen wieder hervor.

Es war ein trüber Morgen, und was mich als erstes begrüßte, war ein weites Land, so still und grün wie eh und je. Die Felder waren alle bestellt, auf den meisten blühte gerade der Roggen. Ab und zu kam die Sonne zum Vorschein, und der Wind trieb sein Spiel mit den wogenden Kornähren. So weit der Blick reichte, sah man wogende Felder in silbergrünem Schimmer. An Straßen und Wegen, an den Waldrändern und Bachufern, vereinzelt auch inmitten großer Kornfelder, standen die Holunderbüsche in voller Blüte. Und unser hoher, weiter pommerscher Himmel ist noch immer derselbe.

Wir nahmen Quartier in einem Hotel in Kolberg. Unser stolzer Mariendom ragt wie einst über die Dächer der Stadt hinaus und grüßt den Reisenden schon aus der Ferne. Aber unser schönes Städtchen von früher habe ich beinahe nicht wiedererkannt. Nur der Kaiser-Wilhelm- und der Victoria-Platz sowie der Bahnhof waren mir noch vertraut, den Wasserturm und den Luntenturm fand ich wieder, doch von den prächtigen alten Geschäftsstraßen, dem Partrizierhaus und dem Schwibbogen, vom Strandschloß und dem Rosengarten fehlt jede Spur.

Am Hafen hat sich eigentlich nur wenig verändert. Wie eh und je fließt die Persante durch Kolberg, um in die Ostsee zu münden. Die Hafeneinfahrt wird noch immer von der Mole gerahmt, auf der wir als Kinder herumkletterten, und auch der Leuchtturm hat seinen Platz behalten. Die Ostsee selbst begrüßte uns an unserem ersten Tag ruhig wie ein See.

Der zweite Tag wurde für mich der schwerste der ganzen Reise. Am frühen Morgen nahmen wir zwei Taxen, um unsere Geburtsstätten auf-

Eine Straße von Kolberg nach Jaasde

zusuchen. Da niemand von uns ein Wort Polnisch verstand, hatten wir eine Dolmetscherin engagiert. So funktionierte die Verständigung sehr gut. Schon im ersten Dorf erschreckte uns eine maßlose Verwahrlosung. Mit Brettern zugenagelte Fenster und Türen boten einen gespenstischen Anblick. An den Wegen und auf den Höfen meiner Verwandten wucherte meterhoch ein Gestrüpp von Brennesseln und Disteln, und die Häuser waren vollständig heruntergekommen. In vielen Dächern klafften große Löcher, teilweise wurde nur die eine Hälfte des Hauses bewohnt, und die andere drohte bald einzustürzen. Von Stallungen und Scheunen standen nur noch verwitternde Reste, vieles hatte man offenbar abgerissen. Die Gärten und Hofanlagen waren völlig verwildert, zwischen altem Unrat und unbrauchbarem Schutt wuchsen Kraut und Disteln in die Höhe.

Einige Polen begegneten uns aufgeschlossen und freundlich. Wir wurden von ihnen in die Häuser gebeten. Überaus höflich begrüßten uns die Männer, indem sie uns die Hand küßten. Sie boten uns zu essen und zu trinken an, und es entspannen sich lange Gespräche. Sie alle haben ja das gleiche Schicksal wie wir erlitten, auch sie mußten ihre

Heimat verlassen und sich hier in Pommern ansiedeln. Glücklich erschienen sie alle nicht, mit ihrer Regierung und der Politik waren sie überhaupt nicht zufrieden. Immer wieder hörten wir die Äußerung: solange wir leben, halten diese Häuser noch stand - und nach uns die Sintflut.

Weiter ging es nun zu meiner Geburtsstätte, nur noch zwei Kilometer, und wir waren da. Doch mit dem Auto gab es kein Durchkommen. Die Wege und Straßen von früher existierten nicht mehr, alles war verwachsen und zugewuchert. Selbst zu Fuß schien der Weg riskant. Der Pole machte seinen Trecker für uns bereit, polsterte einen Bretterwagen mit zwei Bunden Stroh, über die er alte Decken breitete, wir alle kletterten hinauf, und ab ging es.

Diese Fahrt werden wir alle wohl unser Leben lang nicht vergessen. Der Pole meinte es zwar gut, aber wir fühlten uns auf dem Wagen wie Schlachtvieh. Dennoch bestand ich auf der Fahrt, ich wollte unbedingt dorthin, es war mein sehnlichster Wunsch, meine Geburtsstätte und mein Elternhaus wiederzusehen. Nach einer halben Stunde beschwerlicher Fahrt durch Gestrüpp, sumpfige Wiesen und einen ausgefahrenen Weg mit tiefen Schlaglöchern, Dickicht und Baumästen, vor denen wir die Köpfe einziehen mußten, war es dann endlich soweit, wir waren da.

Was sich meinen Augen bot, war ein - Nichts. Es gab keinen einzigen Stein mehr, keinen Baum, keinen Strauch, keine Blume. Geblieben waren nur unser Bach und die Brücke, einsam und verlassen.

Wo einmal unser Haus, unser Garten, unser Hof gestanden hatten, war jetzt alles mit Roggen eingesät. Das ganze Dorf ist ausgelöscht. Die Steine, so wurde uns übersetzt, hatte man zum Wiederaufbau von Kolberg, Danzig und Warschau verwendet. So weit das Auge sehen kann, kein Haus, kein Mensch weit und breit, nur absolute Stille. Nur grüne Kornfelder. 50 Jahre sind vergangen, und die Zerstörung ist perfekt. Das einzige Lebewesen, das wir sahen, war ein Storch. Er flog über uns hinweg, als wolle er uns begrüßen und sagen: Ich bin der einzige, der hier noch lebt!

Wie groß meine Enttäuschung war, läßt sich nicht beschreiben, mein Herz blutete, und ich hätte mir in diesem Moment sämtliche Haare ausraufen können. Ich bin dann noch etliche Meter in das Kornfeld hineingegangen, dorthin, wo unser Haus und Garten stand, und habe das Vaterunser gebetet, mit der Hoffnung, doch noch etwas zu finden, und wenn es nur Steine wären. Aber da gab es absolut nichts mehr. Bevor ich mich endgültig losriß von diesem Ort, der mir so viel bedeutete, pflückten wir einen Kornblumenstrauß von unseren Feldern.

Die Nacht verbrachte ich fast ohne Schlaf. Erst am nächsten Tag wichen Trauer und Enttäuschung allmählich von mir und gaben einem Gefühl von großer Erleichterung Raum. Im Nachhinein bin ich unendlich dankbar, daß mir der Anblick eines heruntergekommenen Trümmerhaufens erspart geblieben ist. So bleibt mein Elternhaus in der Erinnerung bewahrt, wie wir es 1945 verlassen mußten. Meine Kindheitsträume werden unbeschädigt in mir weiterleben - und darüber bin von ganzem Herzen froh.

Aber unsere Wurzeln haben wir wohl tatsächlich mit nach Westdeutschland genommen. Hier, in unserem einst schönen Pommernland, scheinen sie für immer ausgerottet zu sein. Dennoch war es viele Tränen wert, nach fünfzig Jahren die Heimat wiederzusehen.

Es hatte auch keineswegs den Anschein, als seien wir den Polen nicht willkommen. Gleich an unserem ersten Tag in Kolberg war uns ein Pole nachgelaufen, der sehr gut Deutsch sprach und sich lange mit uns unterhielt. Als wir ihn fragten, warum hier solche Unordnung herrsche, sagte er uns: Ja, es müßten die Deutschen wieder kommen, dann gäbe es wieder Zucht und Ordnung im Lande.

Ein polnischer Reiseleiter erzählte uns, neuerdings werde an Ausländer Land zum Kauf angeboten. Die polnische Regierung biete vier Hektar - das sind 10.000 Quadratmeter - für nur 1.000,- DM und 99 Jahre Baurecht. An Deutsche werde das Land sogar bevorzugt verkauft. Und in unserem Hotel, wo allabendlich nach dem Essen zum Tanz aufgespielt wurde, hörten wir nur deutschsprachige und englische Lieder. Hätte meine Mutter das noch erlebt, sie hätte gesagt: Ja, wir Deutschen sind doch wohl nicht unterzukriegen.

Unser letzter Tag in Kolberg war ein Sonntag. Wir verbrachten den ganzen Tag am Strand, am Hafen, an der Mole und auf der Promenade. Ein Wetter mit Sonne, Wind und Wolken und schaumgekrönter Brandung, wie wir es von früher her kannten und es uns zum Abschied nicht schöner hätten wünschen können. Die Ostsee schlug hohe Wellen, im immergleichen Rhythmus spülte sie ihre Gischt an den Strand, als wolle sie mir zum Abschied noch sagen: Schau her, ich bin

Am Strand in Kolberg

Nach 50 Jahren das erste Wiedersehen mit Poldemin

die alte geblieben, mich kann man nicht verändern. Kein Mensch, keine Macht der Welt, keine Politik kann mir je etwas anhaben. Meinem Wellenschlag sind keine Grenzen gesetzt.

Eine Handvoll Heimaterde und einen kleinen Beutel Strandsand habe ich mit nach Kassel genommen. Sie lassen das Gefühl alter Geborgenheit aufkommen und halten im tiefsten Innern ein Empfinden wach, das sagt: Immer sollst du wissen, wo deine Heimat war und wohin einmal dein Herz gehörte.